Research on the Legal System of
Accounting Information Regulation in China

我国会计信息监管
法律制度研究

胡显莉◎著

经济管理出版社
ECONOMY & MANAGEMENT PUBLISHING HOUSE

图书在版编目（CIP）数据

我国会计信息监管法律制度研究/胡显莉著. —北京：经济管理出版社，2020.10
ISBN 978-7-5096-7524-3

Ⅰ. ①我… Ⅱ. ①胡… Ⅲ. ①会计法—研究—中国 Ⅳ. ①D922.264

中国版本图书馆 CIP 数据核字（2020）第 169177 号

组稿编辑：李红贤
责任编辑：李红贤
责任印制：黄章平
责任校对：董杉珊

出版发行：经济管理出版社
　　　　　（北京市海淀区北蜂窝 8 号中雅大厦 A 座 11 层　100038）
网　　　址：www. E-mp. com. cn
电　　　话：（010）51915602
印　　　刷：唐山昊达印刷有限公司
经　　　销：新华书店
开　　　本：710mm×1000mm /16
印　　　张：12.25
字　　　数：207 千字
版　　　次：2020 年 10 月第 1 版　　2020 年 10 月第 1 次印刷
书　　　号：ISBN 978-7-5096-7524-3
定　　　价：68.00 元

前　言

　　会计信息一直是社会经济发展所需的重要的信息资源，是市场有效运行的基础。在市场经济下，会计信息作为决策依据，始终关乎企业、投资人、债权人、政府及其他企业利益相关者的利益。真实的会计信息可以使企业利益相关者掌握企业状况，了解自己与企业相关的利益是否遭到损害。虚假的会计信息不仅会使投资者、债权人等企业利益相关者因错误决策而导致损失，也可能导致政府的宏观决策失误，还会使企业自身名誉受损甚至遭受处罚。正是因为会计信息如此重要，世界各国都下大力气通过各种监管手段和方式来保证和提升会计信息的质量。在法律的框架下对会计信息进行监管、处罚会计信息造假行为，是各国保证会计信息质量、维护社会经济安全和市场秩序的必然选择。我国目前处于社会主义发展的新时期，在依法治国基本方略的指导下，会计信息的监管必须贯彻法治理念。会计信息监管法律制度就是为了达成公平的目标，实现企业利益相关者的利益保护而制定的对会计信息的生产、审计、披露等行为进行规范以保证会计信息质量的各种法律规范的总称。本书立足于会计信息监管需要法律的规范这一前提，通过厘清会计信息监管法律制度的相关概念，探求会计信息监管法律制度的理论根基，探析我国会计信息监管法律制度的立法及运行现状，对比国外会计信息监管法律制度的立法实践，提出完善我国会计信息监管法律制度的建议。

　　全书共分七章，主要采用的研究方法有文献分析、历史分析、比较分析、实证分析、归纳研究等。

　　第1章为"绪论"，介绍了选题背景与研究意义、相关文献综述、研究内容、研究方法和创新之处。会计信息自显现出它作为信息资源的重要性及其对市场产生的经济后果开始，如何对会计信息进行监管来保证会计信息质量就成为学者们研究的话题。本书用理论联系实际的方式展开对我国会计信息监管法律制度的论述，力求对我国会计信息监管法律制度作一次系统的梳理。

　　第2章为"会计信息监管法律制度的一般解读"，基于对会计信息的含义、本质属性及特征的阐述和对会计信息监管的模式、内容的介绍，探讨会计信息监管法律制度的价值、目标和特征。会计信息是在一定时期内，由会计人员通过对微观市场主体经济活动所产生的数据进行确认、记录、计量、汇总，以货币为主要计量单位，经会计信息系统生成的，反映微观市场主体财务状况、经营成果、资金变动的经济信息。会计信息不仅是微观市场主体未来再生产或投资决策的重要依据，也为国家实施宏观调控政策提供信息支持。资本市场上的会计信息是具有公共产品属性的特殊商品，因此其既具有商品的共性，又具有作为信息产品的特殊性。质量高低不同的会计信息会对资源配置产生不同的影响，因此会计信息的质量成为关注的焦点。各国都采取了各自的模式对会计信息进行监管，其监管的内容主要是会计信息的生产、审计、披露过程。会计信息监管法律制度正是在遵循公平、效率、秩序价值的前提下，用法律的形式规范会计信息的生产、审计、披露行为，消除会计信息不对称带来的会计信息供求双方的不平等，保障会计信息使用者享有公平的会计信息知情权，从而实现保障市场公平的最终目标。

第3章为"会计信息监管法律制度的理论依据和现实需求"，分别从市场失灵理论、政府失灵理论、国家干预理论和法治国家理论四个方面建构会计信息监管法律制度的理论基础，并从国外、国内资本市场的发展和历史典型事件对会计信息监管立法的影响来阐述市场对会计信息监管法律制度的需求。会计信息供给的垄断性、公共产品属性、外部性和不对称性导致会计信息市场失灵，而"政府失灵"导致不能完全依靠"政府之手"对会计信息进行监管，但实践证明会计信息监管需要政府的干预。在"法治国家"理论的影响下，建立会计信息监管法律制度，让监管在法治的框架下进行是必然的选择。英国、美国、德国、日本等发达资本主义国家和我国的资本市场发展对法律的需求也展现出会计信息监管法律制度对于维护市场秩序、保护市场参与者利益的必要性。

第4章为"我国会计信息监管法律制度的考察与分析"，对我国自1978年改革开放以来会计信息监管法律的发展演变过程进行了回顾，对我国会计信息监管法律制度的构成进行了梳理和阐述。我国已建构完成了从会计信息生产、审计到披露各个环节的监管法律制度。通过分析近年来财政部和证监会对企业会计信息的监督检查结果、检视会计信息监管法律制度的运行情况，总结在法律制度的规范和约束作用下我国的企业会计信息质量逐步提高的同时仍然存在会计信息虚假的情况。我国在会计信息监管中仍存在障碍与不足，体现在监管效率、处罚力度、审计合规性等有待加强，《中华人民共和国会计法》等会计信息监管法律的法律地位有待提升等方面。导致这些不足的制度上的原因在于会计信息监管主体设置存在多头监管、法律规范间存在不协调、法律责任上"重行政、轻民事"以及部分法律的内容并未随时代发展与时俱进等。

第5章为"域外会计信息监管法律制度建设概况及其启示"，分别对英国、美国、德国、法国会计信息监管法律制度作了概况性阐述，介绍了以上各国在会计信息生产、审计和披露方面的监管法律制度的发展情况，并总结其各自的特点。从域外国家对会计信息监管法律的建设来看，有几点值得我国借鉴：一是会计信息监管机构的监管职责相对明确，监管权力集中；二是法律规范间注重协调，法律建设体现社会进步；三是注重建立健全的法律责任制度；四是强化注册会计师的独立性，重视对注册会计师行业的监管。

第6章为"完善我国会计信息监管法律制度的思考"，既要合理借鉴西方发达国家会计信息监管法律制度建设的先进经验，又应立足于我国国情，结合会计信息监管法律制度的立法目的，同时还要适合社会环境的发展，以利于我国经济发展、会计信息资源有效利用的方式完善我国会计信息监管法律制度。针对我国会计信息监管法律制度存在的问题提出以下完善建议：首先，对会计信息监管权进行合理地分配。结合会计信息监管法律制度的公平目标，在侧重保护投资者利益的前提下，结合我国监管实际，提出财政部与证监会协同监管的同时，将部分监管权转授给专业组织实现合作监管。另外，结合社会发展的趋势，利用信息技术改进监管方式。其次，实现法律规范间的协调。会计信息监管法律法规间尽量统一立法目的，在协调会计界和法律界差异的基础上，在法律间对相关问题的规定尽量协调统一，并运用法律解释析清法律间的差异。再次，完善现行会计信息法律责任机制。明确会计信息法律责任主体，在分析行政责任、刑事责任、民事责任各自功能的基础上，提出建立"三责并举"下的民事赔偿责任优先的法律责任机制。最后，针对《中华人民共和国会计法》《中华人民共和国注册会计师法》《中华人民共和国证券法》这三部统领会计信息监管法律制度的法律在新的社会环境下存在的不足，提出修改的建议。

第7章为"结语"，对全书作一概况性总结，并对本书尚未论及但又值得探讨的问题作一阐述，希冀抛砖引玉，促进更进一步的研究。

目　录

第 1 章

绪 论

1.1 选题背景与研究意义

1.1.1 选题背景

在商品社会，会计被认为是一种商业语言，是建立在各企业、投资人、债权人、政府及其他企业利益相关者之间的沟通桥梁，是社会经济发展的纽带，在市场经济发展阶段更显其重要。市场经济下会计信息的真实与否关系着企业利益相关者的切身利益，真实的会计信息可以使企业利益相关者掌握企业状况，了解自己与企业相关的利益是否遭到损害。虚假的会计信息不仅会使投资者、债权人等企业利益相关者因错误决策而导致损失，也可能导致政府的宏观决策失误，还会使企业本身名誉受损甚至遭受处罚。因此，真实性是对会计信息质量最基本的要求。

为了获取真实的会计信息，世界各国都对会计信息从生成到披露的过程进行了较严格的规范和监管，通过各种监管手段和方式来保证和提升会计信息的质量，防止会计信息失真。目前世界上对会计信息进行监管的主要模式包括政府监管、行业监管和社会监管，通过对会计信息从生产到披露的全过程进行监督控制以达到保证会计信息质量的目的。但是无论哪一种监管模式，都需要法律的确认和规范。世界各国为保证会计信息质量制定了许多监管法律制度，虽然世界各国由于立法传统和法律体系的差别对会计信息监管法律的制定采取了不同的法律形式，或以专门的法律存在，或是规定在其他法律条文中，但是从会计信息的生成、会计信息的审计到会计信息质量的披露，都形成了较全面的会计信息监管法律制度。我国的经济体制已完成了从社会主义计划经济向社会主义市场经济的转变，会计信息也从最初的不受重视到目前成为市场监管中的重要内容，与此相对应的是我国会计信息监管法律制度也取得历史性的发展。

然而，经济利益的驱动促使企业罔顾法律的约束去粉饰会计信息，导致会计信息失真。企业可能为了发行股票、减少纳税、获取信贷资金和商业信用、业绩考核或是管理层推卸责任等原因对会计信息造假。近年来，世界各国的一些公司为了获取巨大的经济利益，不惜牺牲社会和广大市场参与者的利益对会计信息造假。2001 年美国安然公司会计信息造假导致这个名列《财富》杂志"美国 500 强"的著名能源公司在一夜间轰然倒塌，并使曾经的世界"五大会计师事务所"之一的安达信会计师事务所破产；2002 年美国第二大长途电话公司世通公司曝出特大财务丑闻，涉及金额达 110 亿美元，造成 2 万名世通员工失业；2003 年美国最大医疗保健公司南方保健会计造假丑闻败露，虚构24.69 亿美元利润，成为美国萨班斯法案颁布后曝光的第一大上市公司舞弊案。2011 年日本奥林巴斯事件成为安然事件的翻版；帕玛拉特事件被认为是欧洲版的安然事件，其通过会计造假实际吞噬了 143 亿欧元，成为有史以来欧洲最大的一起诈骗和伪造账户案。中国公司也没能独善其身。2001 年银广厦虚构财务报表事件被《财经》杂志曝光，银广厦在 1998 ~ 2001 年累计虚增利润 7 亿多元，之后的蓝田股份也同样编造业绩神话进行会计信息造假。而就在 2018 年初，证监会发布了 2017 年七大虚假信息披露典型案例，其中涉及会计信息造假的就有 4 家，分别是山东墨龙、雅百特、佳电股份、九好集团。根据证监会每一年度对会计信息造假行为作出的行政处罚来看，2011 ~ 2016 年受处罚企业数量呈曲折上升的态势，2016 年被处以行政处罚的会计信息造假的公司数量达到12 家①。从财政部发布的 2016 年财政部会计信息质量检查公告三十五号可见，部分企业存在会计核算不实、财税政策执行不到位等违规问题②。从世界各国所发生的会计信息造假案可以看到，每个国家和地区的公司都存在会计信息造假的问题，会计信息造假的行为对社会经济秩序构成巨大的威胁，对国家、社

---

① 根据证监会每年做出的行政处罚决定统计，2011 年证监会对财务造假的 5 家公司进行了行政处罚，2012 年处罚了 4 家，2013 年处罚了 6 家，2014 年处罚了 10 家，2015 年处罚了 6 家，2016 年处罚了12 家。

② 例如，河北省粮食产业集团多计主营业务收入 3.77 亿元、少缴相关税费 1816 万元；汉鼎信息科技股份有限公司提前确认收入 1269 万元；安徽省粮食集团有限责任公司虚增业务收入 5622 万元。（参见财政部 2016 年 11 月 28 日发布的《中华人民共和国财政部会计信息质量检查公告（第三十五号）》）

会和民众都会带来负面的影响和损失。

面对屡禁不止的会计信息造假行为，如何更好发挥会计信息监管法律制度对会计行为的规范作用以保证会计信息的真实是学术界和实务界一直在探讨的问题。随着信息时代的到来，信息和物质、能量成为现代社会的三大支柱，也是三大资源，会计信息被认为是经济信息的一部分。随着会计信息在现代社会的作用日益得到承认，在法律的框架下提升会计信息的质量、处罚会计信息造假行为，是各国维护社会经济安全和市场秩序的必然选择。我国目前处于社会主义发展的新时期，在全方位推进依法治国①的进程中，会计信息的监管必须要贯彻法治理念。财政部提出"法治是会计改革与发展的可靠保障"，"加强会计法律法规体系建设"②。另外，面对我国规模日益扩大的资本市场，证监会指出将从法律制度的建设上实施对资本市场的有效监管，依法从严全面监管上市公司会计信息。

不论是会计信息法律制度的建立、完善，还是会计法律制度的施行实践，监管法律理论研究都应该贯穿其中，为其提供理论支撑。但是，审视目前我国会计信息监管法律研究，特别是法学界，并没有将其作为重要的领域进行深入研究。尽管目前关于会计法律已有许多研究成果，但多是基于会计学科的视角进行研究，法学界对会计信息监管进行系统研究的比较少，即使有，也只是对会计与法律相关的个别问题进行探讨。因此，面对我国建设法治国家的新局面，对会计信息监管法律制度展开系统性的理论研究成为必须面对的课题。

1.1.2 研究意义

考察世界和中国资本市场发展的实践，发现会计信息对于社会经济发展具有非常重要的信息纽带作用，并具有较强的经济后果。在我国"依法治国"建立法治国家的治国方略下，社会主义市场经济的本质是法治经济，加强会计信息监管法律制度理论研究非常必要。我国会计工作受时代和技术的影响呈现出相关制度的多变性，相应的会计信息的生产、审计和披露也面临着考验，更使得对其监管法律制度的研究成为一个迫切的现实问题。其研究意义主要表现在

---

① 习近平总书记提出"科学立法、严格执法、公正司法、全民守法"16 字方针，要求"坚持依法治国、依法执政、依法行政共同推进，坚持法治国家、法治政府、法治社会一体建设，开创依法治国新局面。"（人民网．习近平"16 字方针"开创依法治国新局面［N］．2017-09-13．）

② 参见 2016 年 10 月 8 日财政部发布财会〔2016〕19 号文件《会计改革与发展"十三五"规划纲要》。

以下三个方面：

第一，深入会计信息监管法律制度的理论研究，厘清我国会计信息监管法律制度构成。会计信息作为经济信息的重要组成部分，对其实施监管也必须在法律的框架下进行，会计信息监管法律制度是我国会计规范体系的重要组成部分，涵盖在会计规范体系之中，又有自己特有的作用和价值。我国政府和社会都对会计信息的监管予以高度的重视，对有关会计信息的法律制度进行不断地发展和完善。虽然会计信息的监管十分重要，对会计信息及其相应的行为规范在会计理论界也产出了许多研究成果，但因会计是一个实务性非常强的领域，因此研究成果多偏重于实务，更多的研究注重实务问题的探讨。而从法学角度去探讨会计信息监管，去对会计信息监管法律制度进行一次梳理，研究成果却不多。事实上，任何实务问题都需要法律制度的规范，用理论指导实践，用制度约束实践。深入探讨会计信息监管法律制度的理论、厘清其制度构成，对于会计工作生产、披露会计信息具有非常重要的指引作用和评价作用。

第二，指导会计信息监管法律制度的运行实践，提升会计信息监管的效果。会计信息监管法律制度的理论研究的终极目的是用理论研究的成果指导法律的运行实践，提升会计信息监管实效。会计信息是一种有价值的稀缺资源，其信息获取的不平等必然产生许多权利的竞争问题。同时，会计信息又是具有经济后果的特殊资源，获取会计信息的不同会导致形成不同的利益分配格局。因此，由会计信息产生的利益冲突必然带来市场上对会计信息的竞争。研究会计信息监管法律制度将使监管制度在市场中更好地发挥作用，提升会计信息监管的效果。

第三，揭示现行会计信息监管法律制度的弊端，完善其制度建设。法律有其自身的局限性，由于人们知识的不完备，再加上法律制度在运行过程中会遇到制定时无法预见的新问题，或是制定法律时因立法技术的缺陷而导致的法律空白，所以制定出来的法律总是会存在不完备性。研究会计信息监管法律制度的目的并不就是理论谈理论，而是意在通过对其制度的梳理，厘清对其制度的认识，找出其发展的规律，发现其现行制度的弊端，从而完善我国会计信息监管法律制度。

1.2　文献综述

1.2.1　有关会计信息及其监管的文献综述

会计信息是会计工作对微观会计主体的经济活动进行核算和反映的结果，它反映了微观会计主体的经济活动表现为货币计量上的特征。会计信息是资本市场配置资源和国家调控经济的基础，是企业利益相关者①做出决策的依据，因此，会计信息在国内外都受到学者们的青睐。

泽夫（Zeff S. A.）在其论文 *The Rise of Economic Consequence* 中将会计信息的经济后果定义为"会计信息对企业、政治和债权人的决策制度行为的影响"，认为上市公司的会计信息除了在资本市场上能产生经济影响，对社会也会产生一定的后果。斯科特（Willian R. Scott）从会计政策的选择对公司价值的影响方面定义会计信息的经济后果。关于会计信息经济后果的研究还有瓦茨和齐默尔曼提出的实证会计理论三大假设：分红计划假设、债务契约假设和政治成本假设②。Fama 依据"有效市场假说"论证了上市公司会计信息影响投资者的经济决策。George A. Akerlof 运用 Fama 的理论论证后认为，由于信息不对称，市场投资主体有较高概率因获取的作为决策依据的会计信息有质量瑕疵而做出非理

---

①　1965 年美国学者 Ansoff 最早将该词引入管理学界和经济学界，认为"要制定一个理想的企业目标，必须平衡考虑企业的诸多利益相关者之间相互冲突的索取权，他们可能包括管理者、工人、股东、供应商及分销商"。Freeman（1984）则将与企业在社会利益上有关系的如政府、公众等也纳入利益相关者范围。（王唤明，江若尘.利益相关者理论综述研究［J］.2007（4）：11-14.）。利益相关者理论认为企业是为其利益相关者的利益而从事经营活动的社会机构，企业的利益相关者除股东、债权人，还包括经营者、员工、供应商、顾客、政府等。

②　瓦茨和齐默尔曼把影响会计选择的诸多因素概括为三大假设：第一，分红计划假设（Bonus Plan）。根据委托代理理论，股东和管理当局处于委托代理链的两端，两者目标不一致，信息不对称。只要不存在一种能反映企业行为的充分信息指标，企业管理当局总要利用其信息优势侵犯股东权益。要使管理当局的目标与股东之间目标趋于一致，通常通过管理当局与股东之间订立管理契约来实现。第二，债务契约假设（Debt Covenant）。为了减少代理成本和风险，到期收回本息，在借款偿还期内，债权人与债务人之间订有一系列保护性合约条款。这些条款常涉及营运成本、固定成本、现金流动等方面的限制。第三，政治成本假设（Political Cost）。西方政治活动理论提出政治活动要用到会计数据的理论。不论收费标准的制定还是税收的征收都会引起财富的转移。尤其是那些可能引发危机的企业，其管理当局对于未受政治压力的企业而言，更乐于减少预期盈利水平。

性的投资决定。吴联生认为"经济后果"是相对于信息中立来说的，他将"经济后果"区分为确认计量环节的经济后果和财务报告环节的经济后果。这个观点对于本书对会计信息监管环节的划分有着非常重要的指导意义。雷光勇等认为会计通过资本市场对资源配置的作用本身说明了会计天然就具有经济后果。吴俊英认为会计信息"经济后果"使企业的利益相关者利用会计信息进行各种决策引发经济资源在不同主体间流动。阎金锷和李姝认为会计信息对股票的市价会产生敏感影响。

利特尔顿（Littleton）提出财务报表的其中一个重要规则就是充分披露所有重要和重大的会计信息。因此，会计信息应具备什么样的质量特征就成为会计界一个长久的研究话题。Dye 与 Sridhar 从财务报告对财务信息质量的影响的角度探讨了相关性与可靠性的权衡问题。Burstein 研究了会计信息的重要性特征，提出在信息披露时不需要披露易引起误导的不重要的事项，同时审计不能绝对保证财务报表的公允。Watts 认为及时性应该作为一个会计信息质量特征属性。1973 年特鲁伯罗特委员会提出了"财务报告的质量特征"的概念以及 7 个质量特征[1]，为美国 FASB 一系列概念框架奠定了理论基础。国际会计准则委员会（IASC）在 1989 年提出会计信息的 10 个质量特征[2]。美国财务会计准则委员会和 IASB 重新从三个层次界定有用的财务信息应具备的质量特征[3]。

Lee 和 Saudagaran 通过对上市公司会计信息的决策重要性进行理论研究后认为，市场主体行为不经济、非理性的根源在于获取了错误、虚假、误导的信息。莫迪利亚尼（Modigliani）和米勒（Miller）证实，公司会计信息质量反映出公司未来价值。比德尔（Biddle）和希拉里（Hilary）、王（Wang）等的研究结果均发现，公司的投资效率与会计信息的质量显著正相关。林钟高、吴利娟认为会计信息质量是制约公司治理机制完善程度的重要因素。蔡吉甫认为高质量会

---

① 1973 年，美国注册会计师协会（AICPA）下属的特鲁伯罗特委员会发表了名为"财务报表的目的"的报告，提出了"财务报告的质量特征"的概念，并提出了相关性、重要性、实质重于形式、可靠性、中立性、可比性、一致性和可理解性 7 项财务报告的质量特征。
② 国际会计准则委员会（IASC）在 1989 年发表的《编制和提供财务报表的框架》中，提出会计信息的 10 个质量特征，这 10 个质量特征分别是可理解性、相关性、可靠性、可比性、重要性、如实反映、中立性、谨慎性、完整性、实质重于形式。
③ 美国财务会计准则委员会和 IASB 经过反复讨论于 2010 年 9 月分别发表了内容趋同且一致的第 8 号概念公告和 2010 年财务报告概念框架，提出了新的"有用财务信息质量特征"，包括基本的质量特征、增进的质量特征和信息约束条件三个层次。基本质量特征指相关性、重要性与如实反映。增进质量特征是对基本质量特征的补充，包括可比性、可稽核性、及时性与可理解性。

计信息能显著提高公司的投资效率，减少投资行为的机会主义，预防公司资金滥用，减少过度投资。李明辉认为高质量会计信息可以减少公司高管发生道德风险和逆向选择。迟旭升教授认为真实公允是会计信息的最高质量特征，可靠性和相关性是首要质量特征，可比性和明晰性是次要质量特征。

对会计信息的认识还包括对其属性的讨论。目前国内学术界多数学者认可会计信息具有公共产品的属性，持这一观点的主要有蒋尧明和罗新华、陈汉文、黄世忠①等，但他们各自的观点又有所差异②。但是吴水澍、秦勉认为会计信息产品在特定的消费群中（各种投资者）仍然是私人物品，由市场机制引导会计信息资源的分配。蒋尧明③、朱灵通等认为会计信息是商品，具有使用价值和价值。康智慧从法学的视角论证了会计信息是权利客体，并提出会计信息权。会计信息权的观点对于目前大数据下会计信息交易的研究有一定的价值。

20 世纪 30 年代后西方政府兴起对市场的干预，斯蒂格勒、植草益、丹尼尔·F. 史普博等从经济学角度形成了各种不同的监管理论观点，包括影响深远的公共利益论、寻租论等。20 世纪 60 年代，Kahn 和 George Joseph Stigler 首次提出监管的经济学概念和作用。泰勒和特利（Peter Taylor & Stuart Turley）对监管就政府会计监管目标、会计信息披露要求、法律框架、会计准则制定机构、经济后果等方面进行了研究。HI. Wolk 和 MG. Tearney 就会计监管的经济学机理进行了阐述分析，运用实证研究方法证实了政府对上市公司会计信息进行监管的必要性。迈克林（Stuart Mcleay）以欧洲共同体为研究对象研究了政府在推进会计协调中的作用，并对监管体系进行了分析。James 对美国证券市场的监管进行了研究，认为美国证券市场的有序得益于 SEC 的监管，且其权力越大监管越有效。Arthur Levitt 在分析安然、世通等上市公司财务丑闻后认为，应该设立一个专门监管上市公司会计信息的机构，并赋予其实施监管的足够权力。Alfred Wagenhofer 阐述了会计信息市场经济周期对政府监管上市公司会计信息的影响，提出与市场的不同的经济周期阶段相对应，上市公司会计信息监管的重点和目

---

① 除公共物品外，黄世忠等还认为会计信息本身在投资者与企业之间的分布不对称也是会计监管的经济原因之一。
② 蒋尧明、罗新华认为会计信息产品在目前具有公共物品的性质，等条件成熟时则将恢复其私人产品的属性；陈汉文等认为公众公司的会计信息产品具有公共物品的性质，非公众公司的会计信息产品是私人物品；黄世忠等认为会计信息产品具有公共产品和私人产品的双重属性，但在分析会计信息市场失灵时，主要从其公共产品属性的角度出发，采取了工具主义的做法。
③ 蒋尧明还认为把会计信息看作公共产品是降低交易费用的无奈选择。

标有所不同。

国内的学者薛祖云、徐经长试图构建会计信息监管的理论构架①。张俊民在其所著教材《会计监管》中提出建立政府会计监管学的设想。关于政府会计监管的必要性，庄丹、陈国辉和李长群均采用经济学理论进行了探讨。陈汉文系统地研究了政府监管下的会计信息披露框架。潘立新认为会计监管包括会计信息监管和会计职业监管，而保障会计信息质量是会计信息监管最主要的内容，它可以进一步划分为涉及会计信息加工和审计监管的"财务报告内容质量的保障"和涉及会计信息披露监管的"财务报告表述质量的保障"。陈富永和张瑛瑜认为政府监管在独立性、权威性和强制性等方面有着其他监管所不具有的优势。鹿霞提出建立会计法律、政府监管机构、民间审计师、上市公司和其他市场主体"五位一体"会计信息监管机制。王俊莹阐述并剖析了监管机制存在的问题，提出通过协调监管权、强化对监管机构的约束来改进现有监管机制。毕秀玲提出政府对会计行业应适度监管。黄世忠等借鉴"安然事件"后美国的监管模式，构建了政府主导的独立监管模式的初步框架。

1.2.2 有关会计信息监管法律制度的文献综述

从世界资本市场的发展历史经验来看，各国会计信息质量的高低以及会计信息披露对投资者保护作用的发挥都需要建立起相应的法律制度进行规范。LaPorta、Lopez-de-silanes Shleifer 和 Vishny 研究了不同法系和市场制度对投资者保护目的的影响，认为国家法律对其投资者的保护力度（信息透明度）有解释作用。Watts 指出资本证券市场中的监管制度、会计信息披露的规范以及用以约束中介市场的 CPA 的审计行为规制的日益完善，即对公司投融资行为和 CPA 审计执业行业的监管是保持公司会计信息稳健性及对外信息披露质量的关键因素。Laughlin 认为，由证监会代表政府出台制定规范会计行为的准则，将准则作为指导和实施公司会计信息监管的依据。Dimitrios Katsikas 认为，欧盟会计准则在经济全球化背景下完成制度变迁，新的会计信息监管机制正在形成并在实践中随市场发展不断改革。孙铮充分借鉴了 Fama 的有效市场理论对我国资本市场会计信息披露的相关问题进行研究，认为资本市场会计信息问题的解决离

---

① 薛祖云从经济学视角构建了一个分析会计信息监管的理论框架，包括会计信息供求关系、会计监管主体行为、监管性质和过程等问题。徐经长研究了证券市场会计信息的监管主体、监管对象和监管目标，并分析了具有代表性的几个案例。

不开会计规范和法律。陈婉玲认为由于市场经济存在固有的问题，市场会产生运行中的无序，需要利用国家的力量进行干预和引导，这里的国家力量就是法律。宋印龙认为上市公司会计信息监管应在法治理念的指导下实施，即建立监管法律制度。

关于与会计信息监管相关的法律制度，国内外学者进行了许多的研究。D. Baranek 研究了萨班斯法案对会计监管机构和监管过程的影响，认为可以通过立法影响财务会计准则委员会和会计准则制定过程。Thomas W. Dunfee 和 Irvin N. Gleim 研究了会计师承担刑事责任的原因和相关的规定。国内对这个问题主要是从会计法律制度、会计信息披露制度、注册会计师法律制度以及法律责任等方面来进行研究的。郭道扬认为我国产权会计法律制度体系由四个层次构成，即以《中华人民共和国宪法》中确立的"社会主义权利法案"根本精神为最高层次，以《中华人民共和国民法通则》和《中华人民共和国公司法》等民商法作为第二层次，以会计专门法律为第三层次，以统一会计与审计制度为基础性层次。许家林、刘燕、盖地①等学者均对《中华人民共和国会计法》（以下简称《会计法》）进行了研究。曲晓辉和李明辉、朱星文、曹昊等学者②对会计准则的法律效力问题进行了研究，认为应该提升会计准则的法律地位。刘峰等通过实证分析得出结论：在违法人得不到法律制裁时，会计信息质量并不能依靠会计准则的改进来提升。刘春和、黄晓波等以证券市场为背景研究会计信息披露及监管问题。吕晓梅对会计信息披露管制进行了研究。张栋对我国注册会计师审计监管制度的发展历程进行了回顾和思考，提出要合理分配监管主体的监管权，选择更优的监管方式。于定明、朱锦余对我国注册会计法律制度从主体、行业监管、法律责任等各方面进行了研究。黄世忠、孙建海、路晓燕等均认为会计信息违法行为的违法成本远低于违法收益是会计信息舞弊的主要原

---

①　许家林等认为，《中华人民共和国会计法》的修改与完善，既应考虑会计专业问题，也应加强对相关法律问题特别是法理方面问题的研究，《中华人民共和国会计法》的地位决定了其应发挥上承宪法下统其他会计法律规范的作用，它规范的内容应是社会属性层次而非技术操作层次，同时认为《中华人民共和国会计法》在条件假设和后果归因方面仍然需要进一步的加强。刘燕认为会计的规范化、法制化是一个系统工程，具体会计规则与实施机制是"会计法"的两翼，尽管新修改颁布的《中华人民共和国会计法》加强了法律责任的规定，如果缺乏相应的实施依据与实施机制，《中华人民共和国会计法》犹如跛足而行。盖地对海峡两岸的《会计法》进行了比较研究。

②　曲晓辉、李明辉从法律的角度分析了会计准则的性质和地位。朱星文从法理分析会计准则的法律效力，提出会计准则的法律效力来自于"授予权力"和"赋予义务"，进而提出我国会计准则法律效力提升的途径。曹昊、罗孟旒提出会计准则是规范会计行为的标准，是会计法制建设的重要组成部分。

因，提高违法成本才可以使法律真正发挥效用①。陈洁、汤立斌、蒋尧明、杨国星等对会计信息的民事责任进行了研究②。

1.2.3　文献研究述评

国内外理论界对于会计信息及其监管领域的研究成果对监管实践的继续发展构建了理论基础，为继续相关研究积累了丰富的可供借鉴的研究资料。

会计信息作为反映微观市场主体综合状况的重要数据资源，在政府宏观政策出台、市场主体决策等方面都具有重要价值。但是在市场的天然缺陷下，会计信息的质量堪忧。从目前的研究结论来看，强有力的监管机构的干预是保障会计信息质量的有效手段。而监管机构本身存在的缺陷使不受约束的监管权力出现"权力寻租"等现象。为防止监管中出现的监管机构的监管权滥用，国内外学者普遍认为法律应成为会计信息监管的指导规范。不仅监管机构的监管权力应由法律赋予，而且会计信息的规范本身也应遵循法律的要求。

虽然国内外学者都认为法律对于会计信息监管非常重要，也进行了大量的研究，但是从之前学者的研究可以看到：①对于会计信息监管的研究，会计学者的研究成果比较丰富，法学学者的研究并不多。截至 2018 年 3 月 24 日，在中国知网上以"会计信息监管"为主题在核心期刊和 CSSCI 来源期刊中进行检索，共检索到文章 121 篇，其中会计学科 91 篇，经济法学科 4 篇；以此为主题在中国博硕论文库里进行检索，共检索到论文 316 篇，其中会计学科 148 篇，经济法学科 22 篇。由于会计学科本身是属于更加专注于微观主体的经济活动、技术性较强、受技术规范约束较多的学科，因此会计学者除了对会计信息监管

---

① 黄世忠认为我国会计造假泛滥的主要原因在于相关制度存在缺陷，致使造假收益远远高于造假成本。孙建海则进行了会计信息监管中违法收入与违法成本的对比研究，认为通过法律提高上市公司会计信息违法违规行为成本，是现阶段政府监管的有效选择。路晓燕等通过对具体案例进行分析，总结出当一项法律规定对舞弊行为实施惩罚时，公司高管会比较舞弊行为所带来的收益与一旦败露将发生的成本。如果潜在的成本很高，那么在该法律下舞弊不构成管理层的最优选择时，这项法律才是有效的。

② 陈洁通过对证券民事赔偿制度的经济分析，提出我国当前证券市场上以行政责任为主的法律责任体系对侵权行为无法起到良好的惩罚和威慑作用。汤立斌通过分析会计信息披露的主要法律责任主体和我国目前会计信息披露的法律责任体系，研究上市公司及其管理部门及中介机构应该各自承担何种法律责任，并认为应确立民事责任为主的法律责任体系。蒋尧明对会计信息虚假陈述的民事责任进行了研究。杨国星认为，在健全上市公司会计信息监管机制法律体系的过程中，应当尝试设立民事赔偿义务，特别是强调监管机制中的法律应侧重对市场投资主体的赔偿，纠正会计信息违法行为，而不仅仅局限于对违法的惩罚；现行监管机制相关法律，对因上市公司会计信息违法导致投资主体遭受经济损失的民事赔偿责任规定相对较为薄弱，投资主体处于不利的地位，难以实现监管作用和维持市场秩序稳定。

的基础理论，如会计信息的本身的性质、会计信息的监管进行研究外，多是对于会计准则、披露准则、审计准则的具体制定等较微观的研究，即使是较系统的研究，也是出于会计工作的考虑，从会计工作的角度来进行研究的。而法学学者对会计信息监管的研究则多集中于法律责任、会计信息披露规则等具体问题的讨论，很少有学者对会计信息监管的法律进行梳理和系统讨论。②虽然近几年与会计信息相关的法律法规一直在进行不断地修订，会计学界跟随会计法律法规的变化一直在进行着不懈的研究，但是法学界近几年的研究成果却并不多。通过在中国知网上以"会计法律"为主题在核心期刊和 CSSCI 来源期刊中进行检索，2011 年至今共发表了 128 篇文章，其中经济法学科的所占比例只有不到 1/3，而且主要发表在会计类期刊上。从此可以窥见法学界对会计法律的重视程度不高。③随着信息技术的发展，信息技术对会计信息的产生和披露正在产生巨大的影响，会计信息在大数据时代的背景下正日益成为非常重要的社会资源。目前对于会计信息监管的研究还主要基于传统环境的研究背景，对于会计信息在大数据时代在监管上的一些可能的变化并没有太多的研究文章。

综上，虽然学术界对会计信息监管的问题已作了大量的研究，但是从法律角度研究会计信息监管的成果仍与我国"全面推进依法治国"的要求存在一定的差距，这也为本书留下了对此问题进行深入研究的空间。

1.3 研究内容、研究方法与创新之处

本书试图从法学的角度对会计信息监管法律制度进行较系统的梳理和探讨，以期突破以往的会计学研究的视角。

1.3.1 研究内容

本书除绪论和结语外，由五个部分组成，按先理论后实践的逻辑结构进行展开论述。主要内容包括：

第一，会计信息监管法律制度的一般解读。基于对会计信息的含义、本质属性及特征的阐述和对会计信息监管的模式、内容介绍，探讨会计信息监管法律制度的价值、目标和特征。

第二，会计信息监管法律制度的理论依据和现实需求。分别从"市场失灵

理论""政府失灵理论""国家干预理论"和"法治国家理论"四个方面建构会计信息监管法律制度的理论基础，并从国外、国内资本市场的发展和历史典型事件对会计信息监管立法的影响来阐述市场对会计信息监管法律制度的需求。

第三，我国会计信息监管法律制度的考察与分析。对我国自1978年改革开放以来的涉及会计信息监管的法律的发展演变过程进行了回顾，对我国现行会计信息监管法律制度的构成进行了梳理和阐述。根据历年来财政部和证监会对企业会计信息的监督检查结果，检视会计信息监管法律制度的运行情况，总结在法律制度的规范和约束作用下，我国在对会计信息监管中的障碍与不足。

第四，域外会计信息监管法律制度建设概况及其启示。分别对英国、美国、德国、法国会计信息监管法律制度作了概况性阐述，介绍了以上各国在会计信息生产、审计和披露方面的监管法律制度的发展情况，并总结其各自的特点以及值得我国会计信息监管借鉴的经验。

第五，完善我国会计信息监管法律制度的思考。针对前章提出的我国会计信息监管法律制度存在的问题，提出完善建议。既要合理借鉴西方发达国家会计信息监管法律制度建设的先进经验，又应立足于我国国情，结合会计信息监管法律制度的立法目的，同时还要适应社会环境的发展，以有利于我国经济发展、会计信息资源有效利用的方式来完善我国会计信息监管法律制度。

本书的研究路径如图1-1所示。

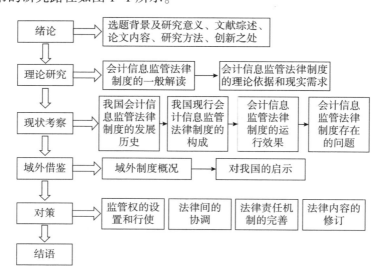

图1-1　本书的研究路径

1.3.2　研究方法

本书主要是规范研究，运用法学、经济学、管理学等学科的理论并结合我国的会计信息监管实践对会计信息监管法律制度的相关问题进行研究。采用的主要研究方法有：

第一，文献研究法。通过对现有文献的梳理，对论文选题的研究现状全面掌握，并厘清会计信息、会计信息监管及会计信息监管法律制度的含义、特征、功能、目标、本质等，构建本书的理论根基。

第二，历史分析法。在讨论资本市场对会计信息监管法律制度的需求、我国会计信息监管法律制度的发展历史以及域外国家会计信息监管法律制度的发展概况时，采用了历史分析方法进行历史考察，以梳理出制度的发展脉络及规律。

第三，比较分析法。借鉴域外国家的会计信息监管法律制度，通过对英国、美国、德国、法国等国家的比较分析，总结我国会计信息监管法律制度建设可以借鉴的经验。

第四，实证分析法。法律制度的生命在于法律实践，法律制度的运行效果可以考验法律制度设计是否科学合理。通过对财政部和证监会的检查结果的数据进行分析，发现制度在运行过程中存在的问题，为完善制度建设提供依据。

第五，归纳法。结合我国会计信息监管法律制度的缺陷，借鉴域外有代表性国家的制度，探讨我国会计信息监管的制度改进。

1.3.3　创新

本书力求在以下方面有所创新：

第一，从新的视角厘清我国会计信息监管法律制度构成。结合会计工作的流程，剖析会计信息监管的内容，将会计信息监管法律制度按照会计信息生产、审计、披露的过程进行梳理，理顺我国会计信息监管法律制度的构成，体现出对会计信息全流程监管的特点。据资料显示，我国在经济法领域还少有专门对会计信息监管法律制度进行研究的论著，本书试图能对此问题进行系统论述。

第二，"抓大放小"的研究思路。会计工作的专业化和微观性使规范会计信息的法律规范呈现出层级多且规范性文件繁杂的特点，如果对繁杂的部门文件进行分析，必落入无尽的微观技术规则的探讨中。因此，本书采取"抓大放小"的思路，主要对会计信息监管法律制度的整体构成框架进行阐述，并主要就其中具有统领地位和重要作用的主要法律和行政法规、部门规章进行分析论述，找出其共同存在的问题及重大问题，而不拘泥于细枝末节的技术规范设计。

第三，结合我国社会发展现实提出制度完善建议。充分认识社会发展对会计信息及其监管的影响，通过分析现行法律制度在应对当前社会发展形势的缺陷，结合会计工作发展的革新和挑战以及我国法制建设取得的成果，提出完善我国现行会计信息监管法律制度的建议。

第 2 章

会计信息监管法律制度的一般解读

在当前大数据时代的背景下，信息如洪水般向人们涌来，信息正在成为能够创造巨大财富的重要资源。会计信息作为信息的一种，能够直观反映市场主体的运营和财务状况，帮助会计信息使用者了解市场主体并对市场和市场主体做出基本的判断，是社会经济生活中非常重要、不可或缺的经济资源。现代企业制度使企业的所有者与经营者相分离，会计信息的生产和披露由企业所有者委托经营者雇佣会计专业人员来完成，同时资本市场的发展使会计信息的使用者及其需求日渐多元化。会计信息供给和需求的矛盾必然为市场经济带来许多问题。法治国家的市场除了由市场规律来解决市场中出现的问题外，国家运用法律制度对市场进行监督和管理是规范市场主体行为、解决市场供需矛盾的主要手段。探索会计信息监管法律制度，厘清会计信息监管法律制度的相关概念，划清研究范畴，明确研究对象，无疑对解决市场中会计信息问题有重要意义，同时也为之后对具体会计信息监管法律制度的研究奠定基础。

2.1 会计信息

在对会计信息监管法律制度进行解读以前，有必要对会计信息进行分析和解读。会计信息作为会计信息监管法律制度的概念基础，对其概念、本质的分析和解读，对于理解会计信息的价值及其对整个社会主义市场经济的意义，以及认识为什么建立、如何发展会计信息监管法律制度是必要的。

2.1.1 会计信息的界定

2.1.1.1 会计信息的概念

从理论上讲，会计信息属于信息的一种。根据《辞海》① 对信息的定义，会计信息并不是随便产生的，而是经过对"音讯、消息"的处理和分析取得的。这里的"音讯、消息"就是在会计核算的过程中，从会计主体外部或内部所取得的反映会计主体每一笔经济业务的原始数据，这些原始数据记载于发票、合同等原始凭证上面。原始凭证上记载的数据比较散乱，会计人员运用会计规则对这些原始数据进行加工处理后，才真正形成我们所说的会计信息。

会计信息来源于会计活动对反映企业经济活动的零散的数据信息的加工和处理，因此要认识会计信息，首先要对会计有一个基本的认识，结合对会计的认识来理解会计信息的内涵。世界各国的会计学者们在对会计经历了数十年的研究后，对会计的本质产生了各种不同的认识，形成了会计研究学说和流派。目前在世界上公认的关于会计本质的观点主要有："会计艺术论""会计工具（方法）论""会计控制论""信息系统论"和"管理活动论"等，而不同的会计本质的观点对会计信息的认识也有所不同。

（1）"会计艺术论"及其对会计信息的认识。"会计艺术论"的观点最早由美国会计师协会（AIA）于1941年提出，来自于其所属的会计名词委员会发布的《会计名词公报》第一号《复查与提要》（*Review and Resume*）中对会计下的定义。"会计艺术论"认为，虽然会计作为一门较职业化和技术化的工作，其工作流程受到许多会计规则的制约，但是会计规则在设计时却具有一定的制度弹性，同一会计事项的处理往往设计了多种会计方法可以选择，允许会计人员在会计规则许可的范围内选择其中的一种方法对会计事项进行处理。这导致不同的会计人员可能出于某种获取个人利益或企业利益的目的，抑或是对业务本身的理解的差异，而对同一会计事项选择使用不同的会计方法进行处理，因此不同会计人员针对同一会计事项可能会生成不同的会计信息。会计的艺术性就在于会计人员能够运用自己对会计规则的理解，在解决特定的问题时展现出创造性的技巧和能力。从这种意义上说，会计是一种艺术。"会计艺术论"观点下的会计信息是会计人员主观选择的结果，客观性相对较弱。

（2）"会计工具论"及其对会计信息的认识。把会计当作一种反映和监督

---

① 在《辞海》中"信息"被解释为"音讯；消息。……通常须通过处理和分析来取得。"

经济活动的方法、工具或提供财务经济信息的一种规则与方法，这是"会计工具论"的含义。根据这个观点，会计与会计工作是不同的。会计是对经济活动产生的数据进行记录、计量、汇总等一系列加工和处理的方法，会计工作则是将会计这些方法作为工具加工和处理数据形成会计信息的活动。因此，会计本身只是一种工具，它主要是用来生成微观经济信息，执行反映职能。在"会计工具论"的观点下，会计信息是利用"会计"这一工具生成的反映微观经济主体经营状况和财务状况的以货币形式表现的经济信息，是会计反映职能下的产物。会计信息的作用主要在于对微观经济主体的经营状况和财务状况进行反映，以满足微观经济主体的管理者从事管理活动的需要。因此，会计信息对于微观经济主体的经营和财务状况的准确和完整反映被作为检验会计信息价值的标准，并且以数字形式对微观经济主体进行反映成为会计信息重要的功能。会计信息在"会计工具论"下体现的是会计信息生产者的价值需要。

（3）"会计控制论"及其对会计信息的认识。"会计控制论"认为现代会计从本质上说是一个控制系统。其主要代表人物为杨时展、郭道扬两位教授。"会计控制论"认为现代会计与传统会计不同，相对而言，现代会计更注重对企业的决策与控制。与现代商品经济发展相对应，现代会计发展成为一个按公认会计原则与标准对实体的经济事项进行分类、记录、汇总、传达的控制系统。"会计控制论"观点下的会计信息被理解为对受托责任完成情况的记录，因此出于对委托人权利的维护，会计信息必须客观、真实地反映受托人对企业的经营管理情况，委托人通过会计信息掌握受托人的履约情况和企业状况。但是由于受托人基于企业管理者对会计信息的控制优势，委托方很难保证其获取真实、完整会计信息的权益不受侵犯。

（4）"会计管理活动论"及其对会计信息的认识。"会计管理活动论"将会计理解为一种对企业进行管理的活动。它继承了"会计工具论"的合理内核，将会计工作实践和管理科学思想相结合，是目前国内外具有重大影响的关于会计本质的观点，是我国当代最具代表性的会计学流派之一。其代表人物是杨纪琬、阎达五教授，他们在《论"会计管理"》一文中明确提出会计是一种管理活动。[①]按照这种观点，会计是通过对微观经济主体的经营活动的记录、对随微观经

---

① 杨纪琬、阎达五教授在《论"会计管理"》一文中指出："会计这一社会现象属于管理范畴，是人的一种管理活动；如果离开作为管理者之一的会计人员，离开对经济活动行使诸如反映、监督（控制）以至于预测、决策这些管理职能，会计倒是会变得捉摸不定。"

济主体经营活动而产生的一些经济信息进行加工的具体的会计工作，将这些信息以货币的形式表达出来，并将之运用于对微观主体的经营活动的组织、调节和指导中，其目的在于追求提升微观经济主体的经济效益，其本质是一种对微观经济主体实施的以商品价值运动为管理对象的管理活动。在"会计管理活动论"的观点下，会计信息成为微观经济主体的管理者实施内部管理活动的绝对的私人产品，同时，会计信息在企业实施管理活动中的有用性也被引起足够重视。

（5）"会计信息系统论"及其对会计信息的认识。"会计信息系统论"认为会计是一个以提供财务信息为主的信息系统。这是我国当代最具代表性的基本观点之一，是我国当代会计学流派之一。其代表人物是葛家澍[1]、余绪缨教授[2]。"会计信息系统论"认为，会计信息是由会计这个信息系统通过对数据的加工生成的用于决策的财务信息和其他经济信息，它是对企业经营历史的直接反映，同时也间接、部分地反映企业经营发展的未来。会计信息主要受会计信息系统的影响，因此会计信息系统所适用的会计规则对会计信息影响较大。会计规则的制定权是各利益方博弈的结果，因此会计信息的提供必然受有着较强话语权的强势方所控制。而在规则制定上，博弈的结果还是会更多考虑公共利益，因此在该观点下的会计信息法律层面上更多强调对公共利益的保护，保护各方利益主体的知情权。

对于会计是什么，学者们从各个角度对其本质进行了阐释，以上五种是最具有权威和代表性的观点，每一种观点都有其合理性。但是基于本书研究的内容和目的，采用余绪缨、葛家澍教授主张的"会计信息系统论"。"会计信息系统论"既表述了会计"反映"即"提供数据和信息"的职能，又强调在商品经济下会计必然以提供会计信息为主。另外，该论点还强调会计将数据加工成信息是一个复杂的过程，是由会计人员参与并受诸多因素影响的一个系统。

---

[1] 葛家澍教授认为："会计，旨在提高微观经济效益、加强经济管理而在企业单位范围内建立的一个以提供财务信息为主的经济信息系统。这个系统主要用来处理企业经营过程中价值运动中所产生的数据，而后把它加工成有助于决策的财务信息和其他经济信息（总称会计信息）。"

[2] 余绪缨教授认为："应把会计看作是一个信息系统，它主要是通过客观而科学的信息，为管理提供咨询服务。会计人员在企业中，为企业管理部门正确地进行最优决策和有效经营提供所需数据，但他们并不对企业的生产经营活动直接进行管理或决策。"

源于"会计信息系统论"的观点，本书将"会计信息"① 理解为"在一定时期内，由会计人员通过对微观市场主体经济活动所产生的数据进行记录、计量、汇总，以货币为主要计量单位，经会计信息系统生成的，反映微观市场主体财务状况、经营成果、资金变动的经济信息，是微观市场主体未来再生产或投资决策的重要依据。"如果把会计信息系统看作是一个"生产"系统，那么会计信息就是这个"生产"系统生产出来的一种特殊"产品"。

2.1.1.2　会计信息的分类

基于本书的研究目的，除了对会计信息作一般化的概念界定，还有必要对会计信息进行类别上的界定。

（1）财务会计信息和管理会计信息。这是按现代会计的分支进行划分的。自 20 世纪 50 年代会计逐步形成了财务会计和管理会计两大分支，当前主流观点是财务会计主要向企业外界有关利益集团提供财务信息和其他信息，也叫对外会计；管理会计主要为企业内部管理当局提供内部经营决策信息，也叫对内会计。财务会计通过传统会计核算流程，向会计主体的内部和外部的利害关系人提供定期财务报告。这个财务报告中所记载的就是财务会计信息，主要是反映企业已经发生的经营活动以及取得的经营成果。管理会计是通过对财务会计信息的分析，并采用专门策略和技术，不定期地编制管理报表，为企业内部管理人员提供经营、决策所需的信息，其着重于预测企业前景、参与决策、规划战略。管理会计向企业内部管理人员提供的信息就是管理会计信息。本书讨论的主要是财务会计信息。

（2）事实性会计信息和分析性会计信息。这是按会计信息的内容进行划分的。事实性会计信息是会计主体依据会计规则将微观经济活动产生的原始数据进行加工、处理形成的直接反映会计主体的经营情况的会计信息。而由专业人员基于事实性会计信息按照会计信息需求者的需求加工形成的会计信息则被归入分析性会计信息。本书讨论的主要是事实性会计信息。

（3）初始会计信息和最终会计信息。这是按会计信息形成的阶段进行划分的。初始信息是指会计人员将会计主体经济活动产生的原始凭证中的数据编制记账凭证，并登记在账簿上形成的会计信息，这种信息比较散乱，不够直观。

---

① 生产会计信息的会计主体包括企事业单位、社会组织、机构团体等众多微观经济主体，基于本书主要研究的对象，以及会计信息对企业的意义和价值，本书将研究的会计信息主要界定在企业的会计信息，因此这里的微观市场主体也主要是指企业。

最终信息是会计人员根据初始信息编制的会计报表反映出的会计信息，是对所有散乱的初始会计信息的归类和汇总，并以规范的报表形式呈现出来。最终会计信息能够较清晰、完整地展现会计主体在一定时期内的经营情况。本书讨论的主要是最终会计信息。

以上只是对会计信息进行了简单的分类，会计信息的分类方法还有许多，以上分类只是利于我们更清楚地认识会计信息所包含的内容，以便于对会计信息有一个更全面的把握。

2.1.2　会计信息的本质属性

在信息日益成为生产要素、重要资源的信息时代，会计信息作为信息的一个重要类别，作为反映企业经营状况的重要信息来源，已经成为学者研究不可忽略的部分，特别是在资本市场快速发展的今天，会计信息的重要性更是不言而喻。我们在对会计信息的概念作了较深入的探讨后，有必要对会计信息的本质属性作进一步的研究，这对于研究为什么要对会计信息进行监管具有非常重要的理论意义。本书引入公共产品理论和商品理论对会计信息的本质属性进行探讨，对会计信息的产品性质和商品性质进行分析，最终认为资本市场上的会计信息的本质属性是具有公共产品属性的商品，并对会计信息有别于一般商品所具有的特殊性进行了阐述。

2.1.2.1　基于经济学公共产品理论的会计信息产品属性的分析

（1）公共产品理论简介。著名经济学家萨缪尔森最早在现代经济学领域展开对公共产品理论的研究，他于1954年首次对公共产品进行定义——每个人消费某种产品或劳务不会导致其他人对该产品或劳务消费的减少。奥尔森认为，公共产品的特性是"如果一个集团中的任何个人能够消费它，它就不能不被该集团中的其他人消费"。斯蒂格利茨指出："公共产品是这样一类产品，在增加一个人对它的分享时，并不导致成本的增长（它们的消费是非竞争性的），而排除任何个人对它的分享却要花费巨大成本（它们是非排他性的）。"1965年布坎南的"俱乐部的经济理论"首次将公共产品理论扩宽到对非纯公共产品（准公共产品）的讨论。

根据公共产品理论，相较于私人产品，公共产品具有三个显著特征：①不可分割性，即公共产品在消费者对其消费后仍保持完整形态；②受益的非排他性，即每一个消费者对同一种公共产品的消费，并不排斥其他消费者对它在同一时间的消费，而且在消费过程中，是否具有对公共产品的消费资格并不取决于消费者是否支付了费用；③消费的非竞争性，即当一个消费者对该产品进行消费时，并不减少该产品对其他消费者的供应，对于产品的供给而言，增加消费者的边际成本为零。根据西方经济理论，由于存在"市场失灵"，市场难以在所有领域达到"帕累托最优"，所以在公共产品方面，容易存在"搭便车"和"外部效应"，从而导致公共产品供给不足，因此需要政府出面提供公共产品来弥补这种市场缺陷。

与公共产品相对的另一个极端则是私人产品。私人产品具有以下显著特征：①效用上的可分割性，即私人产品可以被分割成若干可交易的单位，其效用供对其付费的人享受；②受益的排他性，即私人产品仅供支付费用的人消费，排除那些没有为其支付费用的人消费的资格；③消费的竞争性，同一种产品，如果已经被某人消费，则其他人不能再消费这种私人产品。私人产品的这三个特征，使私人产品的生产和消费可以分离开来，为明确产品的所有权提供了条件，私人对私人产品享有所有权，并可以对其进行自由支配。

准公共产品是介于公共产品与私人产品之间的，它的非竞争性和非排他性都是有限的。它的特征表现为：①具有非排他性和不充分的非竞争性。例如教育产品，在同一教室听课接受教育的学生之间不会因其中一个学生消费了教育产品而使其他学生丧失获得听课的利益，因此具有非排他性；但是如果一个教室学生过多，就会考虑分班上课，从而增加教育产品的生产成本，因此它的消费又具有一定程度的竞争性。②具有非竞争性和不充分的非排他性。例如公共设施，其被一些消费者占领则会影响其他消费者的消费，出现拥挤的现象，因此它的非排他性是不充分的；但是公共设施的消费又具有非竞争性，因为对公共设施的使用并不决定于某个消费者的出价。③具有排他性和不充分的竞争性。例如俱乐部产品，它是在某个范围内由某个人或某些人出资，并在此范围内所有享有资格的人都可以获得产品的利益，但在这个范围之外的其他人不能获得该产品的利益。

（2）从企业组织形式的演进看会计信息产品属性的变迁。从企业的发展来看，随着社会经济的进步和自身发展的需要，形成了企业的组织形式，其中最主要的包括业主制、合伙制和公司制三种。这三种企业组织形式并不是一开始就同时存在的，而是逐渐产生的。与这三种企业组织形式的出现相对应，会计信息也展现出不同的产品属性。

1）业主制企业的会计信息的私人产品属性。阿尔钦（A. Alchian）和德姆塞茨（H. Demsets）在研究业主制企业产生的原因时指出，企业活动实际上是不同要素所有者的合作过程，企业的监督者就是企业财产的所有者，实行所有权和经营权的统一。业主制企业是由业主一个人出资设立的企业，业主是企业的所有者，对企业享有独立的产权，企业的经营权、财务的控制权和事务的决定权全部归业主个人所有，业主对企业自主经营、自负盈亏，对债务负有个人无限责任。业主制企业完备的私人产权使所有者与经营者集于一身，会计信息的使用者和提供方都是业主制企业本身，业主享有对会计信息的最终处置权。在业主制企业的环境下，完全排他性的会计信息作为私人产品是最有效率的，因此，在1900年前的美国，大多数企业的会计数据都是自行安排并且严格保密的，外部信息使用者只有在付出相应的对价后才能取得会计信息的使用权。

2）合伙制企业的会计信息的准公共产品属性。合伙制企业是由两个以上的合伙人按照合伙协议共同设立的企业。在合伙制下，普通合伙人享有参与企业管理的全部权利，同时对企业债务承担无限责任，其收益不固定；有限合伙人不享有参与管理企业的权利，对企业的债务也承担有限责任，其收益按合伙协议确定。但是无论是有限合伙人还是无限合伙人，都拥有对会计信息的所有权，每一个合伙人平等获知会计信息。而对于合伙企业外部，合伙企业只向为其提供了相应利益的会计信息需求者提供会计信息，排除其他会计信息需求者的信息需求。可见，合伙制企业的会计信息具有有限的非排他性和非竞争性，属于准公共产品。

3）公司制企业的会计信息的准公共产品属性和公共产品属性。公司制企业是根据《中华人民共和国公司法》设立，由法定人数以上的出资人出资建立的，具有法人资格的，自主经营、自负盈亏的企业。企业对公司财产享有法人财产权，出资人（股东）仅以出资额为限对公司债务承担有限责任。现代公司的所有权与经营权的分离产生了所有者与经营者之间的委托代理关系。基于对自己财产的保护，财产所有者产生对其委托的经营者进行监督的要求，所以会计信息除了对内提供给经营者用以公司决策使用外，对外要提供给所有者用以监督经营者的受托责任完成情况。

现代公司制企业中的有限责任公司，法律规定股东人数有最高数额限制，人数较少，而且公司的董事和高管往往都由股东担任。由于公司的公众性较弱，因此公司的会计信息法律只要求向股东进行披露，只有股东享有会计信息的所有权，公司股东之间平等消费公司会计信息；而公司外部的主体除了国家税务、银行等依职权可获取会计信息外，在未支付相应对价的情况下都无法获取公司的会计信息。因此，有限责任公司的会计信息和合伙企业的会计信息一样具有准公共产品属性。现代公司制企业中的股份有限公司是将公司资本划分为等额股份，由认购股份的股东以其出资额为限对公司承担有限责任的企业法人。股份有限公司股东人数法律上没有上限规定，因此股东人数较多。股份公司又按股票是否上市交易分为上市公司和非上市公众公司。非上市公众公司和有限责任公司一样，法律仅要求向所有股东公开会计信息，因此非上市公众公司的会计信息也同样具有准公共产品性质。上市公司对外公开发行股票，除了公司的股东外，市场上还有大量潜在投资者需要依据会计信息做出投资决策。为了保护广大投资者的利益，法律要求上市公司必须对市场公开披露其会计信息。会计信息一旦对市场公开，便具有完全的非竞争性和非排他性，因而上市公司的会计信息具有公共产品的属性。

从以上分析可以看到，不同的企业组织形式的会计信息表现出各自的私人产品、准公共产品和公共产品属性。

2.1.2.2　基于马克思主义商品理论的会计信息商品属性分析

（1）会计信息的产权归属。在讨论会计信息的商品属性前，我们先来看一下会计信息的产权属性。

关于产权的解释，从亚当·斯密到罗纳德·科斯产权理论的提出，有几种主流的观点：①产权即是财产所有权，包含多方面权能，代表人物为 S. 平乔维奇；[①]　②产权是一个比所有权更宽泛的范畴，将产权等同于人权，是维持资产有效运行的社会制度，旨在保护人对资产的排他性，代表人物为德姆塞茨[②]；③马克思将产权（所有权）定义为一种以私人间的排他性来界定，可以进行市场交易的并在交易运动中不断增值的财产权。无论哪一种观点，我们都可以看到产权涵盖了所有权的内容。

科斯（1960）指出，无论私有财产如何进行分配和归属于谁，在明确了私人产权的前提下，很多外部性的经济活动要达到最优福利效果均可以通过契约安排实现。所以会计信息要成为商品，首先是要产权明晰，即会计信息到底归谁所有。会计信息是由企业内部的会计人员对本企业的经济业务依照会计规则

---

①　S. 平乔维指出："产权是人与人之间由于稀缺物品的存在而引起的，与其使用相关的关系。""产权详细表明了人与其他人之间的相互关系中，所有的人所必须遵守的与物相对应的行为准则，或承担不遵守这种准则的处罚成本。"

②　德姆塞茨认为"产权是一种社会工具，其重要性在于事实上它能帮助一个人形成与其他人进行交易的合理预期"，"产权包括一个人或者他人受益或受损的权利"；"产权的一个主要功能是引导人们实现将外部性较大地内在化的激励"。（德姆塞茨 . 关于产权的理论 ［M］. 上海：上海三联书店，1994：97.）

进行加工处理后形成的经济信息，有时为了保证会计信息质量满足相关利益者的需要，企业还要聘请注册会计师对会计报告进行审计。可见，会计信息的形成是在企业内部完成的且企业为之花费了成本，会计信息无疑是企业的一项经济资源。结合前面关于会计信息的产品属性的分析，无论会计信息具有什么产品属性，但归根结底都归企业所有。这也与信息这一经济资源具有的"不可绝对交割"的自然属性相符合。信息的支配状态交换，不可能实现绝对交割，只能是相对转移；它不是使用价值的绝对交割，但它是使用权的转移，但不是绝对控制权的转移。因此，本书认为会计信息产权是属于企业私人所有的。

（2）会计信息的使用价值。马克思在《资本论》第 1 卷里指出："商品首先是……一个靠自己的属性来满足人的某种需要的物……物的有用性使物成为使用价值"，也就是说，使用价值是商品的自然属性，是一切商品的共同属性之一，是指能够满足人们的某种需要。任何物品要成为商品都必须具有可供人类使用的价值；反之，没有任何使用价值的物品不可能成为商品。

会计信息具有使用价值是毋庸置疑的。企业生产会计信息的目的就是反映企业的经营状况和财务状况，以便于企业自身决策使用，并供企业有关利益相关者了解企业使用。商品的使用价值可能由于商品的差异存在不同，但同样的商品对于不同的使用者而言也可能具备不同的使用价值。就会计信息而言，会计报表对于投资者的投资决策、债权人选择贷款对象、供应商了解协作单位货款能否收回、政府部门对企业参与市场资源配置和履行社会责任方面情况的了解具有重要意义。

（3）会计信息的价值。会计信息要成为商品必须同时具有使用价值和价值。"价值是凝结在商品中的无差别的人类劳动，它是商品的社会属性，也是商品所特有的属性，它体现了商品生产者相互比较和交换劳动的经济关系。"作为商品的二因素之一，价值是商品的最本质的因素。

会计信息是由会计人员对企业的经济业务产生的数据按照会计规则进行加工处理后得到的经济信息，在这个加工过程中，会计信息凝结了会计人员无差别的劳动，包括体力劳动和脑力劳动。显然，会计信息是劳动产品，具有价值。

然而，会计信息的价值又不同于一般商品的价值，其特殊性主要表现在：①会计信息价值实现方式特殊。信息的可复制性是信息的自然属性，是信息价值运动的基础。信息是可复制的，信息才可以传播；信息可以传播，信息才真正客观化，才能在传播中体现价值。会计信息可复制，使会计信息不用像普通商品一样在实现价值时必须出让使用价值，会计信息在实现其价值时不需要以出让使用价值为代价。企业在披露了会计信息之后，自己仍然可以继续使用已披露的会计信息，同时良好的会计信息质量还可以帮助会计主体提升企业的形象并从中获利（比如提升股价、增加投资者），从而使会计信息的价值得以实现。②会计信息的价值难以量化。影响和决定商品价值的主要是社会必要劳动时间和劳动生产率。但我们在考察这两个指标时往往是以同类商品进行计算的。会计信息是对企业的经营状况和财务状况进行反映，世界上没有两个完全雷同的企业，所以也不可能有相同的会计信息。另外，生成会计信息的会计人员的劳动是需要具有专业技能和职业资格的人员才能进行的复杂劳动，这种处理纷繁复杂的经济业务的复杂劳动的价值量是难以像简单劳动一样量化的。

（4）会计信息是为交换而生产。价值是"在商品交换关系或交换价值中表现出来的共同东西"。商品是为交换而生产的，要把物品变为商品必须通过交换完成。会计信息从始至终就是为交换而存在的。会计信息从生产者向使用者传递构成了一次交换过程。在会计产生之初，简单的会计信息就是为了让财物的所有人了解财物的情况，以便于更好地进行财物的保管。随着会计的发展，今天的会计信息已不再是单纯的对财物的记录和反映，而是包含了更多的内涵。会计信息生产者向会计信息使用者传递会计信息，以期企业能够正确地决策、更好地发展，同时获取更多的资源。会计信息的生产背后隐藏着交换的动机。

本书认为，不是所有的信息都是商品。一种信息是否是商品，要看其是否是人类的劳动产品，是否存在两个或两个以上的利益主体间的交换行为，并且这种信息是否有用。因此，会计信息作为人类复杂劳动的成果，其本身包含丰富的经济信息，并且随着经济的发展，市场对其具有强烈的需求，因此会计信息是一种商品。

2.1.2.3　会计信息的产品属性与商品属性的关系

会计信息产品在企业组织的不同时期表现出私人产品、准公共产品和公共产品的属性。但公共产品本身也是商品，只是这种商品在产权界定方面具有经济学上的"外部性"。就像电灯是一种商品，但是安装在家里的电灯和安装在公路上的路灯，其产品属性完全不同，一个是私人产品，一个是公共产品。所谓私人产品的消费的排他性，即谁付费谁使用，经济学上称这种物品具有"硬"的产品特征；而公共产品相应则具有"软"的产品特征，它一旦生产出来就不排除他人对它的使用，即社会上每个人无须付费便可使用。对于私人公司、有限责任公司、非上市公众公司，其产品属性分别表现为私人产品、准公共产品（后两者一致），具有消费上的排他性，想获取会计信息的人都要付费，会计信息在这个付费交易中实现了其商品属性。对上市公司的会计信息而言，会计信息的公开披露使会计信息在表面上呈现出"公共产品"的属性，但是这种产品属性并没有从根本上改变会计信息作为商品的本质属性。作为具有公共产品属性的上市公司对外强制披露的会计信息，从一定程度上为潜在投资者做出投资决策起到帮助作用，使上市公司可能得到市场上更多的投资者的投资，使上市公司有可能在付出较低融资成本的同时获得投资。总之，生产会计信息的目的不外乎是对内提供给管理者，以换取更有效的经营服务；对外提供给投资人或潜在投资人，抑或是其他利益相关者，以换取更多的资金或是机会。会计信息生产的交换目的，使会计信息无论是私人物品、准公共物品还是公共物品，终是商品。

通过对会计信息属性的分析，我们可以得出的结论是会计信息无论其产品属性是私人产品、准公共产品还是公共产品，它都具有商品的本质属性。

2.1.2.4　会计信息的商品化趋势

现代社会已进入信息社会这不仅是人们的共同体验，而且是多个学科研究的结论。信息在经济活动中已经体现出了经济价值。上海证券交易所 2002 年开始与路透社合作，于 2005 年建成了企业级数据库，该企业数据库已成为我国信息产业链的源头之一，并正在继续催生出新的信息产品，昭示着我国证券信息产业的信息产业链的形成。"上海证券交易所信息显示，2007 年通过出售数据获得的收入达到 2 亿~3 亿元。"[①] 2015~2016 年我国分别在北京、贵阳、乌兰察布建立了国家大数据中心，打造国家的信息产业。[②] 在大数据得到广泛运用和重视的今天，信息的商品化趋势已不可逆转。

但是就会计信息而言，虽然其具有商品的属性，但在一定程度和范围内并没有完全依照商品进行交易，这主要是受一定客观条件的限制：①由于传统条件下会计信息主要靠会计人员的手工生成，会计价值难以量化，会计商品的成本无法确定，难以定价，从而阻碍交易。②会计信息披露的媒体多为报刊、指定网站，容量有限，披露格式内容统一，无法满足会计信息需求者的个性化要求，会计信息商品种类缺乏。

信息技术的发展为会计信息商品化提供了条件：①信息技术使会计工作由手工转为计算机智能化，会计信息商品的生产方式的改变降低了会计信息的生

---

① 信息来源于 http：//finance.sina.com.cn/stock/y/20080329/00124684489.shtml。

② 信息来源于 http：//www.wulanchabu.gov.cn/information/wlcbzfw11368/msg934556842822.html。

产成本，而且由于设备投入的成本是可以计量的，也使会计信息的价值易于量化。②信息技术将会计流程由传统流程向业财一体化转变，会计工作效率得到大幅提升，会计提供的会计信息更加个性化，符合会计信息需求者各自的需求。③云平台的建立使会计信息的存储和传递有了新的途径。云平台可以存储大量的会计数据和信息，会计信息需求者可以根据自身需要，通过付费获取资格，在云平台根据自己的需求获取会计信息。

总之，随着技术的发展和理念的转变，限制会计信息商品化发展的因素将越来越少，会计信息终将恢复其商品的本来面目，会计信息商品化是必然的趋势。

2.1.3　会计信息的特征

2.1.3.1　会计信息的商品特征

事物之间不仅有其共性，还有特性；没有后者，就不能区分事物。同样，会计信息商品除了具有商品一般的共性外，还有与其他商品明显区别的特征。

（1）会计信息生产的垄断性。会计是一个信息系统，它通过一定的程序和规则、方法将企业每天发生的经济业务通过记录、计量、分类、汇总等加工处理，最终形成会计信息。会计生产会计信息的这个活动是针对特定的会计主体、在一个特定的会计期间进行的，它与特定企业的经济活动紧密相关。而这个会计信息系统只能由其要反映的企业来建立，企业建立专门的会计部门和设置专门的人员来从事会计活动，会计信息生产成为企业自身生产活动的一个部分。因此，每个会计主体对反映自己的经营活动的会计信息的生产是垄断的，不可能由其他会计主体来生成。

（2）会计信息内容的稀缺性。"稀缺"一般是指对于资源的需求者而言，资源的有限和不可再生。会计信息作为一种经济资源，其稀缺性主要表现在：①具有私人产品属性的业主制企业和合伙企业的会计信息，由于其带有明显的完全排他性和非竞争性，因此这种会计信息内容对于外部会计信息需求者来说是稀缺的。②对于公司制企业，特别是上市公司的对外披露的具有公共产品属性的会计信息，从表面上看已不再稀缺，但是实质上其对外披露的信息受到企业生成成本和披露成本的影响，因此企业在对外进行披露时会就会计信息的广度和深度有所保留。而作为对公共产品免费使用的会计信息需求者而言，却是希望披露的会计信息越详尽越好。从这个角度来看，会计信息内容对于会计信息需求者而言仍然是稀缺的。

（3）会计信息流通的特殊性。流通是"从总体上看的交换"。在商品经济条件下，流通就是以货币为媒介的商品交换。会计信息商品的流通有着同一般商品流通相同的性质，即从它的再生产过程来看，既是所消耗的生产资料和消费资料在效用上得到补偿的过程，又是所消耗的物化劳动和活劳动在价值上得到实现的过程；从它的交换过程来看，既是使用价值的交换，又是价值形态的转化。但会计信息商品的流通又有着同一般商品流通所不同的特性。①会计信息商品在流通中只转移使用权，而不转移所有权。对于大多数商品的流通，都是在完成交易后其所有权和使用权一并转移，而会计信息商品的所有权和使用权在交易中并不一并转移，企业只交换出会计信息的使用权，而将其所有权保留在自己手中。会计信息的载体主要是财务会计报告①，企业在披露财务会计报告时，实际上是将企业有关的经济活动信息对外披露，这些信息是企业所特有的。外部会计信息使用者在会计信息商品的流通中取得会计信息，主要是利用会计信息来满足他们的决策行为的需要，这并不需要取得会计信息的所有权。因此，会计信息的流通中，只需要发生使用权的转移，而不需要发生所有权的转移。②会计信息商品的流通与企业会计信息类别的对应性。在现代企业中，企业管理当局不仅要生产对外报告的财务信息，还同时生产企业内部管理需要的管理会计信息，从信息的用途和属性来看，这两种信息是不相同的。首先，管理会计信息是服务于企业的经营管理目的，是管理当局为了提高企业的经济效益而进行的会计信息生产，虽然投资者也承担管理会计信息的成本，但这种成本可以从企业收益的提高中获得补偿，而且管理当局在生产这种信息时可能为投资者生产剩余价值（经济效益的提高大于信息的生产成本）；其次，管理会计信息并不发生交换行为，是管理当局生产自用的，并不具有商品的属性。

2.1.3.2 会计信息的法律特征

（1）会计信息的法律规范性。本书采纳"会计信息系统论"的观点，认为会计信息是在一定时期内，由会计人员通过对微观市场主体经济活动所产生的数据进行记录、计量、汇总，以货币为主要计量单位，经会计信息系统生成的，反映微观市场主体财务状况、经营成果、资金变动的经济信息。从对会计信息监管的历史演进轨迹来看，在1844年英国《公司法》出台以前，股份公司的会计信息的生成和披露都是由公司自主决定的，是不受会计法规的约束的。但是

---

① 一般认为会计信息的载体包括会计凭证、会计账簿和会计报告。本书主要研究企业最终要对外披露的会计信息，因此在此将需对外披露的会计报告表述为主要的会计信息的载体。

由于虚假会计信息引发了资本市场的混乱和投资者的损失，因此世界各国对会计信息的生成和披露进行了规范。以英国 1844 年《会计法》出台为标志，美国 1933 年《证券法》颁布为转型①，会计信息系统生成会计信息并不是随心所欲地按照经营者的意愿对微观市场主体经济活动的原始数据进行处理的，而是按照一定的规则进行会计核算。这些会计核算的规则对会计信息的生成和披露起着决定性作用。这些会计核算规则往往是由政府或是政府授权的组织制定的，并且对所有微观市场主体的会计行为都起到规范和约束的作用。违反这些规则所生成的会计信息将不被市场所认可，由此引发市场主体的损失会导致会计信息生产者受到法律的制裁。

（2）会计信息具有财产权利客体特征。② 历史地看，财产权利客体处于一个扩大的过程，大陆法系中"物"的概念和英美法系下"财产"的概念，都随着人类文明的发展在不断地扩展。财产作为一个具有历史性的概念，是一个不断变化的范畴，而法律也从来不是封闭的，新的财产陆续进入法律范畴。

会计信息作为会计对原始数据加工处理的最终产品，会计的每一次重大革新都会使人们对会计信息的认识加深，从最初结绳记事的粗糙记录结果到成为决策的依据，会计信息一步步地在人们生活中展现出其应有的价值。21 世纪，信息时代的到来使人们意识到会计信息已不再只是单纯地反映企业状况的一些数据，而已被认为是重要的经济资源，谁及时掌握尽可能翔实、准确的会计信息、就意味着谁在市场交易中占据优势，会计信息作为一种经济资源可以为个人或企业带来经济利益。"当信息成为生产力的要素时，信息的供应者、使用者与信息的关系越来越类似于商品的生产者、消费者和商品的关系，而网络等新媒介的存在为信息的生产和消费提供了现实空间"，信息成为可以交换的内容。法国学者提出自然界中存在一切东西都被冠以"物"的名称，包括有体物和无体物，但只有那些具有能为人谋得固有的和排他性的利益这一性质，并且处于其所有权之下的物，才被赋予财产的名称。梁慧星教授探寻了"Property"的词源，认为大陆法系国家"财产"是一个广义的概念，泛指一切能带来经济利益的事物。③

---

① 章爱文. 会计信息披露模式变迁的历史分析 [J]. 财会研究，2011（10）：104.

② 此处引自笔者发表在《法学论坛》2017 年第 1 期的文章《云计算下会计信息的法律保护——基于财产权的视角》。

③ 梁慧星. 是制定"物权法"还是制定"财产法"——郑成思教授的建议引发的思考 [N]. 中国民商法律网，2001 年 12 月 31 日。

根据张文显教授的主张，成为权利客体至少要满足三个条件："有用之物，只有在价值上具有可追逐性才能引起权利的主张，才有法律为之界定的必要；为我之物，即客体的可控性和稀缺性；自为之物，即与主体的可分离性"。会计信息能否成为财产权利的客体呢？根据前面的论述，会计信息具有价值，且表现出稀缺性。同时，在信息时代，会计信息还表现出另两种特性：①可控制性。要完成法律上的交易即可交换，首先要可控。人通过一定的方式或行为控制信息，而不仅仅只是去认知信息。对信息的控制，可以实现法律意义上的占有、使用、收益和处置。在云计算下，会计信息虽然脱离企业的传统簿记存储于云服务器中，但是企业对会计信息仍具有控制权。未经企业允许，云服务商不能随意泄露企业会计信息。②可分离性，即可独立存在。"信息化过程就是一个不断将主观化知识客观化的过程。能够以编码的信息方式存储和传播几乎成为信息社会知识合法化的前提重要条件。""信息能够独立存在，即能够与负载信息的媒介物质在观念和制度上进行区分，并具有独立的利益指向。"会计信息是按照会计规范的要求，运用适当的会计方法对经济活动所产生的原始信息进行确认、计量、报告等一系列操作之后形成的。云计算技术的发展，使会计信息能够独立于会计主体之外，可以被他人感知，完成了信息的客观化。同时，信息技术的发展使信息可以独立于载体而存在。信息独立存在，是信息可复制的自然属性的体现。信息产品是信息独立存在的物化表现。基于以上理由，笔者认为，可以认定会计信息具有财产权利客体特征。

2.1.3.3 会计信息的质量特征

"质量是表征实体满足规定或隐含需要能力的特性的总和"。美国著名质量管理学家朱兰教授提出的这个质量概念意味着商品具有能够满足顾客需要的特征。会计信息作为商品，其质量就是要满足会计信息使用者的需求。但会计信息作为商品不同于一般商品，其质量高低很难通过技术手段进行量化检验。因此，对于会计信息商品质量，往往是以一系列的质量特征来对其进行衡量。

要认识会计信息质量特征，首先要明确提供会计信息的根本目的是什么。会计理论界关于提供会计信息的目标形成了两大学派：受托责任学派和决策有用学派①。受托责任论是基于所有权与经营权相分离提出的，认为会计信息的提供是为了满足所有者对其资产受托管理情况的了解，因此受托责任学派要求会计

---

① 受托责任学派和决策有用学派是美国会计界在 20 世纪 60、70 年代形成的关于会财务会计目标两个代表性的流派。

信息能真实反映资产受托管理情况，强调信息的可靠性。决策有用论是在现代社会通过资本市场分配社会资源的环境下提出的，认为会计信息的提供应强调与决策的相关性，注重会计信息对决策的有用性。综合受托责任学派和决策有用论学派的观点，可靠性和相关性是所有会计信息质量特征中最基本的特征，各国对会计信息质量的表述中也体现出这一选择。对于会计信息质量的概念，英国 1948 年颁布的《公司法》第一次提出会计信息提供的指导思想——"真实与公允"的观点，要求英国企业按此要求提供财务会计报告。美国财务会计准则委员会（FASB）于 1980 年提出相关性和可靠性为会计信息质量的两个最基本特征。"安然事件"爆发后，FASB 在 2002 年又将财务报告透明度补充为会计信息质量特征；[1] 之后的 2003 年 7 月 SEC 首席会计师办公室与经济分析办公室的一份研究报告建议，在 Sarbanes-Oxley Act[2] 下 FASB 应更清晰地表达可靠性、相关性及可比性之间的关系。国际会计准则委员会（IASC）提出了用及时性、效益大于成本原则、质量特征间的权衡三个条件来约束可靠性和相关性。[3] 英国会计准则委员会于 1999 年将会计信息质量特征描述为相关性、可靠性、可比性、可理解性和重要性。FASB 和 IASB 在 2006 年的联合研究报告中提出，对决策有用的会计信息具有相关性、如实反映、可比性和可理解性。[4] 我国《企业会计准则——基本准则》（2014）列出了八项会计信息质量特征[5]，并在第十三条[6]强调了会计信息的相关性价值，突出其评价和预测的功能。虽然各国政府和专业机构对会计信息质量的认识持有不同的观点，但都有一个共性，都是把可靠性、相关性作为共同的质量特征。在我国，著名会计学家葛家澍、杜兴强在其著作《会计理论》中也

---

① FASB. Proposal：Principles-Based Approach to U. S. Standard Setting.

② 萨班斯法案，又被称为萨班斯·奥克斯利法案（Sarbanes-Oxley Act），其全称为《2002 年公众公司会计改革和投资者保护法案》，由参议院银行委员会主席萨班斯（Paul Sarbanes）和众议院金融服务委员会（Committee on Financial Services）主席奥克斯利（Mike Oxley）联合提出。该法案对美国《1933 年证券法》《1934 年证券交易法》做出大幅修订，在公司治理、会计职业监管、证券市场监管等方面做出了许多新的规定。

③ IASC. Framework for the Preparation and Presentation of Finanacial Statemrnt.

④ FASB and IASB. Preliminary Views：Conceptual Framework for Financial Reporting：Objecive of Financial Reporting and Qualitatives Characteristics of Decision-Useful Financial Reporting Information.

⑤ 我国《企业会计准则——基本准则》（2014）将会计信息质量特征表述为可靠性（真实、完整）、相关性、可理解性、可比性、实质重于形式、重要性、谨慎性和及时性。

⑥ 《企业会计准则——基本准则》（2014）第十三条：企业提供的会计信息应当与财务会计使用者的经济决策需要相关，有助于财务会计报告使用者对企业过去、现在或者未来的情况做出评价或者预测。

对财务报告的质量要求作了论述①。可见，我国顺应国际上对会计信息质量特征的定义，把相关性与可靠性一样认定为最基本的会计信息质量特征。

除了可靠性和相关性两个质量特征以外，在财政部会计司编写的《企业会计准则讲解》（2006）里还将可理解性、可比性作为会计信息的首要质量要求，将可靠性、相关性、可理解性②和可比性③作为企业财务报告所提供会计信息应具备的基本质量特征。另外，我国《企业会计准则》还定义了会计信息质量的次级质量要求④，作为基本质量要求的补充，同时认为及时性制约相关性和可靠性的实现。及时性是指会计信息在其失去决策意义前能为会计信息使用者所取得。及时性本身并不能提升相关性，但是会对相关性进行制约。同时，及时性还会对可靠性产生制约。潘琰、辛清泉通过调查研究会计信息需求的重要影响因素发现，真实性、及时性有助于预测未来（即相关）。由于会计信息具有时效性，及时获取会计信息能帮助会计信息使用者更科学地决策，及时性是会计信息质量非常重要的特征。随着信息社会信息传递的加速，对会计信息的及时性要求更加提升。

基于以上对会计信息质量特征的阐述，本书把我国会计信息的基本质量特征及其含义归纳如下（见表2-1）。

在表2-1中所列会计信息基本特征中，可靠性，即要求会计信息真实可靠、内容完整是对会计信息质量最基本的要求。我国《企业会计准则——基本准则》（2014）的"会计信息质量要求"中首先提出"保证会计信息真实可靠、内容完整"，而且与之对应，在《中华人民共和国会计法》和《企业财务会计报告条例》中也分别要求保证"会计资料真实、完整"和"财务会计报告的真实、完整"，可见我国是将可靠性（真实、完整）作为会计信息质量的总体特征。在现阶段，无论是我国还是其他国家，会计信息能否满足使用者需要，主要取决于会计信息是否"真实"。随着资本市场大量造假案件的出现，社会公众对上市公司信息披露的信任度逐渐降低，会计信息虚假问题已受到极大的重

---

① 著名会计学家葛家澍、杜兴强在其著作《会计理论》中写道，可靠性和相关性是财务报告的主要的质量要求，可比性（含一致性）是次要质量要求。不论主要质量或次要质量都要具有可理解性。

② 可理解性要求企业提供的会计信息清晰明了，便于投资者等财务报告使用者理解和使用。只能为少数人所理解或使用的信息不应提供，也不能仅仅由于有些人理解有困难，而把重要的有关信息排除在外。

③ 可比性是指会计信息使用者能够在两组或以上的经济现象中辨别出相似和相异之处的质量。

④ 我国《企业会计准则》将及时性、实质重于形式、重要性、谨慎性视为次级质量要求。

视，就连一直推崇"决策相关论"并把会计信息有用性作为会计信息质量首要特征的美国，也在安然事件后出台了旨在强化会计信息可靠性的"萨班斯法案"。会计信息作为投资者决策的重要依据和国家宏观经济管理的重要信息来源，如果不能反映会计主体的真实情况，其导致决策失误而带来的损失是不可估量的。因此，把可靠性（真实、完整）作为会计信息质量的最基本的特征是符合我国会计信息使用者对会计信息质量的要求的。

表 2-1　我国会计信息基本质量特征及含义①

会计信息质量特征		含义
基本质量特征	可靠性	企业应当以实际发生的交易或者事项为依据进行会计确认、计量和报告，如实反映符合确认和计量要求的各项会计要素及其他相关信息，保证会计信息真实可靠、内容完整
	相关性	企业提供的会计信息应当与财务会计报告使用者的经济决策需要相关，有助于财务会计报告使用者对企业过去、现在或者未来的情况做出评价或者预测
	可理解性	企业提供的会计信息应当清晰明了，便于财务会计报告使用者理解和使用
	可比性	企业提供的会计信息应当具有可比性。同一企业不同时期发生的相同或者相似的交易或者事项，应当采用一致的会计政策，不得随意变更。确需变更的，应当在附注中说明。不同企业发生的相同或者相似的交易或者事项，应当采用规定的会计政策，确保会计信息口径一致、相互可比
	及时性	企业对于已经发生的交易或者事项，应当及时进行会计确认、计量和报告，不得提前或者延后

---

① 关于会计信息"真实"的认识，会计界和法律界一直存在争议。刘燕教授认为会计界的"真实"概念与法律上的"虚假性"概念之间的关系是过程与结果的关系，满足了审计准则中的"真实性"并不能够排除法律上的"虚假性"。会计上的"真实性"是一个过程的表述，即会计行为和审计行为履行正当的程序，但由于会计所固有的特性，"真实的程序"并不一定导致"真实的结果"，但是只要程序真实即认为会计信息质量符合真实要求。法律所要求的"真实"恰好是"内容的真实""结果的真实"，而不仅是"程序的真实"。（刘燕. 法律界与会计界的分歧究竟在哪里 [J]. 注册会计师通讯，1998（7）：28-34.）

2.2 会计信息监管

会计信息作为商品的背后，实际上所蕴含的是人与人之间的利益关系，不同的利益相关者会对会计信息的权利进行博弈，从中获取对自己有利的利益分配格局。由于会计信息的公共产品属性以及会计信息商品属性引发市场失灵，会计信息监管作为一种制度选择和安排，意在保证市场的有效运转。

2.2.1 会计信息监管的界定

监管是一个有争议的概念，不同的文献对其有不同的解释，而且各自的侧重点不同，因而，虽然监管最早是经济学领域的概念，但是在法学、政治学领域，均有学者对其进行了深入、广泛的研究。

监管对应的英文表述为 Regulation，在国内对 Regulation 还主要有"规制""管制"两种译法，但是"监管"的这种译法为较多人使用，在经济学和法学领域都常见"监管"这个词语。

国内外学者对于监管的研究非常多。《新帕尔格雷夫经济学大辞典》中西奥多·E. 科勒（Theodore E. Keeler）和斯蒂芬·E. 福瑞曼（Stepheen E. Foreman）解释"监管是政府代表机构施加给（通常是）私人公司的经济控制"。美国公共管理学者科翰（A. E. Kahm）将监管的本质视为"以政府命令作为一种基本的制度手段来代替市场竞争机制，以确保获得一个更好的经济结果"。Alan Stone 认为"监管是国家凭借政治权力对经济个体自由决策所实施的强制性限制"。萨缪尔森与诺德豪斯在《经济学》（第十六版）中定义监管的"基本内容是制定政府条例和设计市场激励机制，以控制厂商的价格、销售或生产等决策"。乔治·斯蒂格勒认为"监管是政府通过制定法规和设计市场激励机制来控制厂商的行动和生产经营决策，监管作为一种规则被某个行业所获得，它也就按照这个行业的利益来设计并运行"。丹尼尔·F. 史普博认为"监管是由行政机构制定并执行的直接干预市场配置机制或间接改变企业和消费者的供需决策的一般规则或特殊行为"。日本新古典经济学家植草益将监管解释为"社会公共机构按照一定的规则对企业活动进行限制的行为"。金泽良雄认为"监管是指在以市场机制为基础的经济体制条件下，以矫正、改善市场机制内在问题

（广义的市场失灵）为目的，政府干预和干涉经济主体活动（特别是企业活动）的行为"。我国的学者卢现祥认为"监管是指司法程序或行政部门依照法规实施的制约修正市场的行为，分为间接监管和直接监管"。李兆熙[1]和李扬、王国刚[2]也认为监管是行政机构（政府）实施的对市场中主体和行为进行干预、管理的活动。以上国内外学者的观点在对"监管"的解释中虽然从各自的视角给出了各自的定义，其定义的内涵和外延都各自带有自己的侧重点，但是这些学者都共同回答了监管的主体、客体和内容，以及监管的依据。学者们普遍认为，监管的主体可以是政府或是其他授权组织，微观经济主体的经济活动是监管的客体，这些被监管的经济活动可能包括与微观经济主体有关的经营活动、中介机构的服务活动以及个人行为等。监管的客体和内容决定了监管领域的划分。在监管依据上，学者们一致认为监管应依照法律法规进行，应建立相应的监管法律法规。综合依据以上各位学者对"监管"的解释，本书认为监管是监管主体依照法律法规，对微观经济主体的经济活动通过一系列的监管手段进行的规范、监督和管理行为。

　　会计信息从生产到最后对外交换成为商品，经历生产、审计、披露的过程，在这个过程中的会计信息生产、会计信息审计和会计信息披露都是与微观经济主体有关的经济活动。会计信息监管作为监管中的一个领域，既具有监管的一般性，又具有自己领域的特定性质。例如，会计信息监管更重视会计信息供求所形成的会计信息生产者与会计信息需求者之间的利益关系，以及在这其中政府、会计职业团体的作用及相互关系；对会计信息需求者特别是对相关利益者的保护，是会计信息监管法律制定时的出发点；考虑到会计信息的经济后果，会计信息监管的重要任务是保证会计信息质量。

　　基于以上论述，本书认为会计信息监管是为了维护会计信息市场的有序运行，保证会计信息质量，以协调会计信息市场供求双方以及其他利益相关者的利益，从而达到保护社会公共利益的目的，依照法律规定，由政府相关部门或其授权的会计职业组织，通过制定会计规则、审计规则和实施处罚，针对会计主体的会计信息的生成、审计、披露全程进行的一系列规范与管理活动。

---

　　[1]　李兆熙认为"监管是通过行政机构和行政法规对市场中企业和私人微观行为进行的干预"。
　　[2]　李扬、王国刚认为"所谓监督管理（简称监管）指的是政府、政府授权的机构或依法设立的其他组织，从降低资本市场风险、保护社会公众利益、维护社会安定的目的出发，根据国家的宪法和相关法律，制定相应的法律、法规、条例和政策，并根据它们对资本市场体系和各种经济活动进行的监督、管理、控制与指导"。

2.2.2 会计信息监管的主体

2.2.2.1 域外国家的会计信息监管主体的选择

当今世界范围内，由于各国国情的不同以及市场发展的复杂性和多变性，衍生出各种不同的会计信息监管模式。目前会计信息监管的主流模式包括行业自律型监管模式、政府主导型监管模式以及独立机构监管模式，这三种监管模式体现出对各自监管主体的确立选择，因此，我们从这三种监管模式的分析来讨论会计信息监管主体的问题。

（1）行业自律型监管模式。这种模式的会计信息监管主体主要是会计行业民间组织，主要是发挥会计行业民间组织在会计信息监管中的作用，政府除了负责宏观层面事务外，一般不直接参与会计信息的监管，由会计信息市场的参与者在法律的框架下进行自我管理。这种模式的优点在于：①会计信息的监管规则主要由会计行业民间组织参与制定，会计行业由会计行业民间组织进行规范，会计行业民间组织可以更好地发挥其组织的专业优势和对市场的距离优势，可以更及时地发现和解决会计信息在市场中存在的问题，有效地实施对会计信息的监管，具有较强的监管灵活性、效率性和预防性。②由于会计行业民间组织本身对会计信息的生成、披露、审计是最了解的，由会计行业民间组织实施对市场中会计信息的监管，可以降低政府的监管成本。但这种模式也有明显的缺点：首先，会计行业民间组织对会计信息的监管往往是自己监管自己，自己给自己订立规则，有时候为了行业利益会牺牲社会公共利益，独立性欠缺；其次会计行业民间组织作为民间自律组织，其监管权的权威性往往比较小，在缺少强大的国家权力作为后盾的情况下，其对会计信息违法行为的处罚比较无力。

（2）政府主导型监管模式。这种模式的会计信息监管是以政府为监管主体。政府在会计信息监管中凭借其强势地位，由特定的政府部门对会计信息的生成、审计、披露活动进行监管，在会计信息监管中保持着权威性和强制性。其具体措施主要是依照法律针对会计信息生成、审计和披露活动制定行业规则，对会计信息进行定期检查，并对会计信息违法者依法处以相应的处罚。政府主导整个会计信息监管活动，也把会计行业自律团体纳入其监管的范围。从设立会计信息监管模式之初就选择这种模式的国家，往往是会计行业民间组织从一开始成立就是在政府的指导下，甚至是一个政府部门下设立的官方组织，或者是会计行业民间组织处于较弱势的地位，而且组织完备性相对较差。这种模式的优点在于：①政府实施的会计信息监管有很强权威性，具有足够的强制力，特别是当出现市场失灵的情况，政府监管将起到不可替代的作用；②由政府制定会计信息相关规则，企业和公众对会计信息规则认同和遵从，提升会计信息规则的约束力；③政府凭借其国家管理者地位，对会计信息违法者进行处罚，对参与会计信息的生成、审计、披露的行为形成威慑。但其缺点在于：首先，由政府主导会计信息监管可能导致政府的监管权力过于集中，权力集中如果没有相应的权力监察机制会导致权力寻租，腐败现象可能出现，政府监管失灵导致监管效率降低；其次，政府在整个监管体系中处于最上层，可能因其与市场的距离使其规则制定存在滞后性，不能灵活应对市场的变化。世界上德国、法国及日本等国家主要以这种监管模式为主。但是，随着世界市场上各种危机事件的出现，世界各国都已经注重强化政府监管。

（3）独立机构监管模式。这种模式是将政府监管和行业自律监管适度统一的监管模式。这种模式最典型的国家是后"安然事件"时代的美国。这种模式的优点在于：①独立监管机构的设立和职权内容都是由政府以法律的形式确定的，具有很高的监管地位，监管权的行使具有很强的威慑力；②在经济上，独立的监管机构不再依赖于政府拨款和行业资助，并由会计职业界外部人士组成，其独立性大大得以提升；③独立监管机构的设立避免了会计行业自律组织既作为行业监管组织又作为行业服务组织的角色冲突，独立监管机构对会计信息的监管级别高于行业自律组织，同时政府实施对独立监管机构的监管。独立监管机构的设立可以使政府不用直接参与到会计信息监管中去，减少了监管成本以及政府失灵带来的监管风险及政治风险，同时又可以通过独立监管机构对会计行业施加更大的影响。这种模式虽然优点很突出，但是如果处于政府和会计行业自律组织中间的独立监管机构与政府和会计行业间的关系不能处理妥当，三者间合约不明确，制约机制实施不到位，其就无法实现真正的独立，公共利益也无法得到保护。

从世界各国会计信息监管的模式选择和发展经验来看，政府在会计信息监管中正在发挥越来越大的影响。面对复杂多变的市场以及越来越多的资源进入市场，会计信息不能仅仅依靠会计行业实行自律来实现会计信息供给的效率，政府必须在会计信息监管中享有和承担必要的权力和职能，这是世界各国在经历了数次市场的危机和风波之后所取得的共识。

2.2.2.2　我国会计信息监管主体的选择

我国在从计划经济向市场经济的转型实践中一直都是以政府作为整个市场监管的主体，会计信息监管也不例外。目前，对于会计信息政府监管主体的具体监管权的分配上，我国法律对与会计信息有关的政府机构的监管权作了较原则的规定（见表2-2）。我国目前对会计信息享有监督管理权的机构包括财政部、证券监督管理委员会、审计机关、税务机关、人民银行、银行保险监督管理委员会①等。

表2-2　涉及政府机构对会计资料监督检查的法律条文

法律名称	法律条文
《中华人民共和国会计法》	第七条　国务院财政部门主管全国的会计工作。县级以上地方各级人民政府财政部门管理本行政区域内的会计工作 第三十三条　财政、审计、税务、人民银行、证券监管、保险监管等部门应当依照有关法律、行政法规规定的职责，对有关单位的会计资料实施监督检查
《中华人民共和国证券法》	第七条　国务院证券监督管理机构依法对全国证券市场实行集中统一监督管理
《中华人民共和国审计法》	第三十二条　审计机关进行审计时，有权检查被审计单位的会计凭证、会计账簿、财务会计报告和运用电子计算机管理财政收支、财务收支电子数据的系统，以及其他与财政收支、财务收支有关的资料和资产，被审计单位不得拒绝
《中华人民共和国税收征收管理法》	第五十四条　第一款税务机关有权检查纳税人的账簿、记账凭证、报表和有关资料，检查扣缴义务人代扣代缴、代收代缴税款账簿、记账凭证和有关资料
《中华人民共和国商业银行法》	第六十二条　商业银行应当按照国务院银行业监督管理机构的要求，提供财务会计资料、业务合同和有关经营管理方面的其他信息
《中华人民共和国保险法》	第八十六条　保险公司应当按照保险监督管理机构的规定，报送有关报告、报表、文件和资料。保险公司的偿付能力、财务会计报告、精算报告、合规报告及其他有关报告、报表、文件处资料必须如实记录保险业务事项，不得有虚假记载、误导性陈述和重大遗漏

在任何一个国家，其监管模式和监管主体的选择都受到其经济、政治、文化等因素的影响，各个国家根据自己的现实情况选择适合自己的监管模式和监管主体。相较于其他几种监管模式中监管主体的选择，我国目前更适合将政府作为会计信息监管主体。原因在于：

（1）以会计行业自律组织为唯一监管主体显然已不再是世界各国会计监管的主流模式，也不符合我国会计行业发展的现状。由"安然事件"所引发的对注册会计师行业的质疑使英、美等国家意识到行业自律监管组织由于本身出于

———

① 保监会已于2018年在我国政府机构改革中与银监会合并。

行业保护的视野缺陷，很难在会计信息监管中保护公正，因此纷纷开始对本国之前传统的会计行业自律进行修正。同时，实行会计行业自律监管要求有较长的行业自律历史、完备的行业自律监管体制以及健全的组织制度。但我国会计审计行业的发展历史并不算长，而且在其发展过程中过多依赖政府的指导和扶持，行业自律监管的体制和组织还尚需进一步完善，因此我国还不可能选择由会计行业自律组织作为唯一的会计信息监管主体。

（2）我国尚不适合以独立监管机构作为会计信息监管主体。独立监管机构作为会计信息监管主体虽然具有政府会计信息监管和行业自律监管所不具备的优势，但是英、美国家之所以能够施行独立监管模式，这与它本身长期以来的政治体制、经济发展、市场规模、法律制度等因素的影响是分不开的。实施独立监管模式要求在职责的划分上、经费的来源上、人员的配置上、法律的配套上都要进行全方位的协调。我国虽然在政府体制改革、经济发展、法律建设、市场扩容上都已取得很大的发展，但是要实施独立监管模式还需要进行更多方位的改革和制度配套，从我国现阶段来看，还不适合选择以独立监管机构作为监管主体。

（3）以政府作为会计信息监管主体更符合我国的国情。在对会计工作的管理和对市场发展的促进上，我国政府一直发挥着重要的作用。从我国会计工作机构的设置，到证券市场的发展，再到注册会计师行业的建设，以及各种法律法规的制定，都是政府在极力推动和发挥作用，再加上我国本身注册会计师行业的起步就较晚，证券市场的自我调控能力还有限，相关法律法规还需完善，因此，选择政府主导会计信息监管是符合我国国情的，也符合当前世界强化政府监管的趋势。政府以其较高的权威，推动会计信息监管法律的建设，并依法运用强制手段对制造、传递虚假会计信息等会计信息违法行为进行处罚，解决市场失灵带来的问题，满足市场对高质量会计信息的需求，发挥会计信息在市场中应有的作用，充分保护各个市场主体的利益，维护社会公平。

当然，随着政府体制改革的深入，以政府为主要监管主体的监管架构可能会发生改变。2016 年，我国国务院总理李克强在《政府工作报告》中提出持续推进简政放权、放管结合、优化服务、不断提高政府效能的重要讲话。"放管服"改革的提出将在未来对政府减权限权和实施监管改革，减少政府对市场的干预，注重政府机构的服务职能，提升服务质量。在会计信息市场，对会计信息的监管也可以由政府监管为主改革为发挥市场主体的活力和创造力，在政府的主导下由日益完善的行业组织或更具专业性的独立机构来对会计信息进行直接监管。

2.2.3 会计信息监管的内容

前文已阐述，会计信息是具有经济后果的一种特殊商品，对于社会资源的合理配置有重要的导向作用，某些时候甚至是决定因素。因此，在市场经济比较发达的国家，都对会计信息进行严格的监管。例如，美国在经历20世纪劣质会计信息带来的严重后果后，颁布《证券法》(1933)和《证券交易法》(1934)对上市公司会计信息的披露进行严格管制。

本书认为会计信息是一种具有经济后果的可用于交换的商品，因此对会计信息进行监管有其必要性，而且必然要经历商品的生产、质量检查（审计）和销售（披露）三个环节，那么会计信息的监管也可以指向这三个环节，以保证会计信息的供需平衡。因此，本书认为会计信息监管应集中在会计信息的生成、审计、披露这三个相互联系的环节中，其监管内容主要包括：①对会计资料进行收集、整理、加工和处理后形成会计信息的过程，通常以规范会计行为的会计法律规范（包括《会计法》、公认会计原则（准则）等）进行规范，在这一环节，会计法律规范的制定机构扮演主要角色；②对会计信息质量进行检验，主要是由注册会计师根据独立审计准则进行；③对会计信息对外披露过程进行监管，主要是对会计信息供给者对外信息披露行为的规范，由监管者依据披露规则实施监管。图2-1列示了会计信息在流通过程中涉及的当事人及监管内容。

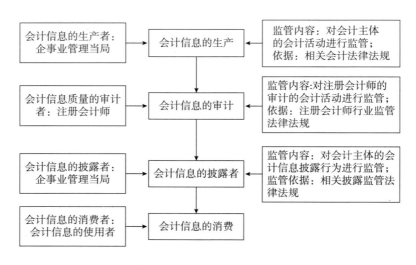

图2-1 会计信息的流通环节及相应监管内容

2.3　会计信息监管法律制度

2.3.1　会计信息监管法律制度的含义及价值

以"法律制度"治理市场是法学研究"监管"时必须站定的立场，"法律至上"是法律人唯一的思维和信仰。法律作为实施会计信息监管行为的重要依据，是会计信息监管权的来源，会计信息监管机构的设立及其权力行使都来源于法律的规定，法律将监管机构行使监管权力的标准、条件、方式及其在执行中的权威都进行了设定，依法行使监管权，才能有效地防止会计信息监管中可能存在的"权力寻租"。同时，法律也是会计信息供需双方权利和义务保护的"法宝"。会计信息供给方在提供会计信息时参照监管法律规范的规定，可以从程序上保证会计信息质量，降低因违规而带来的违法成本；会计信息需求者依靠监管法律可以较公平地获取自身所需的信息资源。本书认为，会计信息监管法律制度是为了实现公平[①]的目标，解决会计信息市场失灵的问题，保护会计信息相关者的利益，依照市场经济规律而制定的有关政府介入的对会计信息的生产、审计、披露等行为的各种法律规范的总称。

"法的价值是以法与人的关系为基础的，法对人所具有的意义，是法对于人的需要的满足，也是人关于法的绝对超载指向。"不同的法律又有自己不同的价值选择，也正是法的价值的差异，让我们可以对不同的法律部门进行划分。比如，民法的基本价值取向在于公平；刑法的根本价值取向在于秩序、安全和自由；在司法资源有限的情况下，效率是程序法的重要价值取向；等等。那么会计信息监管法律制度的价值表现在什么地方呢？

2.3.1.1　公平价值

人们一直将公平视为法的基本价值之一。在人们看来，公平就是对事物的认识和处理不偏不倚、合情合理，使每一个社会中的人都在承担应尽义务的前提下得到应得的利益，其包含了公正、正直。约翰·罗尔斯认为，"所有的社会基本善

---

① 会计信息监管上的公平最早是由美国加利福尼亚大学巴鲁克·里维教授 1988 年率先提出，他认为会计信息监管的目标是维护市场公平，使投资者（可推广为信息使用者）获得相关信息的机会均等。

都应当予以平等地分配"。狄德罗认为,"没有法律就没有公平可言";我国思想家黄宗羲将法律视为是"天下之公器"。无论是西方学者还是东方学者,都认为公平应是和法律在一起的,只要有法律,就有蕴含其中的公平价值体现。

公平作为会计信息监管法律的价值,从会计信息监管法律的产生上就可以体现。以美国为例,在美国会计信息放松监管时期,整个会计界和审计界都没有统一的可供遵循和参考的行为规则。在缺少规则约束的情况下,公司管理当局滥用内部信息获取暴利或操纵市场,公司的董事通过隐瞒财务信息、乱用会计方法等手段,故意欺骗股东。公司内部人利用自己的信息优势大肆侵害公众利益。为了提高公司提供给投资者的信息的完整性和可靠性,解决公司内部人与公众间的信息不对称带来的不公平,美国颁布了多部法律以维护公平①。

会计信息监管法律制度的公平价值的含义就在于会计信息市场中会计信息供需双方法律地位是平等的,但由于所有权与经营权相分离,投资者和经营者之间信息不对称,经营者出于自身利益会利用其信息优势做出背离投资者利益的行为,而会计信息监管法律的公平价值在于监管机构依据法律和其他规范性文件,对经营者行为进行规范,减少由于信息不对称带来的不公平,保证投资者以及其他利益相关者享有公平的知情权。公平价值在会计信息监管上所维护的平等的意义在于机会平等而不是结果平等,其所维系的是会计信息市场的公平环境,使每一个会计信息需求者可以享有同等的获取信息的机会,从而获取平等的获利机会。

2.3.1.2 效率价值

效率本来是经济学的主题,效率进入法律的领域可以追溯到亚当·斯密在经济学说史中将法律制度以经济学的视角来考量。而20世纪60年代兴起于美国的法律经济学学派将经济学运用于法学,把效率的概念完全引入法律领域中。其学派主要代表人物是其奠基人科斯和集大成者波斯纳。在法的价值上,法律经济学学派认为法律活动和法律制度都应是为了有效利用资源而存在的,法就应是以使能实现价值最大化的目标的方式分配和利用资源,使社会财富可以最大限度地增加。

会计信息监管法律的效率价值主要体现在三个方面:①监管机构首先通过制定会计准则和会计制度来规范会计主体的行为,同时建立独立审计制度对会计主体的行为结果进行审计,由此降低会计信息违规的可能性,提高会计信息

---

① 美国于1933年通过《证券法》,1934年通过《证券交易法》。

质量提升的效率。②会计信息监管法律中的禁止性规范可以防范会计信息造假行为。会计信息造假行为对于投资者而言是对其利益的严重损害,投资者依照虚假信息作为的投资判断是对其真实意愿的违背。由会计信息造假引来的市场秩序的破坏和投资者利益的损害引发诉讼,导致会计信息在市场上的交易成本增大。另外,投资者依据虚假会计信息投资可能造成资源无法得到合理、有效的配置,降低了社会资源的利用率。法律对造假行为的禁止可以减少交易成本,是提高会计信息市场效率的重要手段。③在会计信息监管法律制度中对会计信息违法行为的法律责任进行规定,当会计信息违法违规行为发生后,通过法律责任来救济或弥补违法违规行为带来的损害,从另一个角度来提升会计信息市场的整体效益。

2.3.1.3 秩序价值

人从一出生到这个世界上就受到秩序的约束。人在两种秩序中生存:一种是自然秩序,另一种是社会秩序。这两种秩序以各自的方式影响人的生活。自然秩序以自然规律的调节实现价值,社会秩序以人类对社会的认识和社会本身发展的规律相结合的调节方式实现价值。法律秩序则是社会秩序中一个基本环节。而法的秩序价值也对社会生活产生着基本的影响。"法的秩序价值就是法能够用它特定的方式建立和维护强有力的社会秩序,来满足社会的需要。"

会计信息监管法律的秩序价值表现在以法律的形式建立和维护会计信息生产、披露秩序,从而保证会计信息的有序传递。在我国,就会计信息的生产秩序而言,会计信息生产者要严格按照会计准则和会计制度生产会计信息,监管机关定期对会计信息的真实性、可靠性进行实质性检查。在会计信息披露环节,监管法律强制要求上市公司会计信息必须定期公开,并对公开的内容进行了强制性要求,尽可能地减少广大投资者的投资风险。霍布斯曾经说过:"人的安全乃是至高无上的法律。"而这种保障安全的秩序的建立主要在于通过法律划清合法行为与违法行为的界限,并对违法行为的法律后果予以明示,以对人们的行为起到指引、评价等功能。会计信息监管法律制度的秩序价值还在于安全,即法律为从事会计行为的主体设定行为模式,对其如何作为与不作为进行法律上的规范,以及明确其行为的法律后果,使会计主体能规范自己的行为,并可预测自己和他人的行为指向和后果。会计信息监管法律以稳定的制度形式存在,将会计主体的会计行为和会计信息市场纳入一种有序的状态。

2.3.2 会计信息监管法律制度的目标

基于会计信息监管法律制度的价值分析，本书认为会计信息监管法律制度具有以下三个层次目标：第一层次目标，也是会计信息监管法律制度的最终目标，是通过会计信息监管法律对会计信息供给者的行为进行规范，消除会计信息不对称带来的会计信息供求双方的不公平，保障会计信息使用者享有公平的会计信息知情权，从而保障市场公平。第二层次是第一层次和第三层次之间的中间目标，是达到对整个会计信息市场的秩序的控制。实现这个目标主要是利用法律制度防止市场失灵和政府失灵。防止市场失灵是产生会计信息监管的必要条件，也是会计信息监管法律制度存在的原因，主要利用法律制度来对会计信息供给者进行会计信息的供给数量和质量方面的强制性的要求，以避免因会计信息的公共产品属性带来会计信息供给不足、信息不对称以及负外部性引发的会计信息造假。同时会计信息监管法律制度又要防止政府失灵。政府在进行会计信息监管过程中如果没有制度制约，常会由于其监管权的强势而带来监管权滥用，或是由于监管权无监督导致监管效率低下，这些都会造成对社会资源的浪费或是社会福利的损失。在我国监管法律制度由政府强供给的监管现状下，会计信息监管法律制度实现防止政府失灵的目标更应该得到重视。第三层次目标，也就是会计信息法律制度的具体目标，即保障会计信息质量。会计信息监管的具体内容就是对会计信息生产、审计和披露进行监管，对生产和审计的监管是为了保障会计信息的内容的质量，而对披露的监管是保障会计信息在财务报告中的表述质量。作为会计信息监管行为的制度保障，会计信息监管法律制度应与其目标保持一致。

会计信息监管法律制度这三个层次的目标是相互联系又自成体系的。保障社会公平作为最终目标，是会计信息监管法律制度的整体立法主旨和方向，所有的监管活动都应该在法律的框架下以实现公平为目标，它统驭其他两个层次。中间目标是为提高监管的效果，对我国政府为主导的会计信息监管进行适当的协调，既要确立政府在会计信息监管中的主导作用，又要促使政府在市场中发挥补充市场的作用而不是替代市场。第三层次的目标通过制定具体规则对会计信息生成、审计、披露的活动进行规范，对会计信息质量进行具体的监管。会计信息质量保障这个具体目标是否能达到，决定着最终目标——公平目标的实现。

2.3.3　会计信息监管法律制度的特征

会计信息监管法律制度的特征主要体现在以下三个方面：

2.3.3.1　会计信息监管法律制度兼有公法和私法的特征

公法与私法的划分，在法学上由来已久。最早划分公法和私法的是罗马法学家乌尔披亚努斯①。对于公法和私法的划分标准法学家各执一词，但结合主要的学说②可以描述出公法和私法各自的特征：公法是调整国家与国家之间、国家与公民之间、国家与法人之间的权力与服从关系的法律。国家在公法法律关系中是非常重要的一方法律主体，在公法的法律关系中国家处于支配性地位，公法体现国家或公共利益，以权力与服从为标志，大多具有强制性；私人在公法关系里处于服从性的地位。私法是调整公民与公民、法人与法人、公民与法人之间或国家与公民、法人之间的民事经济关系的法律。在私法的法律关系里，自主意思决定是其主要标志，法律关系主体间的地位是平等的，法律保护的是私人的利益。

把法律划分为公法和私法虽然是在罗马时代最先提出，但却是在自由资本主体时期才兴起的。资产阶级要发展自由资本主义，就必须维护市民权利，限制国家权力，防止权力被扩张和滥用。顺应这个潮流，资产阶级否定中世纪权力—义务法律结构，主张法律的公法与私法划分，以法律的形式在国家权力和市民社会间堆砌了一道高墙，以防止国家权力对市民私人权利的侵扰，保证自由资本经济的畅通。但是当资本主义社会由自由资本主义发展到垄断资本主义时期，法律的公法和私法划分却面临重大的挑战。自由资本主义下的私有制和自发的市场经济导致了社会矛盾激化，垄断寡头在私法"意思自治""平等自愿"的大旗下操控市场，其结果是导致了严重的市场秩序混乱、贫富差距加大。经济的衰退使打击垄断、恢复市场自由竞争、理顺市场秩序、缓解社会矛盾成了资本主义发展的需求，当市场本身不能解决其固有缺陷时，资本主义国家以"有形之手"直接或间接干预和参与经济生活。"大陆法系正在掀起一股相当猛

---

① 乌尔披亚努斯认为，规定国家公共事务的为公法（Jus Publicum），如有关政府、组织、公共财物管理、宗教祭祀和官吏选任等法规；而规定个人利益的为私法（Jus Privatum），如调整婚姻、家庭、债权和债务关系等的法规。

② 关于公法和私法划分标准的学说达17种之多，但主要以主体说、关系说和利益说最具影响力。主体说认为公法的法律主体至少有一方为国家或国家授权者，私法的法律主体地位平等。关系说认为公法规范命令服从关系，私法规范平等的私人关系。利益说认为公法保护社会公益，私法保护私益。

烈的潮流，试图赋予公、私法以新的含义"，在世界范围内出现了"私法公法化"和"公法私法化"。公法和私法的相互渗透和相互作用形成了介于公法和私法之间的法律规范所构成的独立法域——"第三法域"①。"第三法域"的法律规范既不同于私法所调整的完全自治的关系，也不同于公法调整的命令与服从的关系，而是两者兼有。

会计信息监管法律的目标是实现市场公平，缓解市场主体间的"信息不对称"，会计信息市场属于私法调整的范畴，市场主体处于平等地位。而在监管目标的实现上，主要采用的是公法的调整方法，以政府作为主要监管主体，对被监管主体实施监管公权力。另外，对会计信息进行审计的注册会计师的行业自律监管属于依照行业内部所有成员通过民主程序制定的自律监管规范对所有成员行为进行约束，所有成员对自律监管规范有平等的制定权，并受自律监管规范的普遍约束，从这个意义上讲自律性监管规范属于私法的性质。但如果成员违反了自律监管规范，又要由行业自律组织——注册会计师协会对其进行处罚，行业自律组织具有一定的行政管理职能，这种职能和权力的行使又具有公法的性质。可见，会计信息监管法律制度用公法的调节手段调节属于私法领域的行为，具有明显的公法和私法的特征。

2.3.3.2 会计信息监管法律制度是以社会公共利益为本位

法律本位是法律所定位的保护目标与中心指引，法律所立足的理念基点与价值追求是法律解决社会矛盾的基本立场。与此相应，形成了法律部门之间的权力分配。就调整社会经济关系的法律部门的本位思想而言，学者们认为有"国家本位""个体本位"和"社会本位"②。

会计信息监管法律以社会公共利益为其本位主要表现在以下三个方面：①会计信息监管法律以维护社会公共利益为立法宗旨。随着市场经济的迅速发展，资本市场的作用越来越明显，会计信息对配置社会经济资源的重要性越来越凸显，会计信息的任何偏差都会给资本市场及整个市场经济带来重大影响，进而影响到整个社会秩序和公共利益。在人类社会发展历史上因会计信息造假而给社会公众带来损害、影响社会秩序和公共利益的案例比比皆是，如南海公

---

① 在谈到经济法的社会本位时，必不可少将要与经济法的社会法属性联系在一起，而经济法的社会属性被经济法学家普遍认为经济法属于独立于公法和私法的第三法域。

② "国家本位"主要体现为以国家利益为主导的行政法的本位思想。"个体本位"主要体现为以当事人利益为主导的民法的本位思想。"社会本位"主要体现为以维护社会公共利益为主导的经济法等部门法的本位思想。

司事件、安然公司事件等。因此，世界各国在制定会计信息监管法律制度时都将从立法精神或法律明文规定上确定维护社会公共利益的立法宗旨。②会计信息监管法律的制度设计均为维持会计信息市场秩序，进而保护社会公共利益。首先，在会计信息生产环节，通过会计准则等来规范会计信息的生成，从会计信息内容上保证会计信息的供给。其次，在会计信息披露环节，通过会计信息披露制度对会计信息披露行为进行规范；通过独立审计制度，审计生产出的要对外披露的会计信息，保证会计信息符合质量要求。最后，通过对会计信息造假行为进行法律制裁，来维护社会公益免遭不法侵害。③会计信息监管机关的监管活动以维护社会公共利益为导向。监管机关实施的监管行为应在法律的许可下在最大程度上实现对社会公共利益的维护。实际监管中，协调会计信息供需双方与社会公共利益的冲突，使会计信息供需双方既能实现自身利益，又不侵犯公共利益。同时，会计信息监管机构以社会公共利益为本位的监管，并不能以此为借口侵害市场合法主体的合法权益，监管机关不得滥用法律赋予的监管权。

2.3.3.3　会计信息监管法律制度属于经济法的范畴

关于什么是经济法，中外学者各持观点，无论经济法在产生之初引发了多少歧义和争论，经过长期的发展，经济法在理念和制度体系上已形成基本共识，成立了一个法律学科。关于经济法的各种学说中，中外具有代表性的主要有以下几种：①外国经济法的学说。从公法和私法的角度认识私法，是一个重要而普遍被认可的思路。对大陆法系的法学家而言，公私法之分几乎成了不证自明的真理。随着社会的发展，有学者提出社会的发展、社会关系的日益复杂化需要法律进行综合调整，因此，必然出现"私法的公法化"和"公法的私法化"，而"公法和私法概念的相互渗透就是经济法的精髓。"丹宗昭信认为，经济法是以反垄断和反不正当竞争为中心内容的法律。金泽良雄从政府与市场的角度认知经济法，他认为经济法是以社会协调的方式来解决有关经济循环产生的矛盾和困难的法律。罗伯·萨维认为，经济法是追求普遍经济利益或社会利益的法律，是平衡特殊利益与普遍利益的规则。②我国关于经济法的学说有"旧经济法诸论"和"新经济法诸论"，其中影响较大的有杨紫烜教授的"经济协调说"、李昌麒教授的"需要干预经济关系说"、漆多俊教授的"国家调节说"。①

---

①　杨紫烜教授的"经济协调说"认为，经济法调整国家协调本国经济运行过程中发生的特定经济关系；李昌麒教授的"需要干预经济关系说"认为，经济法调整需要由国家干预的经济关系；漆多俊教授的"国家调节说"观点是经济法调整在国家调节社会经济过程中因国家调节而引起的、以国家为一方的社会关系。

另外，还有史际春教授的"新纵横统一说"以及王保树教授的"社会公共性说"。任何一种学说都有其合理之处。综合各家观点，可以总结出经济法具有以下的内涵：首先，经济法是现代市场经济的产物。真正的经济法必然是建立在现代市场经济体制之上，以尊重和运用市场规律为基础的。其次，经济法是以保障社会公共利益为立法目的。经济法通过社会公共价值的拓展、弱势群体的侧重保护、制度化的利益表达机制来实现公共利益。最后，经济法通过国家对微观经济层面和宏观经济层面的干预实现社会经济的可持续发展。

会计信息市场作为市场经济的重要组成部分，会计信息对于市场经济来说又是重要的信息资源，其必然是国家监管的重要领域，而其实施监管的依据则是会计信息监管法律制度。会计信息监管法律制度是在市场经济的发展下为弥补市场的自身缺陷而产生的。如前所述，会计信息监管法律制度兼具公法和私法的特征，是公法、私法相融合的法律，而社会公共利益是其立法本位，其关于会计信息的披露制度、会计信息的注册会计师审计制度等无一不体现共保护社会公共利益的本质。会计信息监管法律制度的直接指向即是会计信息市场的市场要素，包括会计信息市场的参与主体（会计信息供给者、会计信息需求者等）的行为、会计信息的交易等社会经济生活的事务。通过确立基本的法律关系模式，并以之为标准，使会计信息市场主体的行为规范化，通过对偏离此模式的行为进行禁止，从而调节、整合市场中的经济秩序。另外，会计信息监管法律制度体现出较强的强制性，其法律条款主要表现为强制性规定。因此，会计信息监管法律应属于经济法的范畴。

第 3 章

会计信息监管法律制度的
理论依据和现实需求

本书第 2 章对会计信息监管法律制度的相关概念作了一般性的解读，论证了会计信息是一种既有供给又有需求的商品，并且与一般商品相比具有本身的特征。基于社会经济发展和市场的需要，保证高质量的会计信息的供给，有必要对会计信息进行监管，而监管在法律的框架下依法进行。本章主要对会计信息监管法律制度的理论依据进行阐述，并分析资本市场发展对法律制度的现实需求，以为后面章节的分析作好理论铺垫。

3.1　会计信息监管法律制度的理论依据

本书第 2 章已探讨过会计信息监管法律制度属于经济法学的范畴，经济法学作为国家干预经济之法，其在世界范围内的兴起并不是偶然，其存在是一定特定社会关系的反映和社会历史发展的必然。

3.1.1　市场失灵理论

资源在完全竞争的市场中实现最优配置，实现用有限的资源生产出尽可能多的符合人们需求的产品。然而在现实的市场中，完全的竞争是不存在的，资源单纯依靠市场自身的机制不可能实现最优配置，从而产生"市场失灵"。引发市场失灵的因素在于不完全竞争的市场存在垄断、公共产品供给不足、外部性、信息不对称等问题。萨缪尔森指出，"市场失灵是指价格体系的不完备性，它阻碍资源的有效配置"。市场失灵理论认为市场自身无法解决垄断、公共用品供给不足、外部性以及信息不对称等问题，解决这些问题需要一双"有形的手"，这双"有形的手"就是政府，通过政府干预市场来解决"市场失灵"的问题，而政府采取的最有效手段之一就是依靠法律。市场失灵理论作为经济法兴起的重要经济学理论基础，也同样为会计信息监管法律制度的存在提供了理论依据。

亚当·斯密认为市场可以通过"看不见的手"对资源进行优化配置。当市场通过自由竞争变为有效市场，市场达到帕累托最优。帕累托最优一直以来是市场机制运行希望达到的目标。帕累托最优是指资源配置的一种理想状态。那么在会计信息市场上是否存在帕累托最优呢？引用福利经济学的观点："如果边际私人纯产值与边际社会纯产值一致，资源就能在市场上形成最优配置，也是市场实现均衡的表现形式"。会计信息市场的一般均衡就是在一定的环境和条件下，会计信息的供求方在会计信息上都可以获得最大的利益满足，社会总效用也实现最大化。但是宋玉虹借用博弈论的"囚徒困境"模型对会计信息市场供求的均衡状态进行了分析，发现由于会计信息供给方披露失真会计信息，会计信息需求者选择保守投资策略①。会计信息供求双方的博弈战略导致社会总效用损失，会计信息市场无法实现帕累托最优。那么究竟是什么因素导致会计信息市场失灵？

第一，会计信息供给的垄断性。毕秀玲和梅世强在各自的博士论文中均阐述了以下观点："会计信息供给的垄断性体现为会计主体对会计信息的垄断、注册会计师对会计信息数量与质量鉴定的垄断以及会计规制制定者对会计规制制定权的垄断等"。首先，会计信息是由会计主体对其经营成果和财务状况的反映，会计信息是会计主体内部经营管理行为的副产品，只针对特定会计核算主体本身，其他外部主体未经会计主体的许可是不可能生产的，因此会计主体对会计信息具有垄断性，由会计主体自身垄断生产。会计主体往往出于自身利益的考虑，利用其垄断地位，生产虚假会计信息。其次，注册会计师是经法律规定从事检验会计信息的数量和质量的鉴证工作的具有职业资格认证的专业人员。注册会计师行业具有严格的准入资格的限制，注册会计师的鉴证工作程序复杂、专业性强，再加上注册会计师的审计意见对于被审计对象以及会计信息使用者

---

① 宋玉虹发现，"在自由的会计信息市场中，会计信息供给方基于保护商业机密的目的，以及对竞争对手披露真实完整信息的行为的判断，最终做出披露失真会计信息，取得次级效用的战略选择；而会计信息需求者由于对市场信息真实完整性的失望预期，对预购产品的未来价值无法做出合理的估值，因此最终选择保守的投资决策。"

乃至整个市场都有特殊的作用，因此，注册会计师对会计信息的鉴证处于垄断地位。这种垄断地位使注册会计师有时为了自己的私利，降低鉴证服务的公正和效率。例如，为了争取客户不惜满足客户不合规的要求，放松审计标准，出具不符合客观事实的审计报告，帮助客户通过监管部门的检查。最后，会计信息的生产是会计人员按照会计规则的要求对发生的经济业务进行记录、计量等加工处理。会计规则是由专门的机构或部门制定发布的，其制定是经历由对会计精通的专业人员参与、联合国家主管部门的程序严格的过程，在会计领域具有极强的约束力，而这种制定的权威性正是展现出其在会计信息市场的垄断。而在制定规则的过程中可能存在会计行业为了自身行业利益一定要设计规则，出现"寻租"行为。

第二，会计信息的公共产品属性。前面已述及，业主制企业、合伙企业、有限责任公司和非上市公众公司的会计信息具有私人产品的属性，具有竞争性或排他性。而上市公司的会计信息产品具有公共产品属性，具有非竞争性和非排他性。在资本市场日益发展的今天，上市公司的规模、数量在逐日增加，涉及的投资者数量逐渐庞大，资本市场上会计信息的私人产品属性被弱化，具有极强的公共产品属性，随之会计信息市场充满了具有公共产品属性的会计信息。公共产品属性容易导致两个问题：一是导致会计信息存在"搭便车"的消费者。由于公共产品的非排他性和非竞争性，市场上的会计信息的消费费用不承担任何成本就可以消费和使用会计信息，不付费的消费使市场依据价格来显示个人消费偏好的机制失灵，从消费者的消费中无法获取消费者消费的结构和数量，也无法从会计信息的消费获得成本的补偿，因此会计信息供给者在会计信息的供给上并不会显得积极，而会计信息需求者对会计信息的需求却可能膨胀。二是导致会计信息供给不足。会计信息的供给是需要支付成本的，不仅包括直接的生产成本，还包括会计信息公开后导致会计信息供给者的经营状况为外部所知，从而带来在市场上因竞争优势减弱而发生的替代成本，以及可能存在信息披露不当带来的违规成本。由于会计信息的公开披露的收益主要来自于投融资的增加和公司股价的维持或提升，但这两项收益并不完全确定，因此会计信息供给的成本补偿面临风险。另外，会计信息供给的成本由公司承担，间接地由公司现有股东特别是大股东承担，而大股东由于其股权地位往往在公司中派有自己的代表担任公司重要职位，可以根据自己的需要获取会计信息，因此，大股东的收益并不会直接因为对外披露会计信息而增加，反而会增加他的付出。所以，不管是公司本身还是公司的股东，都缺乏动力生产会计信息，从而产生会计信息供需不平衡，加大了市场供需间的矛盾。

第三，会计信息具有外部性。所谓外部性，就是指一个个体的行为给其他个体带来了一定的好处或坏处，如果其他个体从这个外部行为中得到不需要付费的好处，进而使整个社会得到的收益大于个体行为者取得的收益，则产生正外部性；相反，如果个体的行为给他人造成损失，进而使整个社会得到的收益小于个体行为者获得的收益，则产生负外部性。会计信息是一种具有外部性的商品。企业生产会计信息并向市场进行披露，企业因此获得诸如信号传递、受托责任解除等自身利益，同时市场上各种会计信息需求者可以受益于从企业披露的会计信息中获取自身决策所需要的信息。假设会计信息总是真实完整的，那么企业披露的会计信息无疑可以引导市场会计信息使用者进行正确的决策，使资源在社会上得到有效的配置。会计信息的生产和对外披露都需要付出成本，在收益小于成本的情况下，对企业会计行为不实施强制，企业对外披露真实完整会计信息的动力将减小。企业可以通过与会计信息使用者签订提供对会计信息生产进行补偿的契约以加强企业生产真实完整会计信息的动力，然而资本市场上人数众多的会计信息需求者使签订单独契约的成本太高而不可行。为节约成本，会计信息只能选择对外公开披露使社会上的会计信息需求者都可以免费地"搭便车"，甚至可能"引发兼并收购和加剧市场竞争的可能，直接影响企业的存续"，对外披露的会计信息的公共产品属性使会计信息的生产和披露的边际收益小于边际成本，会计信息的正外部性使会计信息缺乏生产动力，在质量和数量上都无法保证市场的需求。

第四，会计信息的不对称性。信息经济学认为，信息不对称是指交易关系的双方在有关交易信息的掌握上是不对称的，信息在交易双方间的分布上呈现一方比另一方拥有更多相关信息的态势。由于交易双方在会计信息的掌握上的地位不同，因而获取信息的难易度和获取的信息质量也不相同。信息的不对称具体表现为交易双方获取信息的来源不对称、获取信息的时间不对称、获取信息的数量不对称和获取信息的质量不对称。具体到会计信息则表现为会计信息的需求者不能像会计信息供给者一样充分、及时地掌握具备一定数量和质量的反映企业经营活动的会计信息。这种信息不对称是现代企业所有权与经营权相分离所形成的委托代理制度的必然结果。会计信息的不对称带来的不良后果就是产生"道德风险"和"逆向选择"。"道德风险"是由于企业管理者的行为无法被投资者所观察，因此管理者很可能因偷懒不去履行自己作为管理者的职责。当管理者发生道德风险，会发生与其职责不相符的管理行为，甚至提高给企业带来损失的概率。"逆向选择"是指管理者由于比投资者掌握更多的关于企业经营活动的信息，可能利用自己在信息上的优势获取超额利润或是隐瞒对企业不利的信息。当投资者因信息不对称而无法准确判断企业的业绩优劣时，就可能导致资源的不合理分配。

会计信息市场依靠自身的运行机制无法实现资源的有效配置，需要依靠外力帮助会计信息市场有效率地运行，经济学家们把这个外力称为政府"有形之手"。而这个外力的介入需要"国家力量"，而这个"国家力量"应该是法律。国家利用制定的监管法律制度来对会计信息市场失灵进行控制，政府依法实施监管来纠正会计信息市场的失灵，弥补会计信息市场缺陷，调和会计信息的供需矛盾。会计信息监管法律制度克服会计信息市场失灵的作用主要表现在：

（1）抑制垄断。政府通过实施监管措施来对会计信息供给的垄断实施调节。例如，对对外披露的会计信息进行强制审计；对从事会计信息鉴证服务的注册会计师制定严格的执业准则和程序，并定期进行检查，发现问题实施严厉的惩罚；对于会计规则的制定权在授予某个机构或组织团体后，对其行为程序加以严格控制，并对其实施内部激励和外部压力机制等。通过上述措施来保障会计信息供给的质量和数量。

（2）弥补会计信息公共产品属性的不足，降低其外部性。会计信息的公共产品属性以及与其共生的外部性产生的会计信息供给不足或需求过度，需要一种机制来使会计信息市场重回均衡。对于如何实现公共产品资源的优化配置，经济学家设想过通过非强制性"模拟市场机制"的途径来解决，其中最著名的是林达尔方案，它的核心之处在于政府根据每个消费者对公共产品的偏好一定要确定公共产品的成本分担方案，即每个消费者应为公共产品消费支付的价格，但实际上运用在会计信息上并不可行，因为会计信息"搭便车"问题使这个价格无法确定。因此，林达尔方案无法实施会计信息供给的资源优化配置。也就是说，纯粹的市场机制是无法解决会计信息市场失灵问题的，只有通过政府的监管，由政府制定会计信息生产规则，强制要求会计供给主体支付会计信息生产成本，并按照政府规定的数量和质量对外披露会计信息。这种由政府依法实施的监管既可能改善会计信息供给不足的情况，也可能遏制会计信息供给者的选择性披露的行为，还可能在一定程度上限制会计信息需求者的不合理需求。

（3）降低会计信息的不对称性。政府对会计信息披露的时间和内容制定了强制性披露制度，减少了会计信息供给者对会计信息披露的内容和时间任意选择的可能性，并不断地调整披露规则，要求及时披露会计主体的重大问题，使会计信息使用者可以更详细、更及时地取得会计信息。同时，政府对于会计信息披露方式和手段以及对于会计信息查阅的强制性要求，使无论大小股东都可以一定的方式获取会计信息。这些措施从一定程度上降低了会计信息的不对称性。

综上所述，由于会计信息市场中的会计信息本身所具有的公共产品属性，纯粹依照市场规律很难解决会计信息供求间的矛盾。政府依靠法律手段对市场进行监管作为市场机制的补充来解决市场失灵的问题成为许多学者的共识。"会计信息市场失灵"成为会计信息监管法律制度形成的逻辑起点。

3.1.2　政府失灵理论

如果说"市场失灵"是"看不见的手"难以发挥作用的地方，则"政府失灵"则是"有形的手"即政府难以发挥作用的地方。传统政府监管理论是建立在政府只追求公利的前提下，但是詹姆斯·布坎南指出，"政府的缺陷至少与市场一样严重"。穆勒也认为，"人不会因为结成团体就变成另一种完全不同的东西，政府及其公务员不仅具有政治人特征，而且具有鲜明的经济人特征"。萨缪尔森认为，"当国家行动不能改善经济效率或当政府把收入再分配给不恰当的人时，政府失灵就产生了"。布坎南和塔洛克认为，外部性、公共物品和信息不对称问题不仅存在于市场，也存在于政府。斯蒂格利茨认为，政府失灵表现为不完全信息和不完整市场、政府寻租行为和不公平、政府机构较大的运行成本以及缺乏竞争和效率。政府在试图解决"市场失灵"时，往往导致"监管失灵"，对于会计信息市场同样如此，主要表现在以下方面：

第一，政府监管会计信息的低效率。斯蒂格利茨将政府对市场进行干预时形成的新的垄断称为"真正的垄断"，政府的垄断往往以一种合法的面目示人。在政府垄断的合法外衣下，政府监管权力少有约束。在监管权力无人约束的情况下，权力可能被滥用，随之产生寻租行为造成对社会资源的浪费。另外，政府监管的垄断使政府监管缺乏有效的激励，实质性竞争的缺失使监管效率无法衡量，政府出现机构臃肿、官僚作风、形式主义、办事效率低下等现象。

第二，政府角色的多元化导致会计信息政府监管目标难以实现。政府在会计信息市场中扮演着多个角色。政府既是市场的监管者，又是市场的参与者。作为会计信息市场的监管者，政府的监管目标是维护市场的有序运行，保证市场交易的公平，这要求政府处于客观、中立的位置。但同时政府又可能是会计信息市场的交易主体，以我国为例，政府作为上市公司的股东，可以是会计信息的供给者，也可以是会计信息的使用者，这两种身份本身就让政府处于矛盾的境地，更何况政府本身还是监管者。政府身兼会计信息供给者、会计信息使用者、会计信息监管者多重身份，身份的多元导致其利益目标的多元。利益的多元化使政府在行使监管权力时可能利用其垄断的权力来为自己谋取私利，很难站在一个客观、中立的立场实施监管。

第三，政府监管会计信息同样存在信息不对称和外部性问题。会计信息政府监管失灵的一个重要原因是无法获取完全的信息。信息的有用性就在于其对于决策的有用性，所有决策的做出是以信息为基础的。没有信息作为支撑，无论监管者的能力如何，无论监管者抱有一颗如何公正而忘我的内心，都可能发生监管失灵。政府监管的有效性依赖于对所需信息全面、及时、准确的掌控。但是监管者处于社会层级结构的上层，监管者所需的信息都是从下向上传递的，在传递过程中可能存在的错报、漏报、瞒报、虚报都使监管者获取的信息数量和质量大打折扣，政府监管者相对于信息的提供者（有可能是其监管对象）处于信息的劣势，这是即使其拥有强大的政治权力也改变不了的。而这种监管者与被监管者之间的信息不对称，会导致监管者的监管滞后。另外，对于信息的认知可能由于监管者的知识结构、理解能力的不足产生偏差，进而导致做出的监管决策及其产生的监管效果不尽如人意。政府在对会计信息实施监管试图解决外部性问题时，又会产生出新的外部性，如"阿弗奇—约翰逊"（Averch - Johnson）外部性效应①，即当政府对公司的监管达到保护消费的目标时使受监管者在资本方面具有过度投资的趋势。

第四，会计信息监管部门之间利益冲突使监管成本加大。会计信息监管往往不是一个部门完成的工作，而是多个部门按照各自的职权对会计信息进行监管。这种多部门监管的优势在于分工合作、各司其职，各自发挥专业领域特长。但是其缺陷也非常明显。部门间监管权的分配和行使涉及权力的再分配，各个部门可能为了自己部门的局部利益在监管过程中有选择地利用自己控制的资源，甚至可能为了部门利益而在监管过程中产生冲突，能给自己带来好处的事每个部门都想管，不能给自己带来好处的事每个部门都不愿管，导致监管的效率下降。另外，各部门分工监管可以产生较大的信息规模，但同时又可能使信息在

---

① 阿弗奇-约翰逊理论始于阿弗奇和约翰逊 1962 年的一篇研究管制约束下公司行为的文章。斯坦尼斯劳·H. 威利斯（Stanislaw H. Wellisz）1963 年的一篇文章同样研究了受管制公司的行为。因为这些文章几乎同时出版，有些人把阿弗奇—约翰逊效应称作阿弗奇-约翰逊-威利斯效应。

段 落内 容 在 此

各部门间被分离，信息的共享较差，降低了信息的效应。多部门监管本应是发挥群体的力量，使效率达到"1+1>2"的效果，结果由于存在部门间的利益冲突导致监管效益的抵消，反而呈现"1+1<2"的结果。协调部门间的利益冲突使监管成本加大。

除了以上造成会计信息监管政府失灵的原因，胡光志教授、靳文辉教授还从人性的角度对政府失灵进行了论述，认为人性中的"强""群""乐"等原因才是政府失灵更深刻的原因。监管者在求"强"的心理激励下扩张干预权，求"群"的心理使监管部门政出多门、机构重复建设、部门间相互推诿或争权，在"乐"的心理驱使下权力创租、腐败。人性的弱点反映在政府监管中必然导致监管失灵。

对于政府在会计信息监管中的"失灵"，法律的重要任务就是规范政府监管行为，实现监管的法治化。①规范监管程序。政府对会计信息的监管应是在法律规定的程序和范围内进行的政府行为，包括抽象的政府行为和具体的政府行为。对于抽象政府行为的实施，如制定会计信息披露制度，需要遵循严格的程序。对具体的政府行为，如对违法者的处罚，也要按程序行事，即使法律规定的自由裁量权，也要在法律规定的范围内行使。监管程序法定化的根本目的就是防止监管权的滥用。②规范监管方法。监管方法的法定就是通过制定法律规定政府可以实施的监管市场主体活动的各种合理的方法，包括制定会计行业规则、会计报告披露制度、定期对监管对象进行检查、对监管对象的违法行为进行处罚等。③规范监管领域。针对会计信息监管常会出现监管过度和监管不足并存的现象，我们应本着"有所为，有所不为"的原则，根据会计信息市场的具体情况以及会计信息对社会经济的影响程度，来确定会计信息监管的程度和范围。对于监管过度部分，特别是对微观经济主体的内部事务的监管，应尽可能让市场发挥作用；而对于监管不足部分，如对会计造假的惩罚，法律的作用还不尽如人意，应加大对违法行为的查处和惩罚。另外，要注意会计信息监管权在监管部门间的合理分配，防止出现部门争权或推诿的情况。④规范监管责任。法律在对政府赋予监管权时，很多时候更多地考虑权力的内容和权力的行使，而没有考虑由谁来监管政府，这也为监管权的滥用埋下了隐患。应加强对监管责任的重视，对于监管者滥用监管权的行为加以问责。总之，通过会计信息监管法律制度，对监管程序、监管方法、监管领域进行规范，明确监管责任，发挥监管的优势，减少监管缺陷带来的负面作用。

3.1.3　国家干预理论

在盛行亚当·斯密的古典市场经济理论的西方自由竞争资本主义时期，经济的运行主要靠市场竞争的机制自发调节。19 世纪后期，在工业革命的推动下，生产的社会化程度加剧，经济迅速发展，加深了生产的社会化与生产资料的私人占有间的矛盾，引发经济周期性危机，为应付危机而产生的垄断阻滞了市场机制发挥作用。在此背景下，1936 年，约翰·凯恩斯在其经济学著作《就业、利息和货币通论》中提出了"国家干预"经济理论①。也就是说，凯恩斯认为市场的自发作用不能实现资源的优化配置，国家必须干预经济生活才能解决当时资本主义市场的问题。凯恩斯为资本主义国家干预经济提供了理论依据，也为经济法的产生提供了理论基础。

由于国情的差异，各个国家干预手段的实施存在差异，但是将政府对市场的干预纳入法治化轨道，要求政府干预必须以法律为依据却是各国的一个基本共识。①国家干预要有法律依据。首先，强调权力来自于法律。政府及其职能部门在行使干预市场的权力时，应是依照法律的授权，法律要对政府对市场的干预权进行合理的设定，并对其行使方式进行规范，政府在法律既定的权力范围内以法律规定的方式对市场进行干预。其次，强调政府干预的程序化运作，避免权力的失控和滥用。②国家干预是适度干预。国家对市场的适度干预是指政府只去干预市场失灵的部分，市场正常发挥作用的领域由市场自主管理，法律要在政府和市场两种资源配置方式的实施上设定边界，法律为政府干预市场划定合适的范围和提供适当的工具。③国家干预是有效干预。国家通过直接干预和间接干预、刚性干预和柔性干预、公权干预和私权干预相结合的方式，尽量平衡国家与市场两者的关系，实现"有形之手"与"无形之手"的有机结合。

会计信息的国家干预是以某种形式表现出的政府行为作用于会计信息市场的过程。国家之所以能对会计信息市场进行干预，原因在于：首先，代表国家行使权力的政府是作为公共利益的代表。部分会计信息具有公共产品②的属性，

---

①　"国家干预"经济理论强调："由于工资和价格缺乏弹性，因而不存在恢复充分就业和保证经济达到潜在产出水平的经济机制。由于并不存在将经济引回到充分就业的自我调节机制或'看不见的手'，因而一个国家可能会在一个较长的时期内停留在低产出、高痛苦的状态之中。"为此，只有"通过货币和财政政策，政府能够刺激经济并有助于保持一个较高的产出和就业水平。……简而言之，通过适当运用经济政策，政府能够采取措施以保证较高的国民产出和就业水平"。

②　这里的部分会计信息主要指资本市场上用于对外披露的会计信息。

其数量、质量是否满足公共利益的需求需要一个代表公共利益的主体来进行制度安排。其次，代表国家行使权力的政府具有强制性权力。会计信息影响社会经济利益的分配和社会经济秩序的稳定，低质量的会计信息往往引发市场上各种问题的发生，只有利用国家强制力，以法律责任的追究为特征的国家干预，才能够在一定程度上保证会计信息对社会经济发挥更好的作用。

会计信息的国家干预手段包括：①控制会计信息的质量。主要是由政府制定质量控制标准、会计信息披露规范，并由政府定期组织质量检查。②缓解会计信息的供求矛盾。会计信息的供求矛盾在于其供给远远不能满足会计信息的需求，而且这个矛盾长期存在，因此政府需要干预会计信息的供给，强制要求会计信息供给方提供足够数量的高质量的会计信息以满足会计信息使用者的需要。③监督会计行为。会计信息生产垄断性使会计信息的购买者无法有足够的精力和能力去对会计信息质量进行检验，因此需要政府对会计信息的生成行为进行国家干预，通过建立对会计信息的监管机制来实现。

3.1.4　法治国家理论

法治国家的概念最早起源于德国，德文为"rechtsstaat"，据称起源于康德的名言："国家是许多人以法律为根据的联合。""法治国，就其德文本意和康德的解释而言，指的是有法可依、依法治国的国家，或者说是一个有法制的国家。"在现代社会，新的内涵被注入法治国家的概念中。日本佃中和夫等所著的《现代法治国家》等著作把法治国家分为形式上的法治国家和实质上的法治国家。形式上的法治国家是依据法律推行国家事务的国家，是立法权优于行政权和司法权，确保了"依法律行政"和"依法律裁判"的国，法治的目的是限制人民权利、自由。实质上的法治国家是指依法拘束和限制权力的国家，法治的内容和目的是保障人或者国民的自由和权利。其"法"对于立法权、行政权、司法权同等约束，类似于英国的"Rule of Law"，意味着抑制专断的权力。我国著名法学家卓泽渊认为，"法治国家或法治国，是指国家法治化的状态或者法治化的国家，是法治在国家领域内和国家意义上的现实化"。

依照法治国家理论，在法治国家，整个社会都是依靠法律进行约束、控制的。对于社会进行约束、控制的方式很多，比如道德、社会习俗、教义、纪律等，但是法律应是对社会约束、控制最重要的方式。无论是世界上其他国家还是我国，长久以来都把建立法治国家作为国家建设和发展的目标。对于市场而言，法治国家的目标确立有利于市场经济的建立。市场的主体的权利由法律来保护，市场的活动由法律来规范，市场的矛盾由法律来解决，市场的规则由法律来固定。市场的有序运行，需要法律来保障。良好的法治环境是市场经济发展的必要条件。作为市场的一部分的会计信息市场，在法治国家的目标下，同样需要由法律制度为其发展保驾护航。

随着"依法治国，建立社会主义法治国家"的治国方略的提出，我国正从一个传统社会向现代社会进行转变，法律在现代社会中显得异常重要。在这样的社会背景下，规范会计信息生成与披露行为的会计法律也在向会计法制现代化迈进，而会计法制现代化的最基本要求就是在整个会计领域实行法治。会计法治化意味着通过会计法律制度来保障会计主体和会计人员依法进行会计活动。要实现会计法治化应具备以下几个条件：一是建立完备的法律体系。该法律体系以宪法为核心，包括规范会计信息生成的以《会计法》为核心的会计行为法律规范、规范会计信息披露的会计信息披露规范以及对会计信息违法进行惩罚的包括《刑法》在内的一系列法律制度。协调完善的法律制度使会计信息的生成、披露等行为有法可依。二是要恪守法律理念和行为规则。规范会计信息生成、披露行为的会计法律颁布后，要保证其法律的权威性，在会计信息生成、披露的过程中必须服从会计法律法规，依法保障会计信息的质量。三是严格公正的执法。法律的作用发挥还在于能否严格公正地执法，如果对于违反法律的行为不依法追究予以惩处，那法律的作用就会大大减弱。因此，对于违反会计相关法律的行为必须依法追究。

3.2　会计信息监管法律制度的现实需求

会计信息监管法律制度作为会计事项处理和信息披露的重要规范，在企业治理和资本市场的运行中起着十分重要的作用。Fama 教授于 1970 年提出了有效市场假设理论①，这个理论在定义有效市场概念的同时，也描述了会计信息与资本市场的关系，该理论指出，要提升资本市场的效率及实现资源的优化配

---

① 有效市场假说理论认为，在法律健全、功能良好、透明度高、竞争充分的股票市场，一切有价值的信息已经及时、准确、充分地反映在股份走势当中，其中包括企业当前和未来的价值，除非存在市场操纵，否则投资者不可能通过分析以往价格获得高于市场平均水平的超额利润。

置，提高会计信息披露的质量和数量是十分必要的。会计信息监管法律制度存在的意义在于为资本市场的运行提供重要的信息制度保障。科学、合理的会计信息监管法律制度促使会计信息的供给真实、可靠，为资本市场的健康发展提供优质的信息资源保证，促进资金的合理流动，提高社会资源的配置效率，达到最终提高社会整体经济效率的目标。会计信息监管法律制度是一定资本市场和资本结构下的产物，资本市场形成了会计信息监管法律制度的产生和发展环境，也构成了对会计信息监管法律的现实需求。

3.2.1　国外资本市场发展衍生出的制度需求

由于各国的政治、文化、习俗、经济规模、技术条件、历史背景的不同，不同国家的资本市场发展经历了不同的发展轨迹和形成了不同的市场体系，市场的差异对会计信息监管法律制度的需求也会有所不同。

英国是世界上最早形成资本市场主导型金融体系的国家，17 世纪英法战争的爆发使英国政府产生庞大的融资需求，促进了资本市场的发展。但 1720 年的南海公司事件在很长一段时间内阻碍了英国资本市场的进一步发展，直到 1825 年英国国会取消《泡沫法案》，才使资本市场重新建立起来。19 世纪工业革命完成以后，经济发展推动了英国基础建设的需求，也导致企业对资金的需求增强，资本市场作为资金的主要来源得到进一步发展。商业或战争推动了英国资本市场的发展。

美国资本市场的崛起来自于科技创新和技术进步。19 世纪 40 年代火车的发明使美国铁路建设成为推动工业发展的基础项目，铁路的建设需要大量建设资金，迫使美国在资本市场上发行股票募集资金。而美国内战和第一次世界大战则在美国将证券交易所推上了历史舞台，最终形成了美国的资本市场主导型金融体系。

以英国和美国为典型代表的资本市场主导型金融体系形成了以证券市场为主体的资本市场。证券市场对企业经济管理有重要作用，对企业管理层的制约和激励作用主要来源于证券市场特别是高度分散的股东。由于单个股东所持股份较小，因此无法对企业产生有效制约的力量。股票代表的是对公司收益的剩余索取权。企业投资者与经营者之间的信息不对称导致了严重的委托代理问题，大部分的身处企业外部的单个投资者（股东）难以清楚企业的真正收益，同时公司管理层也可以对公司赢利进行操控，即使公司事实上取得了赢利，管理层也可以在报表中反映为亏损或少赢利，然后以无利可分这个看上去极其充分的理由不向投资者（股东）分配红利。而由于缺少信息，公司的真实情况难以验证，股票的价格也难以真实反映企业价值。如果没有适当的法律制度对投资者权益进行保护，投资者就很难再有信心参与到资本市场中去，以股票、证券为主的资本市场导向型金融市场也无法发展起来。因此，以英美国家为典型的证券市场的有效运行必须要有一个非常充分的条件：企业的生产经营管理信息量能够充分有效地披露，单个股东的权益能够得到有效的保护，广大股东有较大积极性参与证券市场的投资活动。而企业生产经营活动信息披露又主要表现为以会计信息为核心的信息，以英美国家为典型的资本市场和资本结构需要强有力的监管法律制度的支撑。换言之，它们对监管法律制度的需求非常强烈，要求也相对较高。

资本市场主导型金融市场的英国和美国对会计信息法律制度的强烈需求还表现在，可能出于某一时期整顿资本市场的特殊需要，制定应急式的有大量会计信息监管法律制度的法律规范。例如，美国就曾针对 20 世纪 20 年代和 30 年代会计信息普遍失真的情况制定了《证券法》(1933) 和《证券交易法》(1934)。1933 年后，横扫美国的变革也影响了会计界。1933 年根据《证券法》创立的证券交易委员会（Securities Exchange Commission，SEC）作为美国政府的第一个独立监管机构，对上市公司享有制定受监管公司所应采用的会计程序和监管会计信息披露的权力。2002 年，美国又针对以安然、世通公司为代表的较为普遍的会计信息造假现象，制定了《萨班斯—奥利克斯法案》，加强对会计信息的法律监管。这些法律具有民刑合一的特征，较好地适应了资本市场主导型金融体系下资本市场的需要。

以德国和日本为典型代表的银行主导型金融体系，银行通过贷款和持股对企业经营管理发挥重要作用，德国家族式的持股也产生了重要影响。德国私人银行从一开始就与产业建立了密切的关系，形成产业信贷银行，并在金融体系中占据主导地位。德国企业股权主要以私募方式持有，公开交易的股本很少，资本市场的股票流动性非常低，而股票较低的流动性使上市公司的融资成本增加，导致资本市场发展受到制约。因此，德国资本市场虽然存在，但是作用有限，主要是为政府融资服务，企业的资金主要来源于银行。银行与企业的关系密切，相互之间互派职员，相互参股，银行在为企业提供资金的同时也加深了参与企业经营管理的程度，银行与企业被捆绑在一起，成为利益共同体。与德国的由私人银行发起不同，日本的银行主导型金融体系是由政府推动的。1920 年、1923 年、1927 年日本发生三次银行恐慌，使政府直接开始对银行的干预。日本通过限制企业股票发行，削弱资本市场的融资作用，同时强令银行对企业提供资金支持，从而形成日本的主银行制度。以德国和日本为典型代表的这种金融体系下形成的资本市场能使银行和家族等大股东直接有效地获得企业经营管理的相关信息，甚至直接影响和控制企业的生产经营活动。银行主导型金融体系国家对分散的单个股东权益的保护并不特别重要，对会计信息市场监管法律制度的需求也并不十分强烈。

通过对以英美为代表的资本市场主导型金融体系和以德日为代表的银行主导型金融体系对会计信息监管法律制度的需求差异分析我们可以发现，资本市场越发达，会计信息监管法律制度的需求就越强烈。法与金融学的实证研究也揭示了不同资本市场和资本结构条件下，对会计信息监管法律制度的需求和法律实施效率上的确存在明显的差异。例如，La Porta、Lopez-de-Silance、Sheifer和 Vishny 等的研究发现，市场主导型金融体系下的英国、美国与银行主导型金融体系的德国、日本对会计信息法律制度的需求明显存在差异，在法律制度的效率、法律规则和会计准则方面前者明显优于后者。伴随世界经济全球化和一体化发展，资本作为经济发展的要素之一，率先实现了大范围的跨国界流动，这促使各国都必须顺应世界经济发展的潮流，发展本国的资本市场。会计信息监管法律制度作为资本市场发展的制度保障，也必然将更为世界各国所重视并积极进行建设和完善。

3.2.2 我国资本市场发展要求做出制度回应

计划经济体制下，中国企业的资金来源主要由财政投入或由银行贷款提供，资金整体上由政府进行严格控制。即使改革开放初期，由于对国民经济乃至全国政治局面有着重大影响，金融体制改革迟迟难以推进，明显落后于其他领域，没有真正意义上的资本市场。1990 年 12 月 19 日，我国首家证券交易所——上海证券交易所（以下简称上交所）正式开业；1991 年 7 月 3日，深圳证券交易所（以下简称深交所）成立。上海证券交易所和深圳证券交易所的成立标志着我国真正意义上的资本市场的建立。在资本市场建立之初，市场规模非常小。上海证券交易所开业时市场上流通总面值不足 1 亿元，只有 "老八股"[①] 上市交易；深圳证券交易所成立之初只有深圳发展银行、深

---

① 1990 年 12 月 19 日，上海证券交易所成立，首批有 8 只股票挂牌交易，分别为：延中实业（600601）、真空电子（600602）、飞乐音响（600651）、爱使股份（600652）、申华实业（600653）、飞乐股份（600654）、豫园商场（600655）、浙江凤凰（600656）。上交所这 8 只股票是新中国最早公开上市交易的一批股票，"老八股" 之称由此而来。

万科等五只股票上市交易。因为处于资本市场建立之初，资本市场规模很小，资本市场的法制建设几乎处于空白状态。

由于存在对股票的大量需求，股票一级市场迅速扩容。1992 年起，沪、深证券交易所开始安排新股上市，到 1998 年年底，两市上市 A 股公司已达851 家，发行股本数 2203.97 亿股，股票市价总值 19299.29 亿元，流通市值也从最初的 8000 万元增长至 5550.01 亿元；B 股市场形成了一定规模，上市公司达到 54 家，股本数为 141.38 亿股，股票市价总值 206.36 亿元，流通市值也从 1992 年的 51.23 亿元增长至 195.58 亿元；股票市场筹资金额达3507.08 亿元。① 中国资本市场得到了进一步发展。这一时期，资本市场开始成为企业筹集资金的一个重要渠道。资本市场发展的过程中，管理者认识到法律制度的缺乏对股票市场造成的障碍，包括会计信息监管法律制度在内的法制建设也提到资本市场的建设日程中来。资本市场的发展促进了对法律制度的需求。这一时期，初步构建了以《公司法》② 和《证券法》③ 为核心的资本市场法律制度。

一级市场上，市场扩容的步伐稳步推进。在新股发行的市场化方面进行了改革创新。④ 完善后的股票发行制度实行券商推荐、发审委审核、市场确定价格、证监会核准的办法。国内金融市场进一步对外开放的同时，我国也积极促进国内企业向境外筹资，至 2004 年年底，我国境外上市公司数达 111 家。另外，这一时期还实施了一些资金扩容创新政策⑤推动二级市场的发展。1999 年的股市"5.19"行情成为我国证券市场的重要转机，中国股市进入较长时期的牛市行情，上证指数突破 2000 点大关，牛市一直持续到 2001 年 6 月底。2001年上证指数最高达到 2341.02 点，平均为 2046.31 点。

2005 年的股权分置改革促进了我国一级市场的快速发展，仅 2007 年首次

---

① 数据来源于中国证监会网站的数据整理。

② 1993 年 12 月 19 日第八届全国人大常委会第五次会议通过我国第一部《中华人民共和国公司法》。

③ 1998 年 12 月 29 日第九届全国人大常委会第六次会议通过我国第一部《中华人民共和国证券法》。

④ 新股发行由审批制改为核准制，取消了带有行政计划色彩的额度和市盈率限制，成立股票发行审核委员会，引进战略投资人概念，扩大基金配售比例，采取对一般投资者网上发行和对法人配售相结合的国际通行方式，积极试点向二级市场投资者配售新股，主承销商建立内核小组和核对制度，与发行企业根据市场状况协商确定新股发行价格。

⑤ 这一阶段资金扩容制度创新主要有老基金加速改制，新基金陆续设立；券商增资扩股，并正式进入银行间同业拆借市场，证券公司股票质押贷款进入实际操作；国有企业、国有控股企业和上市公司获准进入二级市场，保险基金通过证券投资基金间接入市；B 股市场对境内居民开放暂停国有股减持和降低印花税以及证券经纪业务佣金实行浮动制等。

公开发行股票融资 4595.79 亿元，位列全球第一。截至 2007 年年底，企业通过发行股票和可转换债券融资 1.9 万亿。中国资本市场的上证指数由改革之初的 1000 多点（2005 年 6 月 6 日为 998 点）发展到 2007 年的 6100 多点（2007 年 10 月 16 日上证指数达到 6124 点），中国资本市场成为全球最活跃的资本市场之一。截至 2016 年，我国沪深股市共有上市公司 3052 家，股票发行总额 6428.46 亿股。2016 年全年新股发行数量 244 只，募集总金额超过 1600 亿元。[①]

资本市场的发展带来的是投资者对所投资产品信息的需求，如何让投资者更清楚地了解投资对象的状况，成为资本市场投资者的重要一课。而作为反映企业经营状况的会计信息，其质量高低成为投资者利益保护的衡量工具之一。事实上，从我国资本市场建立之初至今，会计信息的虚假披露一直是未解决的问题。为了更好地保护投资者利益，保证会计信息质量，会计信息监管法律制度的建立和完善成为我国资本市场发展亟须解决的问题。

3.2.3　历史例证：市场需要会计信息监管法律制度

从实证的角度看，会计信息监管制度的产生和演进都与市场的公共危机有关。尤其是西方国家发生的几次影响重大的事件，成为推动政府强化上市公司会计信息监管的一个个助推器。我们在此列举几个对会计信息监管法律产生重大影响的事件，来佐证市场对会计信息监管法律制度的现实需求。

3.2.3.1　南海公司事件[②]

股份公司的出现为英国社会的发展带来了极大的动力，股份公司通过在市场上发行股票迅速地融集资金，市场出现了空前的活跃。然而，1720 年发生的英国南海公司会计舞弊事件却引发了英国资本市场的动荡和社会的混乱。为了打击违规成立的股份公司以及挤压资本市场的价值泡沫，针对南海公司事件，英国政府颁布了《泡沫公司取缔法》，英国议会还成立了秘密调查委员会并聘

---

① 数据来源于网络数据的整理。

② 南海公司事件是历史上著名的金融泡沫事件。南海公司成立之初为支持英国政府国债信用的恢复而认购了大量的政府债券，英国政府作为回报给其经营的多种商品永久性退税政策以及南美洲的贸易垄断权。1719 年英国政府允许债券与公司股票互换，且南美贸易障碍扫除，公众对公司股份抱有上涨的预期，股价开始上升，1920 年 1 月到 7 月股份涨幅达 700%。1720 年 6 月，为制止股价泡沫，英国国会通过《泡沫法案》，南海公司的业绩也受到怀疑，从 7 月到 12 月，股价从 1000 多英镑跌至 124 镑。1720 年底，政府对南海公司进行资产清理，发现其业绩一般，对外披露的信息有虚假。南海公司事件使英国股市遭受重创，大量投资者遭受巨大损失。（根据多方资料整理）

请查尔斯·斯奈尔（Charles Snell）调查南海公司事件。股份公司的存在为会计的发展提供了空间，一些基本的会计观念逐渐产生，持续经营、资本保持和稳健主义原则等理念开始为人们所推崇，并且产生了公司对外向股东提供会计报告的需求。1844 年的《公司法》提出了关于股份公司会计信息披露的基本法律规定，之后英国《公司法》经过数次修订，会计信息披露始终作为对公司的基本要求。英国《公司法》从法律上对注册会计师对财务报表的审查提供保障。① 南海公司事件后，英国政府从法律上对会计信息的披露进行规范，因此，南海公司事件可以看作是会计信息法律监管的开始。

3.2.3.2　20 世纪"经济大危机"②

1929 年以前的美国，公司的日常会计实务比较随意，法律并不要求公司必须定期向股东提供财务报告，股东们也只是定期地去公司了解公司的财务信息以对自己的投资情况有所把握。强制性信息披露源于 1887 年美国政府成立的国内商业委员会要求铁路业公开披露按标准计量的会计结果；随后的 1899 年，纽约证券交易所开始强制要求在其处登记上市的公司必须按照规定提供定期财务报表。然而，美国对于会计信息的监管并没有采取更多的措施，仅是就会计统一化进行了相应的规定，美国会计师协会（AIA）在美国联邦储备委员会（FRC）和美国联邦贸易委员会（FTC）的敦促下，制定并以联邦储备公报的方式颁发了《统一会计》。但是上市公司混乱的会计实务并未因政府做出的这些举措而得到改善。1929 年发生的震撼世界的经济大危机凸显了该问题的严重性。虽然造成 1929 年经济大危机的原因很多，但是从会计上看则主要是由于美国上市公司年度的会计实务没有得到有效监管，美国会计职业界缺乏统一的会计规范，因而导致了美国资本市场的投机成风、虚假信息盛行。正如查特菲尔德所言："松散的会计实务是 1929 年市场崩溃和萧条的重要原因之一。"③

经济大危机使证券市场遭受了重创，美国经济由此进入了低迷，而会计职业界也受到了社会的严厉批评。为了规范会计实务，提振会计职业界的形象，

---

① 1844 年英国颁布的第一部《公司法》规定由若干名股东代表审查公司资产负债表；1855～1856 年对《公司法》进行了修改，使绝大部分公司游离于法律之外，减轻了公司披露会计信息的责任；1862 年《公司法》规定了审计报告的标准格式；1900 年《公司法》规定所有股份公司都必须接受审计。

② 20 世纪 30 年代发生的"经济大危机"是指 1929～1933 年的世界性经济危机。危机从 1929 年 10 月美国纽约股市暴跌开始，迅速扩展至德、英、法、日等发达国家。在整个四年间美国经济濒临崩溃边缘。（马立民，王压非.世界会计法治三百年及历史启示——纪念现行《企业会计准则》施行十周年[J].北京联合大学学报（人文社会科学版），2017（4））。

③ 迈克尔·查特菲尔德.会计思想史 [M].文硕等译.上海：立信会计出版社，1989.

美国建立了上市公司强制性信息披露制度的法律框架，美国证券交易委员会（SEC）随之成立，并被赋予更广泛的会计监管权，具有一定的立法权和司法权，其中也包括会计准则制定权。从此，美国形成了政府与会计职业界相互影响的会计监管格局。

3.2.3.3　安然事件

21世纪之初发生于美国的安然公司、世界通讯公司和施乐公司等会计系列舞弊案件引发了新一轮的证券市场信用危机，"安然事件"发生的原因很多，从会计角度进行反思就是制造虚假会计信息。注册会计师社会审计角色的独立性丧失，使审计和内部控制评价报告严重失实。政府再度反思上市公司运行环境上的缺陷，布什总统于2002年7月30日签署的《公司改革法案》（SOX法案）中，对上市公司的期权激励、内部审计委员会建立和注册会计师业监管等方面都做出了新的规定。该法律的一系列规定进一步强化了会计信息的监管。

从世界上影响会计信息监管的这些大典型事件来看，会计信息监管及其法律制度总是随着市场的发展及在实践中不断涌现的新问题在不断地发展和更新的。但是无论什么时候，一旦虚假会计信息泛滥，对整个世界就会带来严重的打击和损害。因此，对会计信息的监管在任何时候都应该是市场监管的重中之重，监管法律制度的建设也应该作为法律建设的一个重要方面。

第 4 章

我国会计信息监管法律制度的考察与分析①

　　20 世纪 90 年代，我国证券市场初建，在短短几十年的时间里，我国的证券市场上市公司已由最初建立时的"老八股"增加到 2016 年的 3052 家，证券市场规模得到迅速发展。然而，作为会计信息监管最严格的市场，证券市场在发展过程中仍不可避免地面临着一些市场发展过程中的难题，摆脱不了市场发育和成熟的内在规律。一方面，从 20 世纪 90 年代的红光实业②、21 世纪初的绿大地③，再到 2013 年的万福生科④等一系列的财务造假案的曝光，似乎预示着我们仍要为市场的建设与完善付出必要的代价。另一方面，我们也要认识到，我国经历了从高度规范的计划经济走向市场经济的过程，这对于我们的会计信息监管而言，也面临思想上的困惑和实践中的障碍。这些都应引起我国监管部门的警惕和重视，既要借鉴国外的先进经验，又要注重结合我国国情。本章立足于我国会计实践，围绕会计信息监管法律制度的建设，讨论我国的会计信息监管法律制度的发展历程，分析我国现行会计信息监管法律制度的构成，并运用大

---

　　① 因本书成稿于 2018 年，修改于 2019 年，所以本书法律条文来自于 2019 年 6 月 30 日前生效的法律法规。

　　② 成都红光实业股份有限公司（简称红光实业）于 1997 年 5 月 23 日在上海证券交易所上市，募集资金 4.1 亿多元，但 1998 年 4 月在上市公司规定年报披露期限的最后一天，红光实业发布年报披露公司严重亏损 19800 万元，投资者遭受重大损失，经证监会调查，红光公司在股票发行期间存在严重违法违规行为，涉嫌欺诈上市。

　　③ 云南绿大地生物科技股份有限公司（简称绿大地）于 2007 年在深圳证券交易所上市，首次 IPO 募集资金 3 亿多元。然而上市后的绿大地频频修改年报和会计评估报告，更换财务总监和会计师事务所。2010 年 3 月，绿大地因涉嫌造假上市，被证监会调查，财务造假曝光。

　　④ 万福生科（湖南）农业开发股份有限公司于 2011 年 9 月 27 日在深圳交易所创业板上市，募集资金 4.25 亿元，2012 年 8 月出具上市后第一份半年财报，其中预付账款存在重大异常，2013 年 5 月证监会发布对万福生科的调查结果，其涉嫌欺诈发行股票和违法信息披露，证监会公布"史上最严罚单"。

量的数据分析制度运行的效果，剖析我国现行会计信息监管法律制度的不足，找出制度存在的问题，为完善我国会计信息监管法律制度摸清问题根源所在。

4.1 我国会计信息监管法律制度的发展历程

"以铜为镜可以正衣冠，以人为镜可以知得失，以史为镜可以知兴衰。"我国会计信息监管法律制度虽然不如西方国家一样有着近百年的发展历程，但是经历了从计划经济到市场经济的不同发展时期，历经了数次改革的历练。分析我国会计信息监管法律制度的发展过程，不仅可以了解我国会计信息监管法律制度在各个发展时期的成就与不足，也可以探寻我国会计信息监管法律制度变迁的规律，为建立和完善我国现行的会计信息监管法律制度提供借鉴。在 1978 年以前，基于当时我国特定的经济环境，会计信息并不被人们所重视。"经济越发展，会计越重要"的理念在改革开放后逐渐成为人们的共识，特别是 20 世纪 90 年代资本市场的建立和发展，会计信息的重要性更为凸显。因此，本章主要对 1978 年后我国社会主义市场发展阶段①会计信息监管法律制度的进程进行回顾。

4.1.1 1978~1991 年会计信息监管法律制度的建设

这一阶段以从计划经济向市场经济逐步转变为背景，以《中华人民共和国会计法》（以下简称《会计法》）发布为标志。1978 年 12 月，党的十一届三中全会确立了"以经济建设为中心"的党的新时期总路线，这为我国带来了经济体制改革和对外开放的重大历史转折。企业在改革的促进下迅速发展，但同时对企业经济活动进行反映的会计却遇到许多问题，会计工作得不到重视，会计信息不真实。为了适应改革开放的需要和规范企业的会计工作，针对当时以国有企业为主体的企业形式，1980 年财政部发布了《国营工业企业会计制度》，

---

① 本书借鉴了马立民在《纪念〈会计法〉颁行三十周年》一文中对我国会计法律制度的发展阶段的划分，把市场在资源配置中所起作用的阶段分为前市场经济阶段、市场在资源配置中起基础作用阶段和在资源配置中起决定作用阶段的依据是中国共产党全国代表大会的会计报告精神。1992 年，中国共产党的十四大提出了要使市场在国家宏观调控下对资源配置起基础性作用，并确立建立我国社会主义市场经济体制，2013 年中国共产党的十八大三中全会会议公报提出要紧紧围绕"市场在资源配置中起决定作用"深化经济体制改革。

以其为主的会计制度得以重建。1990 年 12 月国务院发布《总会计师条例》。同时，为了支持和规范企业会计人员的工作，1978 年 9 月国务院发布了《会计人员职权条例》，1984 年 4 月财政部发布了《会计人员工作规则》。但是这些有关会计工作的规范主要是国务院和财政部颁布的行政法规和部门规章，法律效力较低，且内容零星、琐碎，与日益发展的经济对会计工作以及会计信息的需求明显不符。社会经济环境的发展需要"制定一部总章程——会计法，使其他会计法规制度的修改、制定有一个法律依据"。在这样的背景下，《会计法》于1985 年 1 月在第六届全国人民代表大会常务委员会第九次会议上审议通过，这是我国第一部针对会计的专门的法律。《会计法》从其产生之日起就肩负着作为会计法律规范的基本法的使命，是其他会计法律法规制定的基础。为了加强对外开放进程中中外合资企业的会计工作，1985 年 3 月财政部发布《中华人民共和国中外合资经营企业会计制度》。为了为资本市场的建立做准备，1991 年 8月财政部发布《国营证券公司会计制度》。此外，1980 年 9 月施行的《中华人民共和国个人所得税法》为保证国家税收的会计法律制度的发展奠定了基础；1986 年 12 月发布的适用于全民所有制企业的《中华人民共和国企业破产法（试行）》则涉及企业破产清算中财务会计的规定。

另外，我国注册会计师制度得到恢复，其标志是 1980 年财政部印发了《关于成立会计顾问处的暂行规定》，随之上海会计师事务所成立。当时注册会计师的职责主要是对"三资企业"进行验资和年报审计。1986 年国务院发布了《注册会计师条例》，使注册会计师行业开始法制化。接着，财政部又于 1987 年先后颁布了《会计师事务所管理暂行办法》和《注册会计师考试考核暂行办法》，1989 年中国注册会计师协会成立。在这一时期的社会审计除了注册会计师以外，还有国务院设立的审计署，审计署还发布了《执业审计师制度》。财政部主管下的注册会计师与审计署主管下的执业审计师，同时从事对"三资企业"的验资和年报审计。

中华人民共和国成立后，财政部于 1949 年就设置了管理全国会计工作的专门机构，并于 20 世纪 60 年代以财政部的名义进行了一些行业性的会计制度建设，但 20 世纪 60 年代后期到 70 年代中期，由于客观历史原因，我国会计制度的建设受到了阻碍。总的来说，这一阶段对之前发展受阻的会计制度进行了恢复，对会计工作的方式进行规范，对会计人员进行了具体职责要求，并对注册会计师职业进行了重建，使会计信息的生产活动可以在法律法规的框架下进行，使监管部门的监管有章可循。从此，会计迈出了走向法制的关键一步。

4.1.2 1992～2011年会计信息监管法律制度的建设

这一阶段市场在资源配置中开始起基础作用。在此期间，中国加入世界贸易组织，对我国市场经济产生了较重要的影响。

从1992年起，我国开始构建中国特色社会主义市场经济，相应地，会计信息监管法律制度处于大力建设时期。1992年我国确立了社会主义市场化的改革方向，1993年通过的《中华人民共和国宪法》修正案明确"国家实行社会主义市场经济"。①在此国家改革背景下，会计信息监管法律制度的建设也顺应改革的方向，对原有的会计法律和制度进行了修改，并颁布了新的法律，以充实会计信息监管法律制度。1993年财政部颁布了《企业会计准则》，按"准则"的内容改革了原有的分部门、分行业、分所有制的会计制度，实行"准则"与"制度"并用的会计制度体系。1993年修改《会计法》中与社会主义市场经济发展不相适应的内容，将其定位为公共利益观，扩大其适用范围从全民所有制到个体工商户和其他组织，并突出了单位领导人的责任。1992年《中华人民共和国税收征收管理法》及其实施细则正式颁布，把税收对会计的要求和企业的要求联系起来。1994年随着我国社会主义市场经济体制的确立和不断深入，注册会计师行业得到快速发展，1994年1月1日实施的《中华人民共和国注册会计师法》（下称《注册会计师法》），标志着注册会计师行业走上法制的道路。1994年《中华人民共和国审计法》制定。这一时期，注册会计师与执业审计师的职能也得到理顺，《注册会计师法》明确了财政部对注册会计师行业的监管职责，审计署不再主管"社会审计"市场，注册会计师与执业审计师合并。一系列法律的制定体现出"市场经济就是法制经济"。

面对社会主义市场经济的发展需要大量的资金的问题，我国在1990年、1991年分别成立了上海证券交易所和深圳证券交易所，我国证券市场初步建立。为加强对我国证券市场的监管，1992年国务院证券委员会和证券监督管理委员会（以下简称证监会）成立。1993年国务院颁布的《股票发行与交易管理暂行条例》详细规定了股票的发行、交易以及信息披露等问题。之后，陆续发布的《公开发行股票公司信息披露实施细则》《公开发行股票公司信息披露的内容与格式准则》成为证监会对上市公司信息披露的监管依据。1993年颁布的

---

① 1993年3月第八届全国人大第一次会议对宪法进行了修改，其中将我国的社会主义经济体制由"国家在社会主义公有制基础上实行计划经济"修改为"国家实行社会主义市场经济"。

《中华人民共和国公司法》（以下简称《公司法》）（2013 年修订）对上市公司的条件、股票交易、定期报告以及提供虚假失实信息的法律责任等问题做出了规定，使我国上市公司信息披露监管开始纳入法制化轨道。

1998 年我国社会主义市场经济遭受亚洲金融危机①的冲击和警示，开始大力规范和发展资本市场。1998 年颁布的《中华人民共和国证券法》从法律层面加强了对我国上市公司会计信息披露的监管要求。资本市场发展带来的投资主体多元化、筹资方式多样化以及经济体制改革带来的所有制结构变化，使会计信息越来越受到社会的重视，但是多元化也带来了利益的冲突，引发严重的会计信息造假问题。1999 年《会计法》的修改突出了“规范会计行为，保证会计资料真实、完整”，强调了单位负责人对会计资料的法律责任，进一步完善了会计核算规则，为保证会计资料的真实、完整提供了具有可操作性的法律依据。为配套修改后的《会计法》，2000 年国务院发布了《企业财务会计报告条例》，对企业财务会计报告的构成、编制、对外提供和法律责任进行了规定，以保障会计信息质量。随后，财政部在同年发布新的《企业会计制度》，统一了各行业、所有制、组织形式的会计工作制度。

2001 年中国加入了世界贸易组织②，使中国经济走向与世界经济融合、全面建设社会主义市场经济的新时期，与之相适应，会计信息监管法律制度也尝试与世界接轨。我国于 1998 年 5 月正式加入国际会计准则委员会③，同年 10 月财政部会计准则委员会④成立，并以此为契机加快会计准则的制定，尝试会计

---

① 1997 年 7 月 2 日，亚洲金融风暴席卷泰国，泰铢贬值。不久，这场风暴扫过了马来西亚、新加坡、日本和韩国等地，打破了亚洲经济急速发展的景象。亚洲一些经济大国的经济开始萧条，一些国家的政局也开始混乱。

② 前身是关税与贸易总协定，于 1947 年 10 月 30 日在日内瓦签订，并于 1948 年 1 月 1 日开始临时适用，是全球性的、独立于联合国的永久性国际组织，被称为“经济联合国”。1995 年 1 月 1 日，世界贸易组织成立“关贸总协定”，与世界贸易组织并存 1 年。1995 年 1 月 1 日正式开始运作，该组织负责管理世界经济和世界贸易秩序，其基本原则是通过实施市场开放、非歧视和公平贸易等原则，来实现世界贸易自由化的目标。1996 年 1 月 1 日，它正式取代关贸总协定临时机构。

③ 国际会计准则委员会：1973 年 6 月，来自澳大利亚、加拿大、法国、联邦德国、日本、墨西哥、荷兰、英国、美国的 16 个职业会计师团体，在英国伦敦成立了国际会计准则委员会（IASC）。目前，其成员已发展到包括 104 个国家的 143 个会计职业组织。主要目标为制定并帮助实施会计准则，以满足发展中国家和新兴的工业化国家对财务报告的需求，进一步提高国家会计要求与国际会计准则之间的兼容性。

④ 财政部会计准则委员会是中国会计准则的咨询机构，旨在为制定和完善中国的会计准则提供咨询意见和建议。其职责为对会计准则的总体方案、体例结构、立项等提供咨询建议；对会计准则制定中重大会计处理方法的选择等提供咨询意见；对财务会计概念框架等有关基础理论提供咨询意见；对会计准则实施情况提供咨询并反馈有关信息。

准则国际趋同。我国研究借鉴了国际会计准则和外国会计法律制度，探索适合发展我国社会主义市场经济需要的会计准则，在 2001~2003 年对之前的 6 项会计准则进行了修订，并新发布了 6 项会计准则，并改组了会计准则委员会。2008 年美国发生次贷危机，对全球经济造成了严重的影响。在这一时期我国发布和实施了大量的、系统的会计准则。2006 年财政部下发了《企业会计基本准则》和《企业会计准则第 1 号——存货》等 38 项具体准则，要求上市公司从 2007 年 1 月 1 日起执行。之后，财政部连续下发 5 个企业会计准则解释，2011 年发布《中小企业会计准则》。

在这一阶段，我国的内部控制制度也开始建立。建立企业内部控制制度的目标之一就是确保企业会计信息的真实可靠。2001 年，财政部发布了《内部会计控制规范——基本规范（试行）》，要求公司通过建立内部监督制约机制加强对会计的控制。2005 年，证监会颁布了《关于提高上市公司质量意见》的通知，鼓励和引导上市公司建立相应的内控机制。2006 年，沪、深两地证券交易所也分别制定了各自的上市公司内部控制指引规则。2008 年 6 月 28 日，财政部、证监会、审计署、银监会、保监会五部委联合下发了被称为中国的"萨班斯法案"的《企业内部控制基本规范》，明确规定我国企业建立内部控制制度并为之做出框架性指导。2009 年，财政部又颁布了更为详细的《企业内部控制评价指引》《企业内部控制应用指引》和《企业内部控制审计指引》[①]，为上市公司建立内部控制制度和注册会计师进行内部控制审计提供了更具操作性的指导。企业内部控制制度的建立从企业的内部着手保障会计信息的生成质量。

在经济全球化的大环境下，我国证券市场进一步扩容，大量的会计信息监管法律法规在对上市公司的信息监管需求下出台。从 2000 年起，证监会不断修订和发布信息披露内容与格式准则、信息披露编报规则、信息披露规范问答和部分信息披露规范解释性公告等。面对新的形势，2005 年我国对《公司法》和《证券法》进行了修改。根据修改后的《公司法》和《证券法》，2006 年年底证监会发布了《上市公司信息披露管理办法》替代之前的《公开发行股票公司信息披露实施细则》，作为信息披露监管的重要部门规章，对我国上市公司及其他信息披露义务人的各项信息披露行为进行总括性规范，对公司发行及上市后

---

① 根据颁布"三指引"时的规定，2011 年 1 月 1 日起，企业内部控制基本规范及其配套指引文件适用于同时在国内、国外股票市场上市的公司，并 2012 年 1 月 1 日起，适用于在国内股票市场主板上市的公司。

的持续信息披露的要求进行了明确。同年，证监会还发布了《上市公司证券发行管理办法》《首次公开发行股票并上市管理办法》，均对上市公司的信息披露进行了要求。2009 年创业板市场建立，证监会连续发布了创业板上市公司季度报告、半年度报告、年度报告内容与格式准则等一系列文件，以强化监管创业板公司的信息披露。虽然证监会针对证券市场的信息披露问题出台了许多文件，但是证券市场上上市公司的信息违法行为仍然层出不穷。为了加强对信息披露违法行为的监管，2011 年证监会颁布了《信息披露违法行为行政责任认定规则》，为监管部门执法工作的开展提供了便利。

总的来说，在社会主义市场经济确立和发展的背景下以及国际化的大趋势下，我国逐步建立起了会计信息监管法律制度，会计信息的生成、披露以及社会审计方面都逐渐走向了法制化的道路，会计信息监管法律制度作为经济和市场运行的基础性制度开始全面发挥作用。

4.1.3 2012~2016 年会计信息监管法律制度的建设

此阶段市场在资源配置中开始起决定作用。这时中国改革开放进入一个更加崭新的时期，随着经济全球化发展和我国经济升级版蓝图绘制，尤其是资本市场的空前活跃，我国会计法治建设伴随经济法治的推进而加快发展。此阶段以中国共产党第十八次全国代表大会召开，尤其是在十八届三中全会上提出市场在资源配置中起决定性作用为背景。2013 年，我国加入国际财务报告准则基金会（IFRS）① 的会计准则咨询论坛②，这意味着在经过 20 多年的努力后我国会计准则得到了国际的认可。随后，我国对会计准则体系进行进一步完善。2014 年针对饱受争议的公允价值计量问题，财政部发布《企业会计准则第 39 号——公允价值计量》对此进行了明确界定。2014 年 2 月财政部下发《企业会计准则第 40 号——合营安排》、4 月下发《企业会计准则第 41 号——在其他主体中权益的披露》，还先后修订了《企业会计准则第 2 号——长期股权投资》

① 国际财务报告准则基金会（在 2010 年 3 月前名为国际会计准则委员会基金会）是于 2000 年成立的对国际会计准则理事会进行监督的一个独立非营利性基金会。
② 由于国家准则制定机构和地区组织参与会计准则制定过程意义重大，IFRS 基金会根据 IFRS 在全球范围内广泛应用的新形势，成立了一个新的咨询机构——会计准则咨询论坛，为 IASB 和国家会计准则制定机构、地区组织提供了一个正式的平台。基金会确定会计准则咨询论坛成员为 12 个，其中非洲 1 个、美洲 3 个、亚洲和大洋洲 4 个、欧洲 4 个。会计准则咨询论坛每年举行 3~4 次面对面会议，讨论国际财务报告准则项目的重大战略性技术问题。

《企业会计准则第 9 号——职工薪酬准则》《企业会计准则第 30 号——财务报表列报会计准则》《企业会计准则第 33 号——合并财务报表》《企业会计准则第 37 号——金融工具列报》和《企业会计准则——基本准则》第四十二条第五项等。企业会计准则的修订和完善标志着会计信息监管法律制度建设迈上了一个新台阶，体现出市场在资源配置中的决定性作用。

另外，针对注册会计师行业在对会计信息审计过程中出现的违反职业操守、违法违规行为，对注册会计师审计的法律监管也进一步加强。根据 2009 年国务院办公厅转发财政部的《关于加快发展我国注册会计师行业的若干意见》，中国注册会计师协会协制定了《中国注册会计师职业道德守则》和《中国注册会计师协会非执业会员职业道德守则》，将提升注册会计师职业形象和道德水平提到了一个前所未有的高度。同时，为规范注册会计师执业行为，提高执业质量，2016 年中国注册会计师协会对 2007 年制定的《中国注册会计师鉴证业务基本准则》以及《中国注册会计师审计准则》进行了全面修订，并且于 2015 年发布《中国注册会计师职业判断指南》、2016 年发布《会计师事务所审计档案管理办法》及《上市公司年报审计监管工作规程》。这些规则的制定不仅为注册会计师的审计业务提供规范，解决了我国注册会计师执业中的问题，也实现了审计准则的国际趋同。可以说，我国注册会计师的职业准则得到了进一步发展和完善，为会计信息的质量提升提供了专业保障。[①]

在这一阶段，会计信息监管法律制度顺应我国改革开放和经济发展的要求，对前期的相关法律规范从内容和种类上进行了修订和补充，使会计信息的生产、审计、披露更加规范，进一步完善了我国会计信息监管法律制度的构成。

4.2 我国会计信息监管法律制度的构成

厘清我国现行会计信息监管法律制度的构成，是完善我国会计信息监管法律制度的逻辑前提。从目前世界各国的制度建设情况来看，会计信息监管的相关法律覆盖不同的法律部门，层次丰富而数量庞大，如果对会计信息监管法律

---

① 本书稿于 2019 年修改完成。2020 年 3 月 1 日起，修订后的《中华人民共和国证券法》正式施行。本次证券法的修订标志着我国证券市场基础制度得到了进一步完善，通过了一系列创新举措。

制度的构成不进行细化分析研究，很难发现会计信息监管法律的内在规律及其存在的问题，不利于总结立法经验，也很难提出科学合理而符合本国国情的完善会计信息监管法律制度的建议。因此，探讨我国现行会计信息监管法律制度的构成，洞察我国现行会计信息监管法律制度的内容，是我国会计信息监管法律制度研究的重要内容。

4.2.1　厘清我国会计信息监管法律制度构成的意义

依法对会计信息进行监管既是激发市场潜能、克服市场失灵的有效方法，也为政府干预会计信息市场划定合法边界，防止政府失灵。布坎南曾说："没有合适的法律和制度，市场就不会产生任何体现价值最大化意义上的效率。"建立和完善会计信息监管法律制度便是确保市场更具效率，保障会计信息供给与需求达到平衡，减少由于会计信息的低质量带来的资本市场的混乱和无效率。因此，建立和完善会计信息监管法律制度成为世界各国的共识。而正如学者所言，"每一条法律规则的产生都源于一定的目的，即一种实际的动机"，会计信息监管法律制度的目标已经很明确。但是，和其他单一法律的制定存在差异的是，会计信息监管法律制度是一个复杂的法律构成，要深刻认识和分析其内容和不足以进一步完善它更需要对其进行深入剖析，而方法之一就是对现行会计信息监管法律的构成进行解析。然而，会计信息监管法律制度所涉范围广、领域多，法学界对会计信息法律制度并没有进行理性梳理并合理归类划分其制度构成。究其原因，笔者认为有以下几个方面：一是法学界对会计信息的研究更多偏重于会计信息披露的制度研究①，但是对于维护和保障财产所有者与投资者权益最具体、最具针对性的控制层面的保证会计信息生成质量的法律制度——《会计法》及其他会计法律制度研究较少；二是会计信息的相关法律法规纷繁复杂，法律法规条文琐碎，条文之间互相牵连，且具有较强的专业属性，对其合理归类本身存在难度；三是会计信息监管法律制度的规范对象主要为会计信息的生

---

① 笔者在 CNKI 学位论文数据库以 "会计信息披露 "作为主题进行检索（检索时间为 2018 年 3 月 15 日），共查到与之相关的经济法学科博士、硕士论文共计 325 篇（其中博士论文 59 篇），以 "会计法律" 作为主题进行检索，共查到与之相关的经济法学科博士、硕士论文共 90 篇（其中博士论文 7 篇）；在 CNKI 期刊数据库中以 "会计信息披露" 作为主题进行检索，共查到与之相关的经济法学科的论文 151 篇（其中 CSSCI 检索期刊 25 篇）。在 CNKI 期刊数据库中以 "会计法律" 作为主题进行检索，共查到与之相关的经济法学科的论文 598 篇［其中 CSSCI 检索期刊 59 篇。但是从刊发期刊来看，主要是以会计类期刊和综合类期刊为主，法学期刊刊发不到总刊发数量的 5%，其中刊发在 CSSCI 来源（含扩展）的只有 3 篇］。

成、披露、审计等，而会计本身属于管理学科研究的范畴，导致会计信息的监管问题多是会计学者在研究，使法学界研究会计信息监管法律的学者相对较少。随着大数据和云计算的运用，会计信息作为信息资源的一种，其市场交易将随着计算技术的发展而进一步普及和深入，而目前会计信息造假的案件仍有发生，给企业相关利益者来了重大损失，对会计信息进行法律制度上的规范是社会发展、提升市场效率的需要。因此，厘清会计信息监管法律制度的构成，界定会计信息各法之间的逻辑关系，对完善我国会计信息监管法律制度具有重要意义。

4.2.2　我国会计信息监管法律制度的构成

综观世界各国对会计信息的规制和监管，虽然模式不同，但都是在法律的框架下进行，都有与会计信息监管相关的法律制度。而正如前所述，对会计信息监管的相关立法的归类迄今学界尚无统一的标准，也鲜有对其进行系统分类的专门研究，目前常见的研究多是会计信息的常见问题，如上市公司信息的披露法律制度、注册会计师法律责任、会计信息的质量责任等，少有专门对会计信息监管法律进行系统梳理的研究成果。为了能够较清晰、系统地认识我国现行会计信息监管法律制度，本书将按一定的标准把我国会计信息监管法律制度划分为几个模块进行探析。

那么如何划分会计信息监管法律制度的模块构成呢？根据前章关于会计信息以及会计信息监管的论述，会计信息从生成到披露可以概括为三个过程：第一，运用会计规范和职业判断进行会计确认、计量、记录和报告。这一过程的会计规范主要有两个方面：一是直接对会计确认、计量、记录和报告进行指导的会计专门法规，如美国的《公认会计原则》（GAAP）、英国的《财务报告准则》（FRS）、法国的《统一会计法案》；二是对有关会计事项做出规范的民商事和经济法规，就公司在会计信息质量缺陷（如虚假信息和违规报告）方面所承担的法律责任做出明确规定，如美国的《证券法》《证券交易法》《标准公司法》《统一商法典》《破产法》等，英国的《证券交易法》《商法典》和《商事公司法》，德国的《民法典》和《商法典》等。第二，对于涉及公众较多的上市公司的财务报告在对外披露前要履行审计程序。审计准则被用来规范和指导审计行为，对作为独立第三方的注册会计师也需用法律对其职业行为进行规范。第三，上市公司的会计信息必须对外进行信息披露。信息披露是资本市场环境中会计信息流通的特有环节，为规范会计信息披露行为，往往颁布一些信息披露规范，如美国的《S-X 条例》《S-K 条例》《财务报告公告》等。

就会计信息监管而言，它主要具有以下内涵：首先，会计信息作为一种具有经济后果的商品，对于会计信息供给方而言，其基本功能表现为反映企业经营者的受托责任，也是企业经营者实现自身利益的手段，同时会计信息在资本市场中有信息传递的功能，并作为一种信息资源而存在。会计信息的质量对于市场的有序性和安全性具有重要意义。如何控制会计信息的质量呢？究其根源还是在于会计信息的生产过程。加强对会计信息生产过程的监管对保证会计信息质量具有重要的意义。其次，会计信息商品与一般商品相比有其特殊性，除了再生会计信息是作为私人物品进行交易，许多初级会计信息的交易是由国家法律法规强制其对外披露，是无偿提供会计信息，具有公共物品的属性。在这个过程中，由于会计信息供给者的会计信息生成成本无法得到补偿，因此缺乏披露高质量会计信息的动力。而会计信息需求者则可能由于会计信息供给者的披露动力缺乏而遭受损失，因此会计信息的对外披露是监管中要重视的问题。最后，资本市场上企业根据自身的发展需要发行股票融资，投资者根据企业披露的会计信息做出投资决策，会计信息要充分体现其决策有用性。会计信息质量的好坏决定了资本市场发展的好坏。影响会计信息质量的各环节，除了前面提到的会计信息的生产，还包括注册会计师对会计信息的审计工作。因此，对注册会计师审计工作的监管，也应包含在会计信息监管中。

根据会计信息监管的内容及我国会计信息监管的立法经验，笔者以法的具体规制内容为标准，将会计信息监管法律归为以下三类：会计信息生产监管法律制度、会计信息披露监管法律制度、会计信息审计法律制度①。会计信息生产监管法律制度主要致力于对会计信息的生产过程进行规范和控制，主要是对会计信息供给者在生成会计信息中的行为进行规范和监管。会计信息披露监管法律制度主要是针对会计信息供给者在向市场供给会计信息过程中的行为进行规范和监管，解决市场的信息不对称问题和防止虚假会计信息损害会计信息使用者的利益。会计信息审计监管法律制度主要是对从事会计信息审计活动的注

---

①　按审计活动执行主体的性质分类，审计可以分为政府审计、独立审计和内部审计三种。政府审计是由政府审计机关依法进行的审计，其主要审计对象是国务院各部门和地方人民政府、国家财政金融机构、国有企事业单位以及其他有国有资产的单位。独立审计是由注册会计师受托有偿进行的审计活动，也称民间审计，其审计对象为委托单位。内部审计是由本单位内部专门的审计机构和人员对本单位的财务收支和经济活动实施的独立审查和评价，审计对象是本单位。基于本书的研究对象主要是对占市场主要份额的普通企业的会计信息的监管，因此，在此没有将政府审计列入讨论的范围；另外，由于内部审计具有内向服务性，目的主要是帮助本单位健全内部控制、改善经营和提高经济效益，因此本书将其放在会计信息生成环节讨论。因此，本书的会计信息的审计主要是指注册会计师提供的审计活动。

册会计师的资格取得和行为规则进行监管。由以上三项制度构筑的会计信息监管法律制度体系，对维护会计信息市场的公平、提高我国会计信息市场的效率、保障会计信息市场的秩序提供了坚实的制度性保障。图4-1为我国现行会计信息监管法律制度的构成。

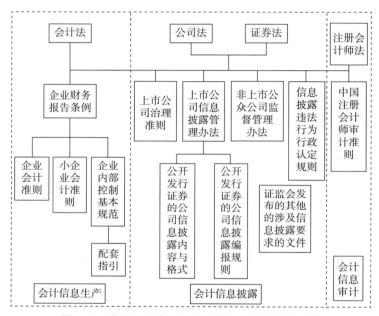

图4-1　我国现行会计信息监管法律制度的构成①

以下笔者分别就此三项主要制度展开具体分析。

4.2.2.1　会计信息生产监管法律制度②

根据本书采用的"会计信息系统论"的观点③，其中所指的生成会计信息的"会计信息系统"就是我们所通称的"会计"。因此，要对会计信息进行监

---

① 此处法律作广义的理解。

② 本书在对会计信息生产监管法律制度进行归类时，主要是针对适用范围在全国范围内的法律法规，故没有将地方政府部门根据本地情况颁布实行的地方会计法规纳入本书讨论的范围。另外，本书赞同潘立新的将会计监管划分为会计信息监管和会计职业监管的观点（潘立新．中国开放性会计监管初探 [M]．北京：北京大学出版社，2006：69．）。由于本书主要就会计信息内容监管进行讨论，虽然会计人员的行为也会影响会计信息内容，但是为避免研究范围过大造成问题导向不突出，故将会计人员的行为划为会计职业监管的范畴，在本书不作讨论。

③ "会计信息系统论"的观点认为，"会计信息是在一定时期内，由企业会计信息系统生成的，以货币为主要计量单位，能够反映企业财务状况、经营成果、现金流量和所有者权益变化方面的经济信息"。

管，首先要对"会计信息"的生产进行监管，即是对生产会计信息的"会计"进行监管。为了实现对会计信息生产监管，我国主要通过制定会计法律规范以及内部控制制度来完成。

如图 4-1 所示，根据制定机关和法的效力形式不同，我国会计信息生产的监管法律制度可以分为三个层次：第一层次是由全国人民代表大会及其常务委员会制定的基本法律，主要是《会计法》。现行《会计法》于 1985 年制定，历经了 1993 年、1999 年和 2017 年的修订、修正，其基本内容是规范会计核算、会计监督、会计机构和会计人员行为及规定相应法律责任，目的之一是保证会计资料的真实、完整。第二层次是国务院颁布的行政法规，主要是 2000 年颁布的《企业财务报告条例》主要规范企业财务会计报告的构成、编制和对外提供行为及其法律责任，其目的主要是规范企业的财务会计报告，保证财务会计报告的真实、完整。第三层次是根据《会计法》和其他相关法律、法规的规定，由立法机关授权的会计监管行政部门制定和发布部门规章及会计规范性文件。这些文件包括财政部发布以及财政部和其他部委联合发布的规范会计确认、计量和报告行为，保证会计信息质量的会计准则和企业内部控制基本规范，这个层次的会计信息监管规范性文件是我国会计信息监管法律制度的主要构成部分。

（1）会计法。作为会计信息监管法律制度中层次最高的法律规范《会计法》的制定和修改为我国其他会计法规的制定明确了方向、提供了条件。30 多年来，围绕贯彻和实施《会计法》，在以财政部为主体、地方人大和政府的积极参与下，相继制定了一系列会计法规和规章制度，形成了以《会计法》为核心的一整套会计法律规范体系。《会计法》的立法目的之一是规范会计行为，保证会计资料真实、完整。现行的《会计法》共有 7 章 52 条，也体现出对会计行为规范的具体规定，包括会计核算、会计监督、会计机构和人员及法律责任等方面。①《会计法》规定了会计核算和会计监督的基本内容和要求，明确了会计机构和会计人员的行为模式、管理机构的管理职责等方面的内容，使会计工作管理基本做到有法可依，减少了管理部门与被监管单位之间、单位会计机构和会计人员之间的摩擦，提高了工作效率。《会计法》使会计工作管理的范围不断深入，从原来基本只是对会计核算的管理扩大到会计人员专业资格认定、人员培训、会计电算化甚至是刑事责任的追究等诸多方面，使会计工作基本纳入管理工作之中。

---

① 参见《中华人民共和国会计法》（2017 年修正）。

（2）企业财务会计报告条例。国务院于 2000 年根据《会计法》制定颁布了《企业财务报告条例》（以下简称《报告条例》），要求所有企业都必须按该条例的要求编制和对外提供财务会计报告，并规定企业负责人对本企业财务会计报告的真实性、完整性负责，并从财务会计报告的构成、编制、对外提供及法律责任四个方面作了具体规定。①

（3）会计准则。我国会计准则在法律性质上应属于部门规章，它是由财政部颁布的规范性法律文件。关于我国《会计准则》的法律效力问题，引起过许多学者的争论，葛家澍教授曾指出，"由财政部制定统一财务会计制度最好把企业会计准则明确地包括进去，否则我国已出台的 16 个具体会计准则和 1 个基本准则缺乏必要的法律依据"。我国明确指出："财政部是管理全国会计工作的职能部门，国家统一的会计核算制度（包括准则和行业会计准则等）由财政部统一制定发布和解释，按照'统一领导，分级管理'的原则组织实施。"② 这在一定程度上明确了《会计准则》的法律地位，使《会计准则》作为规范会计活动的规则有了政策依据。但是《会计准则》的法律地位仍然是有待明确和提升的。我国自改革开放以来，一直积极加强《会计准则》的建设，并顺应国际环境，推进《会计准则》国际趋同。③ 会计准则是一个分层次的规范体系，由基本会计准则和具体会计准则两个部分构成。基本会计准则主要表现了会计核算的基本前提、一般原则、六个要素以及资产负债表、利润表和现金流量表、附表及报表附注等财务报表。基本会计准则代替了过去分部门、分行业、分所有制的统一会计制度，解决以此产生的会计信息的可比性缺失的问题，并为统一会计的基本概念和统一规范会计行业提供了基本保证。具体会计准则是以基本准则为理论基础，跨越部门和行业的界限，把发生在企业中带有共性或具有特

---

① 《报告条例》规定："财务会计报告分为年度、半年度、季度和月度财务会计报告。年度、半年度财务会计报告应当包括会计报表、会计报表附注、财务情况说明书，会计报表应当包括资产负债表、利润表、现金流量表及相关附表。企业应当于年度终了编报年度财务会计报告。国家统一的会计制度规定企业应当编报半年度、季度和月度财务会计报告的，从其规定。企业应当依照法律、行政法规和国家统一的会计制度有关财务会计报告提供期限的规定，及时对外提供财务会计报告。对外提供的财务会计报告反映的会计信息应当真实、完整。"对于违反《报告条例》的行为规定了相应的行政法律责任及刑事法律责任。

② 参见 1994 年 5 月 3 日财政部发布的《贯彻〈会计法〉、加强会计核算制度管理的规定》。

③ 财政部前部长助理冯淑萍认为，中国实际上也是国际财务报告准则的使用者和受益者，因此一直以积极的姿态参与国际会计协调/趋同，支持国际会计准则理事会对制定全球公认会计准则的努力，并将进一步积极参与国际会计协调/趋同。冯淑萍的观点获得广泛认同。（曲晓辉等．中国会计准则的国际趋同效果研究［M］．上海：立信会计出版社，2011．）

性的某个或几个会计业务，针对其特点，在概念、概念的确认、计量、记录和披露等方面——加以具体规范。2006年2月15日发布了现行企业会计准则体系，实现了我国企业会计准则与国际财务报告准则的实质性趋同。随后，2008年国际金融危机促使我国又对会计准则进行了反思和修订，形成了新的企业会计准则体系，包括一项基本准则和42项具体准则①。为更好地指导企业应用会计准则，财政部还发布了企业会计准则应用指南和解释等对其进行补充。

（4）企业内部控制基本规范。内部控制是"被审计单位为了保证业务活动的有效进行，保护资产的安全和完整，防止、发现、纠正错误与舞弊，保证会计资料的真实、合法、完整而实施的政策和程序"，②为了加强和规范企业内部控制，提高企业经营管理水平和风险防范能力，促进企业可持续发展，维护社会主义市场经济秩序和社会公众利益，根据国家有关法律法规，财政部会同证监会、审计署、银监会、保监会于2008年5月颁布了《企业内部控制基本规范》（简称《基本规范》），自2009年7月1日起在上市公司范围内施行，鼓励非上市的大中型企业执行。在法律性质上，《企业内部控制基本规范》属于规范性文件③。保证财务报告及相关信息真实、完整是内部控制的目标之一。

4.2.2.2　会计信息披露监管法律制度

会计信息披露监管法律制度是为了解决在资本市场上会计信息的信息不对称导致的"逆向选择"和"道德风险"问题，以及会计信息的公共产品属性导致的"供给不足"和"搭便车"问题，以保证资本市场的有序运行，会计信息披露监管法律制度是随着资本市场的发展而发展的。我国资本市场起步较晚，所以我国会计信息披露监管制度的建立和发展的时间也较短，但却随着我国资本市场的迅速发展而快速发展起来。目前我国的会计信息披露制度主要是由以《证券法》《公司法》等人大及人大常委会制度的法律为基础，以证监会等监管机构颁布的大量的规范资本市场信息披露行为的部门规章为主体的多层次的会计信息披露监管法律、法规构成。

我国会计信息披露法律制度主要是由在《证券法》《公司法》等基本法律

---

①　我国目前的企业会计准则体系包括一项基本准则和财务报表列报、存货、长期股权投资、投资性房地产、固定资产、生物资产、无形资产、非货币性资产交换、资产减值、公允价值等42项具体准则。

②　引自中国注册会计师协会1997年实施的《独立审计具体准则第九号——内部控制和审计风险》。

③　金平在其硕士论文《中国企业内部控制法律问题研究》中认为《企业内部控制基本规范》不属于部门规章，不属于法，没有法律效力。因为其制定机构中的证监会、银监会和保监会没有制定规章的权利；而且《基本规范》的发布形式仅是以通知的形式公布，不符合部门规章的制定程序。

统领下由主管证券市场的证监会所颁布的部门规章及规范性文件构成。《证券法》在会计信息披露法律制度中起统领地位，与《公司法》共同对公司证券发行、上市以及上市后的会计信息披露义务与责任进行了原则性的规定，主要对财务会计报告对外披露的表述质量进行保证，是其他会计信息披露监管法律规范制定的法律依据。除此以外，《刑法》规定了造成严重后果的会计信息披露违法行为的刑事责任。会计信息披露监管主要由证监会颁布的规范性文件对公司信息披露的行为进行规范。适用于上市公司的信息披露制度主要有《上市公司信息披露管理办法》，是对《公司法》《证券法》中关于信息披露的相关内容的进一步细化，是专门针对上市公司的信息披露的具体内容、信息披露的事务管理、监管以及法律责任进行规定，是有关信息披露的最主要的法规依据。另外，对于上市公司的信息披露，在《上市公司证券发行管理办法》《首次公开发行股票并上市管理办法》《首次公开发行股票并在创业板上市管理办法》中均有单章进行规定。与之相配套的其他规范性文件有《公开发行证券公司信息披露的内容与格式准则》第1~39号、《公开发行证券的公司信息披露规范问答》第1~7号、《证券公司公开发行债券信息披露准则》、《上市公司收购管理办法》、《证券交易所股票上市规则》等。对于非上市公司的会计信息披露，我国监管法律制度也做出了相关规定，主要是在证监会2013年颁布的《非上市公众公司监督管理办法》中第三章"信息披露"中进行了规定，但由于我国非上市公司信息披露的规则才初步建立，而且非上市公众公司与上市公司相比在承担披露成本方面的能力尚有差距，因此对非上市公司的会计信息披露监管的内容规定尚显简化。另外，还制定了配套的《非上市公众公司监督指引第1号——信息披露》《非上市公众公司信息披露内容与格式准则第1号——公开转让说明书》《非上市公众公司信息披露内容与格式准则第2号——公开转让股票申请文件》等规范性文件。根据我国会计信息披露监管法律制度的规定，我国的会计信息披露由全国性证券管理机构进行统一管理。

我国会计信息披露监管法律中规定的监管范围包括对初次披露的监管和对持续披露的监管，具体详见图4-2。对初次披露的监管主要是指对股票上市前上市公司信息披露或非上市公众公司挂牌前信息披露的监管。初次披露的监管具体来说主要包括要求对外披露招股说明书及上市公告书，并对其内容进行规范。对持续披露的监管主要是指在股票上市交易后，对上市公司在持续经营的过程中需要进行披露的信息进行规范，或非上市公众公司挂牌后持续信息披露的监管，具体来说主要包括要求发布内容规范的定期报告、临时报告。对定期报告的监管包括对年度报告的监管、对中期报告的监管，其中年度报告是对上市公司年度内的经营业绩以及财务状况的综合反映，中期报告是对上市公司的半年度的经营业绩以及财务状况的反映。临时报告主要针对重大事件和重大消息进行披露，主要包括以下公告：公司收购兼并其他公司、公司的利润分配、公司的配股、公司的增发、公司合并或公司分立等。

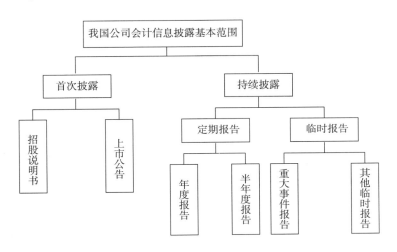

图 4-2　我国上市公司会计信息披露基本范围

4.2.2.3　注册会计师审计监管法律制度

　　会计信息监管的需求来自于会计信息市场的失灵，导致会计信息市场失灵的原因之一就是信息的不对称，以及随之而来的大量会计信息造假。为了提高会计信息的真实性，降低信息提供者和使用者之间的信息不对称，注册会计师审计由此产生。著名的"南海公司"事件产生了世界上第一个注册会计师，对公司会计信息实施审计。注册会计师制度的产生根源及各国对注册会计师的目标定位充分体现了这一点，如我国注册会计师审计准则第 1101 号规定，财务报表审计的目标是注册会计师通过发表审计意见提高财务报表的可信赖程度①。因此，审计质量的高低决定了是否可以提高会计信息的质量。从审计产品的特性来看，注册会计师作为审计报告的生产者与会计信息的使用者之间关于审计质量的高低也存在着严重的信息不对称。而注册会计师本身是追求自身利益最

---

　　① 参见财政部颁布的 2012 年 1 月 1 日施行的《中国注册会计师审计准则第 1101 号——注册会计师的总体目标和审计工作的基本要求》第十八条。

大化的经济人，要保持高质量的会计信息的生产和审计都需要付出很高的成本，因此没有利益动机和约束机制，仅仅依靠注册会计师的职业道德来保持会计信息质量在理论上是不可能的。因此，保证注册会计师提供高质量的服务源于两个方面：经济动机和法律约束。本书主要讨论法律方面对其的约束。

政府为加强监管，积极推动注册会计师审计的法制建设。迄今为止，我国规范注册会计师的相关法规主要有《中华人民共和国注册会计师法》（以下简称《注册会计师法》）、《最高人民法院关于审理涉及会计师事务所在审计业务活动中民事侵权赔偿案件的若干规定》（以下简称（《若干规定》）、《审计准则》等。

《注册会计师法》作为规范注册会计师鉴证行为的法律，是注册会计师的行业母法，在规范注册会计师行为方面具有最高法律效力，从 1993 年 10 月通过、1994 年 1 月 1 日起实施以来，对于发挥注册会计师在社会经济中的鉴证和服务作用、强化对注册会计师的管理起到了制度的保障作用。《注册会计师法》全文共七章，其中对注册会计师资格的取得、业务范围和执业规则、会计事务所的组织形式、注册会计师协会的职责以及违法行为的法律责任进行了规定。另外，《注册会计师法》还明确审计师违法后受中央和地方各级财政部门的执法管辖。

《若干规定》是对证券市场上因虚假陈述引发的民事赔偿案件的司法解释，因此同样具有法律效力。《审计准则》是规范注册会计师审计工作的技术性规范，对注册会计师审计工作提供技术指导，对注册会计师在审计工作中的职业判断有着重大的影响。另外，《审计准则》也是衡量注册会计师审计工作质量的标准，严格遵照《审计准则》的要求进行审计是注册会计师审计工作质量的保障，如果注册会计师不按《审计准则》进行工作进而导致审计失败，就会承担相应的法律责任。我国注册会计师协会经过财政部的批准，从 1994 年 5 月起一直致力于制定适应我国经济发展的审计准则体系，在经过多次的修订完善后，2006 年 2 月财政部出台了风险导向的审计准则体系，一共有 45 个审计准则。

4.3 我国会计信息监管法律制度的运行效果检视

法律法规的颁布应该为规范会计行为、会计信息的披露、注册会计师的执业行为发挥重要作用，但法规的颁布是否真正规范了会计信息市场中会计信息的生成、审计、披露行为，在很大程度上还要根据实施效果来定。即使法律制定的完美无缺，如果不能得到有效的实施，法律的功能及法规的作用亦不能发挥。

根据管制经济学理论，政府或其他组织对市场实施监管的一个重要前提是监管能够改善资源配置和收入分配，纠正社会资源配置的无效率或低效率。因此，监管首先是要产生一定的市场反应，该市场反应既可能是优化了资源配置、纠正了市场机制的无效率，从而产生了有效的监管，也可能适得其反，导致无效或低效的监管。如何评价会计信息监管法律制度的运行效果，笔者认为，监管法律制度的目的是约束被监管者的市场行为，因此，制度执行的效果好坏可以通过观察被监管主体的行为得出结论。本节将通过会计信息监管法律制度所规定的主要监管主体——财政部和证监会对被监管主体的会计信息质量的检查和相应处罚来分析会计信息市场监管法律制度的运行效果，并进而分析我国会计信息监管法律制度在运行中存在的问题。

4.3.1　对财政部会计信息质量检查公告的分析

财政部作为《会计法》规定的会计工作的主管部门[①]，为保证企业会计信息质量，从 1999 年开始，每年都会对企业和会计师事务所通过全面检查、重点抽查的方式，就会计信息质量组织检查。2007 年新的《会计准则》实施后，财政部每年的会计信息质量检查工作已经成为会计信息监管的常规性工作。表4-1、表4-2 是财政部 2007~2016 年对会计信息质量检查情况的手工统计。[②]

表 4-1　2007~2016 年财政部门对企事业单位会计信息质量检查情况统计

检查实施年份	检查总量（户）	发现违规资金（亿元）	查补追缴税款（亿元）	收缴罚没款（万元）	处理处罚单位（户）	处罚直接责任人数（人）
2007	未明确	未明确	10.7	2152	1092（145）	267
2008	13942	未明确	10.26	5596	4701（592）	425

---

① 《中华人民共和国会计法》（2017 年修正）第七条规定："国务院财政部门主管全国的会计工作。县级以上地方各级财政部门管理本行政区域内的会计工作。"

② 表中数据来源于财政部网站公布的《财政部会计信息质量检查公告》。财政部检查单位除了企业外，还包括行政和事业单位以及会计师事务所。截至本表制作时间 2017 年 10 月，在财政部网站上可以公开查阅的会计信息质量检查公告主要年份为 2002~2015 年的，由于我国于 2006 年实施了新的会计准则和审计准则，为了便于数据的描述和对近十年的会计信息质量情况的观察，本书主要就公告中数据比较明晰的 2007~2015 年进行了统计。其中，根据财政部会计信息质量检查公告第 14 号，2007 年共对企事业单位、会计师事务所 8398 户进行检查。

我国会计信息监管法律制度研究

续表

检查实施年份	检查总量（户）	发现违规资金（亿元）	查补追缴税款（亿元）	收缴罚没款（万元）	处理处罚单位（户）	处罚直接责任人数（人）
2009	17089	582.26	5.95	3778.75	4834（188）	27
2010	18553	470.99	6.44	3494.13	6239（73）	62
2011	23396	552.29	9.11	3875.52	（62）	193
2012	24786	817.61	7.25	4034	未明确	115
2013	2182	596.8	6.78	3804.86	未明确	124
2014	20635	690.81	4.49	3417.38	未明确	未明确
2015	18534	421.13	4.3	1719.13	5430（165）	31
2016	24936	426.15	2.04	1523.85	5093（51）	141

注：括号中的数据为财政部移交其他部门处理的企事业单位数量。

表4-2 2007~2016年财政部门对会计师事务所会计信息质量检查情况统计

检查实施年份	检查总数（家）	对会计师事务所的处罚	对注册会计师的处罚
2007	895	对215家会计师事务所做出了行政处罚，其中撤销22家、暂停执业11家、没收罚款37家、警告105家	对498名注册会计师做出了行政处罚，其中吊销证书13人、停止执业163人、警告322人
2008	714	对175家会计师事务所做出了行政处罚，其中撤销14家、暂停执业55家、没收违法所得和罚款37家、警告98家	对367名注册会计师做出了行政处罚，其中吊销证书9人、暂停执业68人、警告290人
2009	543	共对63家会计师事务所予以行政处罚，对8家会计师事务所予以暂停执业处罚，对11家会计师事务所予以没收违法所得和罚款处罚，对44家会计师事务所予以行政警告	对134名注册会计师予以行政处罚，其中对17名注册会计师给予3~12个月的暂停执业处罚，对117名注册会计师给予行政警告处罚
2010	969	对68家会计师事务所予以行政警告、没收违法所得、罚款、暂停执业等行政处罚	对143名注册会计师予以行政处罚，其中对37名注册会计师予以暂停执业处罚，对107名注册会计师给予行政警告处罚
2011	1398	对99家会计师事务所予以警告、没收违法所得、罚款、暂停其经营业务或撤销等行政处罚	对140名注册会计师予以行政处罚，其中对96名注册会计师予以警告、42名注册会计师予以暂停执业、2名注册会计师予以吊销注册会计师证书的行政处罚

续表

检查实施年份	检查总数（家）	对会计师事务所的处罚	对注册会计师的处罚
2012	1618	对 122 家会计师事务所予以警告、没收违法所得、罚款、暂停经营业务、撤销等行政处罚	对 214 名注册会计师予以行政处罚，其中 131 名注册会计师予以警告、80 名注册会计师予以暂停执业、3 名注册会计师予以吊销注册会计师证书的行政处罚
2013	1668	对 118 家会计师事务所予以警告、没收违法所得、罚款、暂停经营业务、撤销等行政处罚	对 175 名注册会计师予以行政处罚，其中对 127 名注册会计师予以警告、55 名注册会计师予以暂停执业、2 名注册会计师予以吊销注册会计师证书的行政处罚
2014	1358	对 91 家会计师事务所予以警告、没收违法所得、罚款、暂停经营业务、撤销等行政处罚	对 159 名注册会计师予以行政处罚，其中 107 名注册会计师予以警告、45 名注册会计师予以暂停执业、7 名注册会计师予以吊销注册会计师证书的行政处罚
2015	1108	对 187 家会计师事务所予以警告、没收违法所得、罚款、暂停经营业务、撤销等行政处罚	对 160 名注册会计师予以行政处罚，其中对 123 名注册会计师分别予以警告、暂停执业、吊销注册会计师证书的行政处罚
2016	1381	对 67 家会计师事务所予以警告、没收违法所得、罚款、暂停经营业务、撤销等行政处罚	对 100 名注册会计师予以行政处罚，其中对 82 名注册会计师分别予以警告、暂停执业、吊销注册会计师证书的行政处罚

从财政部对 2007~2016 年的企事业单位、会计师事务所的检查来看，随着我国市场经济的发展，企业单位和会计师事务所的数量都在逐渐增多，财政部对企业单位和会计师事务所的会计信息质量检查数量也有所增多。在检查效果上可以看到，在财政部的督促下，大部分企业的会计管理逐步规范，能较好地依照《会计法》《企业会计准则》《企业内部控制基本规范》等法律法规的要求实施会计核算，会计质量逐步提高。会计师事务所和注册会计师能依照《注册会计师法》《中国注册会计师审计准则》等法律法规，较好地发挥审计鉴证作用。但是检查中也发现了许多违规违法现象，每年被处罚的企事业单位和责任人的数量占被检查数量的比例并未呈明显的下降趋势，企事业单位因实施会计违法行为产生的违法所得、罚款以及偷逃的税款并没有因为财政部的定期检查

而减少，具体的违法违规表现主要体现在对会计准则的理解、判断、执行不到位以及故意会计造假上。会计师事务所、注册会计师每年因违法违规被处罚的数量也始终维持着一定规模，其主要违法违规表现为对于审计准则执行不到位，对于审计风险把控不足，会计师事务所内部管理存在缺陷，以及为了发展业务、获取利益不惜降低审计质量。另外，从财政部对违法违规企业、会计师事务所和个人的处罚来看，对于会计信息质量的法律责任主要是行政责任，给予行政处罚。从其处罚的力度上看，对企事业单位的罚款数在被处理的企事业单位数量没有减少的情况下却有下降的趋势。对于违法违规的会计师事务所分别给予警告、没收违法所得、罚款、暂停经营业务、撤销等行政处罚，对注册会计师分别给予警告、暂停执业和吊销证书的处罚，其中无论对会计师事务所还是注册会计师，警告都是使用得最多的行政处罚手段，但警告作为一种成本低、制裁力度较小的行政处罚手段，并不能对违法单位和人员起到足够的震慑作用，这显然会导致违法成本较低。

4.3.2　对中国证监会行政处罚决定书的分析

证监会出于职能要求，主要是对上市公司的会计信息披露进行监管检查。在实践中，中国证监会 2001~2016 年共下发了 913 个行政处罚决定，其中有关上市公司和会计师事务所的违法信息披露分别是 261 个和 60 个，合计约占总数的 35%。① 为进一步分析我国会计信息监管法律制度的执行效果，接下来根据中国证监会发布的处罚公告，对 2011~2016 年证监会做出的与会计信息披露违规有关的行政处罚公告进行分析（见表 4-3）。②

表 4-3　证监会 2011~2016 年行政处罚决定书数据统计　　单位：家

项目	2011 年	2012 年	2013 年	2014 年	2015 年	2016 年
我国上市公司总数	2342	2494	2534	2564	2827	3052
处罚上市公司数量	12	15	8	14	10	11
处罚非上市公司数量	19	9	7	11	10	20
处罚会计师事务所数量	2	2	4	4	1	3

---

① 根据中国证监会网站公布的行政处罚决定书统计。

② 数据来源于 CSMAR 数据库和中国证监会网站 2011~2016 年的所有与上市公司披露违规有关的 92 例行政处罚书，并参考了冯燕在其论文《我国上市公司信息披露违规研究》中的数据。

续表

项目	2011 年	2012 年	2013 年	2014 年	2015 年	2016 年
处罚证券公司数量	0	0	3	1	0	8
处罚投资顾问公司数量	3	1	0	1	0	0
处罚资产评估、资产管理公司数量	0	0	0	1	1	5
处罚律师事务所数量	0	0	4	1	0	1

　　从表 4-3 可以看出，这六年我国上市公司的数量进一步增加，被处罚公司与上市公司总数的比例有下降的趋势，但是证监会处罚的上市公司绝对数量却没有太大的变化，可见虽然我国加强了会计信息监管法律制度的建设和加强了监管，信息披露违规的问题仍然存在。从纵向来看，2013 年受处罚的上市公司和非上市公司数量是这六年来最少的，但是 2014 年又发生了反弹，受处罚的上市公司和非上市公司分别达到了 14 家和 11 家。这说明我国监管法律制度在法律的执行效果上还有待提高。另外，从行政处罚书的处罚结果看，会计师事务所在这六年里每年都有受到证监会处罚的情形，而证券公司等其他中介机构也存在因违法受到证监会的处罚的情况，但较会计师事务所少。所以，证监会还需要加大对中介机构特别是对会计师事务所的监管力度。

　　由以上数据可知，我国虽然加强了对会计信息的检查和监管，但是实践中会计信息质量的状况仍然有待进一步改善。虽然我国《证券法》及相应的法律规范都要求会计信息披露要真实、准确、完整、及时、公平，不得有虚假记载、误导性陈述或者重大遗漏，但是实际上上市公司会计信息违规披露的情况从来没有消除过，从中国证监会对上市公司的行政处罚书中的违法事实说明就可以看到，上市公司会计信息披露不真实、不充分、不及时，对会计信息虚假记载、误导性陈述或重大遗漏是上市公司因会计信息受处罚的主要原因。进一步对证监会近年来的行政处罚书进行分析，会发现我国会计信息监管法律在运行中存在以下问题：

4.3.2.1　监管部门监管的效率有待提高

　　根据我国监管法律制度的规定，财政部门和证监会是我国主要的会计信息监管机构，两个部门对我国企事业单位的会计信息查处的效率反映出我国监管部门的监管效率。本书主要根据证监会网站公布的行政处罚决定书，就证监会在 2011~2016 年对上市公司会计信息披露违规行为的决定中关于违规行为发生时间和监管部门查后公告的时间之间的差距来展示监管部门对会计信息违规行为的处罚的及时性，进而反映其监管效率。

从表 4-4 可以看出，这六年证监会公告年份与公司违规行为发生年份之间的时间差最长达 14 年，反映出证监会的监管较为滞后，没有及时发现公司会计信息违规行为。另外，通过对证监会官方网站的数据进行统计，2000~2014 年，证监会针对注册会计师个人和会计师事务所进行的行政处罚分别共计 120 人次和 49 人次。从丁红燕对证监会 2006~2010 年处罚公告的统计和戚少丽对 2001~2011 年证监会的处罚公告的统计结果都可以发现，我国证监会的监管效率较低，存在处罚周期较长、处罚不及时等问题。

公司会计信息违规披露行为和会计师事务所、注册会计师个人的违规行为如得不到及时的发现和纠正，一方面会使公司心存侥幸，对其会计信息违规行为继续放任，甚至变本加厉，这样的结果不仅使投资者无法获取真实的会计信息，从而做出错误的投资决策，遭受损失；还可能使违法的会计师事务所和注册会计师个人因未受到及时处罚而继续提供低劣的服务，带坏行业风气。另一方面，由于对违法行为的追责受到时效的限制，如不能及时发现公司和会计师事务所、注册会计师个人的会计信息违法行为，有可能导致其违法行为因超过诉讼时效而得不到应有的处罚，危害利害关系人的利益。

表 4-4　2011~2016 年部分公司会计信息披露违规涉案时间及处罚年份统计

行政处罚公告年份	公司简称	违规行为发生年份	与最早违规行为的时间差（年）
2016	现代农装	2013、2014	4
	连城兰花	2012、2013、2104	5
	欣泰电气	2011~2014	6
	大智慧	2013	4
	福建金森	2015	2
	北大荒	2011~2012	6
	舜天船舶	2013、2014	4
2015	参仙源	2013	4
	内蒙发展	2013	4
	步森股份	2014	3
	海南亚太	2012、2013	5

续表

行政处罚公告年份	公司简称	违规行为发生年份	与最早违规行为的时间差（年）
2015	中科云网	2012、2014	4
	华锐风电	2011~2012	5
	皖江物流	2012、2013	4
	上海超日	2012	4
	青鸟华光	2008~2013	7
	承德大路	2010	6
2014	深圳海联讯	2009~2011	6
	南纺股份	2007~2011	8
	四海股份	2012	3
	宝硕股份	2001~2006	14
	华塑控股	2010	5
	莲花味精	2007~2009	8
	北生药业	2004~2006	11
	天丰节能	2010~2012	5
	康达新材	2012	3
	新中基	2006~2011	9
2013	新大地	2009~2011	5
	万福生科	2008~2011	6
	绿大地	2004~2009	10
	紫光古汉	2005~2008	9
2012	炎黄在线	2006	7
	华阳科技	2008	5
	海星科技	2007~2008	6
	彩虹精化	2010	3
	ST 天润	2009~2010	4
	亚星化学	2009~2010	4
	宏盛科技	2005、2006	4
2011	天目药业	2006~2009	6
	北海港	2005~2007	7
	ST 东碳	2009	3

续表

行政处罚公告年份	公司简称	违规行为发生年份	与最早违规行为的时间差（年）
2011	五粮液	2001、2004、2007、2009	11
	银河科技	2002~2005	10
	科达股份	2006~2009	6
	安妮股份	2005	7
	天海股份	2007~2009	5
	寰岛股份	2005~2007	7
	沧州化工	2000、2002、2004~2006	12

所以，提高监管机构的监管效率是保护投资者利益、规范公司会计信息行为的重要环节，这就要求证监会及时发现问题、解决问题。当然，从时间纵向上看，2011~2016年证监会对公司的处罚年份与最早涉案年份时间差较有缩短的趋势，这说明证监会正在逐步提升其监管效率，但是仍然有继续改进的必要。

4.3.2.2 会计信息违规行为的处罚力度有待加强

会计信息违规行为的主体包括企事业单位、中介机构和主要责任人员，对于违法的企事业单位、中介机构和主要责任人员进行处罚是处罚违法行为和防止违法行为的重要手段。从前文对财政部的会计信息质量检查公告的分析可以看到，对于会计信息质量问题的处罚主要是以行政处罚的方式。此处本书从证监会对有关上市公司会计信息披露违规行为的处罚来窥探监管部门对会计信息违规行为的处罚力度。本书选取部分违规上市公司和会计师事务所的处罚情况加以分析，统计结果如表4-5、表4-6所示。①

表4-5 2011~2016年部分公司违规处罚统计

公告年份	公司简称	处罚原因	公司受处罚情况	个人受处罚情况
2011	银河科技	虚增收入、虚增利润	警告，罚款50万元	对潘琦、姚国平、王国生、龙晓荣、徐宏军、赖永久给予警告，并分别处以30万元罚款；对顾勇彪、黄巨芳、林庆农给予警告，并分别处以20万元罚款；对邓乐平给予警告，并处以5万元罚款；对纳鹏杰、刘志彪、陈世福、梅生伟给予警告，并分别处以3万元罚款；对郭正确给予警告

① 数据来源于中国证监会网站。

续表

公告年份	公司简称	处罚原因	公司受处罚情况	个人受处罚情况
2011	安妮股份	虚增收入、虚增成本、虚增利润	警告，罚款 50 万元	对张杰给予警告，并处以 10 万元罚款；对林旭曦给予警告，并处以 20 万元罚款；对张慧给予警告，并处以 3 万元罚款；对杨秦涛给予警告，并处以 10 万元罚款
	科达股份	会计信息虚假	警告，罚款 60 万元	对刘双珉给予警告，并处以 30 万元罚款；对韩晓明给予警告，并处以 15 万元罚款；对潘相庆给予警告，并处以 10 万元罚款；对吕江、卢文纲、韩晓光给予警告，并分别处以 3 万元罚款；对姬光荣、赵军、袁东风、李树印、王树云、延新贵、孙明强给予警告
	五粮液	信息披露违法	警告，罚款 60 万元	对唐桥、王国春给予警告，并分别处以 25 万元罚款；对陈林、郑晚宾、彭智辅给予警告，并分别处以 10 万元罚款；对叶伟泉、刘中国、朱中玉给予警告，并分别处以 3 万元罚款
2012	亚星化学	大额非经营性资金未入账	警告、责令改正，罚款 50 万元	对陈华森给予警告，并处以 20 万元罚款；对张福涛、王志峰、汪波给予警告，并分别处以 5 万元罚款；对周建强、唐文军、刘建平、段晓光、鄢辉、周洋、韩俊生、王维盛、陈坚给予警告，并分别处以 3 万元罚款
	华阳科技	未及时披露信息	警告，罚款 30 万元	对刘敬路、闫新华给予警告，并分别处以 8 万元罚款；对范伟给予警告，并处以 5 万元罚款；对周忠、李德军、王开运、罗海章、高杰、李庆新、刘福军、宋东升、张辉玉、黄昌存给予警告，并分别处以 3 万元罚款
	炎黄在线	虚增收入	警告，罚款 30 万元	对王云给予警告，并处以 10 万元罚款；对何为民、陈晓峰、李世界给予警告，并分别处以 5 万元罚款
2013	万福生科	虚增利润	警告、责令改正，罚款 30 万元	对龚永福给予警告，并处以 30 万元罚款；对严平贵给予警告，并处以 25 万元罚款；对蒋建初、张行、杨荣华、肖德祥、邹丽娟、单杨、程云辉、刘炎溪、王湛浙、张苏江、文会清给予警告，并分别处以 20 万元罚款；对马海啸给予警告，并处以 15 万元罚款；对黄平、叶华、肖明清、肖力、李玉强给予警告，并分别处以 10 万元罚款；对杨满华给予警告，并处以 5 万元罚款

公告年份	公司简称	处罚原因	公司受处罚情况	个人受处罚情况
2013	新大地	虚构利润、虚增资产	警告，罚款60万元	对黄运江、凌梅兰给予警告，并分别处以30万元罚款；对凌洪、黄鲜露、赵罡给予警告，并分别处以20万元罚款；对樊和平、邱礼鸿、支晓强、何日胜、奚如春、马建华、陈增湘、林明华、李明、何敏给予警告，并分别处以15万元罚款
	紫光古汉	虚增利润	警告、责令改正，罚款50万元	对郭元林、刘箭给予警告，并分别处以15万元罚款；对李筱竑、兰学军、刘炳成给予警告，并分别处以3万元罚款；对曾巍巍、朱开悉给予警告
	绿大地	虚增收入、虚增资产	警告、责令改正，罚款60万元	对赵国权、胡虹、黎钢、钟佳富、普乐、罗孝银、谭焕珠、毛志明、徐云葵、陈德生给予警告，并分别处以30万元罚款；对郑亚光给予警告，并处以10万元罚款
2014	北生药业	虚假记载主营业务收入	警告，罚款60万元	对刘俊奕给予警告，并处以30万元罚款；对姚全、刘惠民、胡钢给予警告，并分别处以10万元罚款；对赵民给予警告，并处以3万元罚款
	华塑控股	少提坏账准备、未及时披露	警告，罚款40万元	对邢乐成、王苏给予警告，并分别处以10万元罚款；对李建生、刘永华、贾立兴、陈志、王友亭、柴磊、韩复龄给予警告，并分别处以3万元罚款；对戴飞给予警告，并处以5万元罚款
	四海股份	虚增货币资金、未及时披露	警告，罚款40万元	对濮黎明给予警告，并处以20万元罚款；对罗守伟给予警告，并处以15万元罚款
	新中基	虚增利润	警告，罚款40万元	对刘一给予警告，并处以30万元罚款；对吴光成给予警告，并处以20万元罚款；对侯守军、吴新安给予警告，并分别处以10万元罚款；对李方给予警告，并处以5万元罚款；对文勇、成屹给予警告，并分别处以3万元罚款
	南纺股份	虚构利润	警告，罚款50万元	给予单晓钟警告，并处以30万元罚款；给予丁杰、刘盛宁警告，并分别处以20万元罚款；给予杨京城、韩勇、赵万龙警告，并分别处以5万元罚款；给予郭素强、汪纯夫、徐康宁、杨忠、王开田、邱斌警告，并分别处以3万元罚款；胡海鸽、周发亮、陈山、王跃堂、黄伟中的责任已过行政处罚时效，按照《行政处罚法》的相关规定，不再给予行政处罚

续表

公告年份	公司简称	处罚原因	公司受处罚情况	个人受处罚情况
2015	皖江物流	虚增利润、未及时披露	警告，罚款 50 万元	对汪晓秀给予警告，并处以 30 万元罚款；对孔祥喜给予警告，并处以 10 万元罚款；对杨林、牛占奎、张孟邻、李非文、赖勇波、陈颖洲、卢太平、陈大铮、张永泰、江文革、张伟、艾强、杨学伟、李健、陈家喜、彭广月、程峥、于晓辰、毕泗斌、郑凯、吕觉人给予警告，并分别处以 3 万元罚款
	华锐风电	虚增利润	警告、责令改正，罚款 60 万元	对韩俊良给予警告，并处以 30 万元罚款；对陶刚、于建军、刘征奇、汪晓给予警告，并分别处以 30 万元罚款；对常运东、刘会、陆朝昌、王原、于国庆、张宁、张勇、赵鲁平、方红松给予警告，并分别处以 10 万元罚款
	青鸟华光	虚增利润、虚增营业收入	警告、责令改正，罚款 60 万元	对周燕军、许振东、徐祗祥给予警告，并分别处以 30 万元罚款；对侯琦、刘永进、于明、张永利给予警告，并分别处以 20 万元罚款；对刘世祯给予警告，并处以 15 万元罚款；对任松国、张永森、王龙彪、路志鸿、钱明杰给予警告，并分别处以 10 万元罚款；对郭瑜、陈梁给予警告
	超日股份	虚构收入、未及时披露	警告、责令改正，罚款 60 万元	对倪开禄、陶然、朱栋分别给予警告，并处以 30 万元罚款；对倪娜、刘铁龙、顾晨冬、庞乾骏、崔少梅、谢文杰分别给予警告，并处以 3 万元罚款
2016	大智慧	虚增利润	警告、责令改正，罚款 60 万元	对张长虹给予警告，并处以 30 万元罚款；对王玫、王日红给予警告，并分别处以 20 万元罚款；对洪榕、郭仁莉给予警告，并分别处以 10 万元罚款；对张婷、沈宇、林俊波、胡润、毛小威、宓秀瑜给予警告，并分别处以 5 万元罚款；对李皎予、申健、杨红伟给予警告，并分别处以 3 万元罚款
	现代农装	虚增利润	警告、责令改正，罚款 40 万元	对李树君、张海给予警告，并分别处以 5 万元罚款；对王燕飞、王智宇给予警告，并分别处以 3 万元罚款
	舜天船舶	虚增利润	警告、责令改正，罚款 60 万元	对王军民、曹春华给予警告，并分别处以 30 万元罚款；对李玖给予警告，并处以 20 万元罚款；对魏庆文、洪兴华、翁俊、姜志强给予警告，并分别处以 5 万元罚款；对倪炜、李心合、徐光华、叶树理、许苏明给予警告，并分别处以 3 万元罚款

续表

公告年份	公司简称	处罚原因	公司受处罚情况	个人受处罚情况
2016	亚太实业	虚减和虚增利润	警告,罚款60万元	对龚成辉给予警告,并处以30万元罚款;对张芳霞、陈罡、王金玉、马世虎给予警告,并分别处以10万元罚款;对安双荣、刘鹤年、张文生、李继彬、刘世诚、贾宏林、李志勇给予警告,并分别处以5万元罚款;对梁德根、刘钊、殷广智、蔡文浩、郑金铸给予警告,并分别处以3万元罚款;对冯建辉、常琰、李淑蓉、郑莉、王长征、兰秀金给予警告
	内蒙发展	重大遗漏	警告、责令改正,罚款40万元	对赵伟、马雅给予警告,并分别处以10万元罚款;对余静给予警告,并处以5万元罚款
	北大荒	虚增利润	警告,罚款50万元	对杨忠诚给予警告,并处于20万元罚款;对白石给予警告,并处以15万元罚款;对丁晓枫、刘艳明给予警告,并分别处以10万元罚款;对赵幸福、赵亚光给予警告,并分别处以5万元罚款;对刘长友、王贵、陶喜军、于金友、宋顺年、朱小平、于逸生、李一军、赵世君给予警告

　　从表4-5可以看出,证监会作为行政机关对上市公司会计信息违法违规行为所采取的主要是行政处罚,实施的行政处罚的种类主要包括责令改正、警告和罚款等行政处罚,而作为其中唯一的财产处罚,其最高金额仅为60万元。企业进行会计信息违法违规行为的主要目的往往是获取经济收益,而如此低额的罚款,相对于企业获取的违规收益,显然其违法成本是相当低的。从表4-6①可以看出,证券监管机构对会计师事务所和对注册会计师个人的处罚中,出现频率最高的是"警告"。孙晓梅和田文静在对2002~2007年证监会的处罚公告进行研究后发现,如果对注册会计师的违法行为处以较轻的处罚,则可能导致其因收益远大于风险而放任与被审计单位合谋的行为,丧失注册会计师的独立性。

---

　　①　数据来源于中国证监会网站。

表 4-6　2011~2016 年会计师事务所违规处罚统计

违规会计师事务所	处罚年份	证监会公告文号	涉及公司	处罚原因	处罚情况	
					事务所	个人
中兴华	2011	〔2011〕37 号	ST 方源	未勤勉尽责	责令改正,没收收入 100 万元	给予张学锋警告,罚款 5 万元;给予马克玉、黄忠利警告,罚款 3 万元
华寅所	2011	〔2011〕20 号	银河科技	未勤勉尽责,发表不当审计意见	警告,没收收入 40 万元	对刘文俊、黄贻帅各处 10 万元罚款
正源和信息所	2012	〔2012〕17 号	亚星化学	未勤勉尽责,发表不当审计意见	责令改正,没收收入 35 万元,一倍罚款	给予刘守堂、贺业政警告,各处 3 万元罚款
中磊所	2013	〔2013〕49 号、52 号	万福生科	IPO 审计失败	责令改正,没收收入 98 万元,两倍罚款;撤销证券服务业许可	给予王越、黄国华警告,各处 10 万元罚款
利安达所	2012	2012〔35〕	华阳科技	未勤勉尽责,出具的审计报告存在虚假记载	责令改正,没收收入 70 万元	给予李耀堂、黄丽华、孙莉、王晓波警告,各处 3 万元罚款
	2014	2014〔21〕	天丰节能	未勤勉尽责,出具的审计报告存在虚假记载	对利安达没收业务收入 60 万元,并处以 120 万元罚款	对黄程、温京辉给予警告,并分别处以 10 万元罚款;对汪国海给予警告,并处以 8 万元罚款
	2015	2015〔67〕	华锐风电	未勤勉尽责,出具的审计报告存在虚假记载	责令改正,没收收入 95 万元,一倍罚款	给予王伟、温京辉警告,各处 10 万元罚款
	2016	2016〔20〕	赛迪传媒	未勤勉尽责,出具的审计报告存在虚假记载	没收利安达业务收入 35 万元,并处以 35 万元罚款	对汪应华、雷波涛给予警告,并分别处以 5 万元罚款

续表

违规会计师事务所	处罚年份	证监会公告文号	涉及公司	处罚原因	处罚情况	
					事务所	个人
大信所	2013	〔2013〕45号	天能科技	IPO审计失败	没收收入60万元,一倍罚款	给予胡小黑警告,罚款10万元;吴国民警告,罚款5万元
大华所	2013	〔2013〕54号	新大地	IPO审计失败	没收收入90万元,一倍罚款	给予王海滨警告,罚款10万元;刘春奎警告,罚款5万元
鹏城所	2013	〔2013〕27号、26号	新大地	未勤勉尽责,出具的审计报告存在虚假记载	没收收入60万元,一倍罚款;撤销证券服务业务许可	给予姚国勇、廖福澍警告,各处10万元罚款
	2014	〔2014〕96号	北生药业	未勤勉尽责,出具的审计报告存在虚假记载	警告	给予桑涛、徐凌警告
华安所	2014	〔2014〕79号	宝硕股份	未勤勉尽责	没收华安所违法所得927090元,并处以927090元罚款	对齐正华处以20万元罚款;对李钰、王飞、艾廷生分别处以10万元罚款
亚太所	2014	〔2014〕52号	莲花味精	未勤勉尽责,出具的审计报告存在虚假记载	警告,没收收入132万元,一倍罚款	给予秦喜胜警告,4万元罚款;赵强警告,3万元罚款;张向红警告
立信所	2016	〔2016〕89号	大智慧	未勤勉尽责	责令立信所改正违法行为,没收业务收入70万元,并处以210万元罚款	对姜维杰、葛勤给予警告,并分别处以10万元罚款
光华所	2016	〔2016〕92号	欣泰电气	未勤勉尽责,出具的审计报告存在虚假记载	责令改正,没收入322.44万元,三倍罚款	给予杨轶辉、王全洲警告,各处10万元罚款

4.3.2.3　会计师事务所审计的合规性有待提升

会计师事务所是对会计信息质量进行审计,保证会计信息质量的重要环节,是维护证券市场秩序的重要组成部分,如果会计师事务所不能尽职尽责,包庇上市公司违规行为,就会扰乱市场秩序。从表4-6可以看出,中国证监会所查处的企业违法案件中每年都有会计师事务所违规审计受到行政处罚,更有甚者,屡罚屡犯,连年违规①。这反映了我国会计师事务所的审计风险是相当高的,也体现出我国部分注册会计师的职业素质和专业能力亟待提高,对注册会计师行业加强监管、提升其审计业务的合规性要求显得非常重要。

4.3.2.4　行政处罚的法律依据较为单一

表4-7是2016年部分公司因会计信息披露存在虚假而被证监会处以行政处罚的原因和处罚依据。从处罚依据中我们可以看到,对于会计信息违规行为,证监会作为监管部门,主要的处罚依据是《证券法》,而《会计法》等规范会计行为的法律并没有成为处罚的依据,对违法行为的处罚依据较为单一。这一现象显现出我国的《会计法》等规范会计行为的法律在会计信息监管上的法律威慑力有待加强。

表4-7　2016年证监会处罚部分上市公司的原因及依据

被处罚公司	被处罚原因	处罚依据
现代农装	年报虚增利润,未充分披露信息	《证券法》第193条第1款
舜天船舶	年报财务数据不实	《证券法》第193条第1款
振隆特产	招股说明书存在虚假财务数据	《证券法》第193条第1款
北大荒	年报财务数据虚假	《证券法》第193条第1款
连城兰花	财务数据造假	《证券法》第193条第1款
福建金森	《重大资产重组方案报告书(草案)》中存在会计信息虚假记载	《证券法》第193条第1款
大智慧	年报财务数据虚假	《证券法》第193条第1款
欣泰电气	IPO申请文件中相关财务数据存在虚假记载、上市后披露的定期报告中存在虚假记载和重大遗漏	《证券法》第189条、第193条第1款
参仙源	年报财务数据虚假	《证券法》第193条第1款

①　以利安达会计师事务所为例,在2012年、2014年、2015年接连违规出具不当审计报告的情况下,并未停止违规,在2016年又接连审计两家上市公司都未能勤勉尽责。

被处罚公司	被处罚原因	处罚依据
内蒙发展	年度报告未披露真实的应付票据金额	《证券法》第 193 条第 1 款
步森股份	《重大资产重组报告书（草案）》财务数据虚假	《证券法》第 193 条第 1 款
康华农业	《重大资产重组报告书（草案）》财务数据虚假	《证券发》第 193 条第 1 款
亚太实业	年报财务数据虚假	《证券法》第 193 条第 1 款

资料来源：中国证监会网站。

4.4　我国会计信息监管法律制度存在的问题

前面通过大量的会计信息违法违规现象的统计数据，对会计信息监管法律制度的运行效果作了一定的佐证。我们发现，虽然我国会计信息监管法律制度已经建立了一套较完整的体系，监管法律制度也不断地在修改、完善，但是在我国市场经济的运行中，会计信息质量还需要进一步提高。完善的会计规范、健全的注册会计师审计和严厉的虚假陈述惩戒是保证会计信息质量不可缺少的三个环节。为了更好地保证会计信息的供给，有必要对我国会计信息监管法律制度本身存在的问题进行反思。

4.4.1　会计信息监管主体设置多头监管问题突出

为了提高会计信息质量，我国法律赋予了多个部门会计信息监督管理的权力。《会计法》[①]第三十三条就规定了财政、审计、税务、人民银行、证券监管、保险监管等部门都有权依据法律法规的规定对有关单位的会计资料实施监督检查，各个监管部门从各自的职能出发行使监管[②]。在这样政出多门的会计信息监管下，

---

　　①　参见《中华人民共和国会计法》（2017 年修正）。
　　②　税务部门检查纳税人的会计资料是为了了解纳税人的纳税情况；人民银行检查商业银行的会计资料是为了履行金融监管职责和贯彻国家货币政策；审计部门检查国有单位的会计资料是为了了解财政资金收支和国有资产的保值增值情况；保险监督部门对保险公司会计资料的检查是为了控制保险业的经营风险；财政部门主管全国的会计工作；证券监管部门实行对证券市场的统一管理。

据毕秀玲所作的问卷调查,35家上市公司在一年内接受了254次来自不同监管部门的监督检查,数量之多,令人震惊。各个部门由于有各自的部门利益,在行使监管权时往往很难与其他部门进行协调,甚至可能为了部门利益去争夺监管权,结果是争相出台各种监管规定。这种以部门分权为基础的会计信息监管主体的设置,其结果是各部门间争权,不仅不能形成监管合力,反而使监管权在相互争夺中弱化。同时,各个部门为了履行法律规定的职责而实施的会计信息监管很难做到不重复。税务机关在检查纳税人的纳税情况时主要是对会计资料中的成本、费用、收入等记录的真实性进行查验;银行在对企业的贷款项目进行审核时也主要是检查这些项目,审计部门在检查国有资产的保值增值时上述内容也是主要的检查项目。调查显示,各部门的重复检查比例高达80%。曲晓辉、李明辉早就提出会计监管部门的多头执法、重复处罚以及会计法律规范体系相互关系不明等问题制约了会计法律规范体系发挥作用。毕秀玲提出我国政府会计监管组织机制存在缺陷,但这个问题一直并未得到解决。

　　会计信息监管权力的这种部门设置缺陷最明显反映在财政部和证监会的监管权的设置上。证券市场的发展程度标志着一个国家经济的发展状况,我国从20世纪90年代开始一直大力发展证券市场,在证券市场的投资者开户数从1999年的4810.6万户到2010年的15761.68万户,上市公司从1999年的949家增加到2010年的2063家,证券市场的规模呈加速扩大的趋势,截至2017年2月22日,我国沪深证券市场上市公司合计达3136家,总流通市值达到415957亿元。[①]证券市场是以信息披露制度为基础的,对会计信息的监管在证券市场中具有极其重要的作用。根据《证券法》第七条的规定,我国证券市场的会计信息监管由证监会负责,证监会制定证券市场的会计信息披露制度,在证券市场上交易的公司都必须依法披露有关的会计信息。但是,披露的会计信息都是以会计准则作为基础的,在证券市场上对公司要求披露的定期报告、招股说明书、上市公告等文件中所涉及的会计信息都是按会计准则要求生成的。会计准则通过规范企业会计核算来规范会计信息披露的内容,以保证投资者可以获取真实、完整、合法的对决策有用的会计信息。会计准则是对会计信息质量的保障,高质量的会计信息才可以保证高质量的会计信息披露。因此,从这个角度上讲,会计准则和会计信息披露规则在目标、原则等内涵问题上应该保持统一。在美国,SEC作为证券市场监管机构,既掌握会计信息披露准则的制定权,同时又对会计准则的制定拥有监督和

---

　　① 数据来源于 http://www.qqjjsj.com/gpsj/158386.html。

否定的权力。然而,我国的《会计法》第八条规定,我国统一的会计制度由财政部依照《会计法》制定并公布,也就是说,我国会计准则的制定机关为财政部。而证券市场的会计信息披露规则的制定机关是证监会。财政部和证监会都是国务院下设的同级政府机构,各自在国务院的领导下承担各自的机构职能。证监会的职能要求其对证券市场进行统一监管,《证券法》也从法律上对证监会的这一职能作了法律上的确认,基于证监会对证券市场的统一监管作用,证券市场的会计信息监管就应遵从证券市场的投资者保护的监管目标,以投资者保护的角度来对会计信息的生成和披露进行规范,当然就包括会计准则和会计披露规范在目标、原则上要统一为投资者保护。而财政部一度代表政府管理国有资产,这使其制定的准则常偏重于国有资产的保值增值,而忽视了资本市场其他投资者的利益。《会计法》的“财政部主管全国的会计工作”以及“财政部制定国家统一会计制度”的规定也是对证监会统一监管会计信息的反驳。财政部和证监会的职能差异势必使部门间协调成本加大,使会计信息监管的两个重要法律规范——会计准则和会计披露规则之间存在差异,从而给上市公司的监管带来障碍。2001 年财政部与证监会对 ST 深华源事件的处理正体现出在证券市场的监管上财政部和证监会在会计准则问题上的矛盾所带来的监管低效。因此,监管主体及其监管权的设计是影响会计信息监管的因素,也是我国目前会计信息监管存在的重大问题。

4.4.2 会计信息监管法律间存在不协调

在我国的会计信息监管法律体系中,《会计法》与《公司法》《证券法》《注册会计师法》等是平行的法律分支,具有相同的法律地位。《会计法》及其统率的会计准则体系主要规范会计信息加工的行为;《证券法》和《公司法》及其统率的会计信息披露准则体系主要规范会计信息披露行为;《注册会计师法》及其统率的注册会计师审计准则体系主要规范会计信息的审计行为。由于我国财政部主要负责会计信息加工和审计的监管,证监会主要负责会计信息披露的监管,财政部与证监管的监管权的分割使其各自制定的监管领域内的会计信息监管法律法规在缺乏协调的情况下独成体系,难免在某些规定上出现不一致性。

4.4.2.1 法律规范间存在语言表述上的差异

会计信息监管法律制度要成为一个系统的法律规范体系,应是以统一的法律概念为基础的,与会计信息有关的法律规范间的法律概念表述一致是法律制度体系化、规范化的基础。但是,我国各个部门法代表的部门利益不同,导致法律规范之间表述不同、概念不一致的现象较多,主要表现在以下两个方面:

（1）涉及法律责任的相关法规中,对法律责任人的表述存在较大差异。如表4-8所示,在不同法律对法律责任人的规定中,对于谁是承担会计法律责任的人由于表述不一而并不明确。对于《刑法》和《证券法》《公司法》中规定的法律责任人是否包括单位负责人存在分歧。如果包括,则《会计法》专门对单位负责人解释似乎不太必要;如果不包括,那么则与《会计法》不一致。另外,最高人民法院的若干规定又与《会计法》《证券法》《公司法》《刑法》的表述差异较大。

表 4-8　相关法律对法律责任人的表述差异列举

法律名称	法条依据	对法律责任人的表述
《会计法》	第四条	单位责任人
	第四十二至四十四条、第四十六条	单位责任人、对其直接负责的主管人员和其他直接责任人员
	第五十条	单位负责人,是指单位法定代表人或者法律、行政法规规定代表单位行使职权的主要负责人
《刑法》	第一百六十至一百六十二条	直接负责的主管人员和其他直接责任人员
《证券法》	第一百九十三条	直接负责的主管人员和其他直接责任人员
《公司法》	第二百零二条	直接负责的主管人员和其他直接责任人员
《最高人民法院关于审理证券市场因虚假陈述引发的民事赔偿案件的若干规定》	第二十一条、第二十三条	发行人、上市公司负有责任的董事、监事和经理等高级管理人员

（2）对会计信息质量要求的表述不一致。对于企事业单位和注册会计师提供的会计信息,不同的法律规范都对真实性作了同样的要求,但具体表述却不一致。《会计法》强调会计资料的真实、完整,不得提供虚假的会计报表。《公司法》则规定“不得在法定的会计账册以外另立会计账册”“不得向股东和社会公众提供虚假的或者隐瞒重要事实的财务会计报告”;《注册会计师法》强调对“故意出具虚假的审计报告、验资报告”的行为追究刑事责任;《证券法》对于会计文件的要求是不得“存在虚假记载、误导性陈述或者有重大遗漏”,保持“真实、准确、完整”;《刑法》对会计信息违法行为进行刑事处罚时着重于对股东向社会公众提供的财务会计报告的“虚假或者隐瞒重要事实”的认定以及对“资产负债表或者财产清单作虚伪记载”的认定。这些在各种法律规范中似乎相近的概念表述表现出了会计界和法律界对会计信息质量标准认识的差异,也导致在对具体违法行为进

行处罚时出现会计界和法律界的分歧。

4.4.2.2 对同一违法事项法律规范间的执法标准尺度的不统一

从表4-9中列举的同一法律位阶的各种法律对同一种会计信息违规行为的处罚规定可以看到,各种法律规范对同一违法事项的处罚尺度不一致,处罚标准不同,而且分属不同的行政机关,在责任主体的表述上也存在差异。当这种不协调存在于对违法行为的处罚规定里,就会导致执法人员在对同一事项进行处罚时可能出现两种不同的结果,或是让执法人员在判案时无所适从,或是不同的执法人员依据不同的法律对同一会计违法事项的执法结果相差极大,甚至有可能出现同一会计违法行为受到不同执法部门依照不同法律多次处罚的情形,这与《行政处罚法》"一事不再罚"的原则冲突。对于同一违法行为的处罚力度不同,承担责任大小不同,其实质就是对市场主体的不公平,从而减弱法律的威信,还会使市场主体对法律有"空子"可钻。

表4-9 不同法律规范间对同一违法事项的处罚差异列举

规范内容	法律名称	法条内容
对虚假会计信息处罚的规定	《会计法》	第四十三条:伪造、变造会计凭证、会计账簿,编制虚假财务会计报告,构成犯罪的,依法追究刑事责任。有前款行为,尚不构成犯罪的,由县级以上人民政府财政部门予以通报,可以对单位处五千元以上十万元以下的罚款;对其直接负责的主管人员和其他直接责任人员,可以处三千元以上五万元以下的罚款;属于国家工作人员的,还应当由其所在单位或者有关单位依法给予撤职直至开除的行政处分;对其中的会计人员,由县级以上人民政府财政部门吊销会计从业资格证书
	《证券法》	第一百九十三条第一、第二款规定:发行人、上市公司或者其他信息披露义务人未按照规定披露信息,或者所披露的信息有虚假记载、误导性陈述或者重大遗漏的,责令改正,给予警告,并处以三十万元以上六十万元以下的罚款。对直接负责的主管人员和其他直接责任人员给予警告,并处以三万元以上三十万元以下的罚款。发行人、上市公司或者其他信息披露义务人未按照规定报送有关报告,或者报送的报告有虚假记载、误导性陈述或者重大遗漏的,责令改正,给予警告,并处以三十万元以上六十万元以下的罚款。对直接负责的主管人员和其他直接责任人员给予警告,并处以三万元以上三十万元以下的罚款 第二百三十二条:违反本法规定,应当承担民事赔偿责任和缴纳罚款、罚金,其财产不足以同时支付时,先承担民事赔偿责任

续表

规范内容	法律名称	法条内容
对虚假会计信息处罚的规定	《公司法》	第二百零二条:公司在依法向有关主管部门提供的财务会计报告等材料上作虚假记载或者隐瞒重要事实的,由有关主管部门对直接负责的主管人员和其他直接责任人员处以三万元以上三十万元以下的罚款 第二百一十五条:公司违反本法规定,应当承担民事赔偿责任和缴纳罚款、罚金的,其财产不足以支付时,先承担民事赔偿责任
对隐匿、销毁会计文件的处罚	《会计法》	第四十四条:隐匿或者故意销毁依法应当保存会计凭证、会计账簿、财务会计报告,构成犯罪的,依法追究刑事责任。有关款行为,尚不构成犯罪的,由县级以上人民政府财政部门予以通报,可以对单位并处五千元以上十万元以下的罚款;对其直接负责的主管人员和其他直接责任人员,可以处三千元以上五万元以下的罚款;属于国家工作人员的,还应当由其所在单位或者有关单位依法给予撤职直至开除的行政处分;其中的会计人员,五年内不得从事会计工作 第四十五条:授意、指使、强令会计机构、会计人员及其他人员伪造、变造会计凭证、会计账簿,编制虚假财务会计报告或者隐匿、故意销毁依法应当保的会计凭证、会计账簿、财务会计报告,构成犯罪的,依法追究刑事责任;尚不构成犯罪的,可以处五千元以上五万元以下的罚款;属于国家工作人员的,还应当由其所在单位或者有关单位依法给予降级、撤职、开除的行政处分
	《刑法》	第一百六十二条:企业、公司在进行清算时,若存在未清偿债务前分配企业、公司财产,虚伪记载财产清单、资产负债表,隐匿财产的行为,对于债权人的利益造成了严重损害的,应该对直接负责的人员进行拘役或者判刑(五年以下),并且给予企业、公司一定金额的罚款(两万元以上二十万元以下);对于故意销毁、隐匿依法应当保存的财务会计报告、会计账簿、会计凭证的,若情节严重,那么应该对直接负责的人员进行拘役或者判刑(五年以下),并且给予企业、公司一定金额的罚款(两万元以上二十万元以下)
对单位负责人打击报复会计人员的违法行为的处罚	《会计法》	第四十六条:单位负责人对依法履行职责、抵制违反本法规定行为的会计人员以降级、撤职、调离工作岗位、解聘或者开除等方式实行打击报复,构成犯罪的,依法追究刑事责任;尚不构成犯罪的,由其所在单位或者有关单位依法给予行政处分。对受打击报复的会计人员,应当恢复其名誉和原有职务、级别
	《刑法》	第二百五十五条:团体、机关、事业单位、企业、公司的单位领导人,对抵制违反统计法、会计法行为,依法履行职责的统计人员、会计人员实行打击报复,若情节极为恶劣,那么应该拘役或者给予有期徒刑(三年以下)

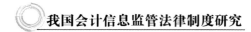
续表

规范内容	法律名称	法条内容
对注册会计师违法行为的处罚	《注册会计法》	第三十九条第四款:会计师事务所、注册会计师违反本法第二十条、第二十一条的规定,故意出具虚假的审计报告、验资报告、构成犯罪的,依法追究刑事责任
	《刑法》	第二百二十九条:承担资产评估、验资、验证、会计、审计、法律服务等职责的中介组织的人员故意提供虚假证明文件,情节严重,处五年以下有期徒刑或者拘役,并处罚金。前款规定的人员,索取他人财物或者非法收受他人财物,犯前款罪的,处五年以上十年以下有期徒刑,并处罚金。第一款规定的人员,严重不负责任,出具的证明文件有重大失实,造成严重后果的,处三年以下有期徒刑或者拘役,并处或者单处罚金

4.4.3 "重行政轻民事"导致违法成本低

我国会计信息监管相关法律制度都对会计信息法律责任问题进行了规范,主要的会计法律责任形式有行政责任、刑事责任和民事责任。由于我国资本市场建立时间不长,因此在会计信息法律责任的立法上存在明显的不完善,表现出十分明显的"重行政处罚轻民事赔偿,刑事处罚难以落实"的特征,导致"行政责任明确,刑事责任无据,民事责任缺乏可操作性"的会计信息法律责任的立法现实。从表4-10中可以看出,我国法律规范中对行政责任和刑事责任着笔较多,而民事责任内容则较粗略,在主要的会计信息监管法律中都有行政法律责任的规定,另外在《报告条例》中也有对会计信息法律责任进行规定,可见,行政责任在我国会计信息法律制度中是一种最普遍的责任形式。

表4-10 主要会计信息监管法律中的法律责任

法律规范 法律责任	《会计法》	《公司法》	《证券法》	《注册会计师法》	《刑法》	《报告条例》
行政责任	√	√	√	√		√
刑事责任	√	√	√	√	√	√
民事责任		√	√	√		

我国的会计信息行政责任主要体现于制定的规定和法律实践两个方面。表4-11是对我国主要会计信息法律中有关会计信息行政法律责任规定的列举。在

实践中,我国会计信息监管习惯用行政处罚对会计信息违规行为进行惩处。近年来,证监会对会计欺诈的处罚手段多用罚款。李若山认为,我国会计法规体系重视行政和刑事责任而轻民事责任,助长了会计人员的冒险意识并降低了会计信息质量。我国目前的会计法律责任,体现出"重行政责任,轻民事责任"的特点,法律中关于会计民事责任的规定相当少,一旦发生会计信息违法案件,其法律责任重在惩罚,不重视对投资者的赔偿,即使加大处罚力度,也主要是追究主要责任人员的刑事责任。另外,财政部作为全国会计工作的主管部门,每年要对企事业和会计师事务所进行检查,可以看出,我国会计信息监管法律责任的追究主要通过行政部门行使行政权力并以行政责任处罚为主。① 另外,处罚方式弹性跨度大,给行政机关更大的自由裁量权。例如,对公司高管罚款 3 万~30 万元都在法律规定的范围。这样的法律规定造成同样的违法行为所受处罚不同。再如,在具体案例中,同时伙同政府部门和中介机构会计造假上市的东方锅炉和大庆联谊②, 对两家的高管、事务所和注册会计师的处罚差异很大。行政机关自由裁量权过大,如果加上监管过程不透明,则很容易使监管部门失去投资者的信赖。目前对会计信息违法行为主要以行政责任为主的责任承担形式显然威慑力有限。

表 4-11　主要会计信息监管法律的会计信息行政法律责任的规定

法律名称	涉及行政责任的法律条款	会计信息责任主体	主要责任形式
合计法	第四十二条、第四十三条、第四十五条	单位	通报、罚款
		个人	罚款
注册会计师法	第三十九条	会计师事务所	警告、没收违法所得、罚款、暂停或撤销
		注册会计师	警告、暂停执行业务或吊销执业证书罚款
公司法	第二百零二条	个人	罚款

① 具体数据见表 4-10、表 4-11。
② 东方锅炉编造虚假文件、虚增利润的行为,仅对东方锅炉公司处以警告(参见中国证监会 1999 年 9 月 25 日颁布的"关于东方锅炉集团股份有限公司违反证券法规行为的处罚决定");大庆联谊因虚增利润的行为对大庆联谊公司处以警告,并对 8 名董事进行了罚款,责令收回在六个月内募集的资金 48000 万元(参见证监罚字〔2000〕16 号)。

续表

法律名称	涉及行政责任的法律条款	会计信息责任主体	主要责任形式
证券法	第一百八十九条、第一百九十一条、第一百九十二条、第一百九十三条	单位	责令改正、警告、罚款；对保荐人可以暂停或撤销相关业务许可
		个人	警告、罚款；对保荐人可以撤销任职资格或证券从业资格

表4-12对我国主要会计信息监管法律规范中会计信息民事法律责任的规定进行了列举。从表4-12中可以看到：第一，作为会计工作最重要的基本法律，《会计法》并没有对民事责任进行规定，这反映出我国会计领域的法律责任对于民事手段私法利益的保护并没有给予太多的重视。第二，《注册会计师法》《证券法》虽然有规定，但涉及条文甚少。首先，对民事法律责任主体的范围规定较窄，主要涉及上市公司，而非上市公司等其他会计主体并未涉及，只是在《非上市公众公司监督管理办法》的法律责任部分用"依照《证券法》规定"来规定。其次，在会计信息从生成到审计再到披露的过程中会有许多人参与，但是我国对于不同环节的参与人员的责任如何划分并不明确。最后，对于会计信息民事责任的归责原则和责任性质都没有很清晰地规定，因而给司法机关以很大的裁量空间。第三，在会计信息民事责任的认定和处罚中司法解释起了非常重要的作用，甚至可以说我国会计信息民事责任制度是司法解释建立起来的，最高法院就会计信息的民事责任问题出台了数个司法解释。司法解释有效地填补了我国法律对民事责任规定的欠缺。但是，最高人民法院的司法解释主要针对证券市场的虚假陈述的民事法律责任问题，并将行政处罚和刑事处罚作为人民法院受理民事赔偿案件的前置条件，这从一定程度上也加大了会计信息民事责任适用的难度。在证券市场建立初期，法院较少会追究虚假会计信息的民事责任，后来随着会计信息造假给投资者和市场造成的损失越来越大，最高人民法院才开始明确司法机关对证券市场民事案件的介入，但总的说来投资者的民事赔偿请求仍步履艰难。

表4-12　主要会计信息监管法律的会计信息民事法律责任的规定

法律规范名称	涉及民事法律责任的条文	民事法律责任主体	民事法律责任对象
《注册会计师法》	第四十二条	会计师事务所	委托人、其他利害关系人

法律规范名称	涉及民事法律责任的条文	民事法律责任主体	民事法律责任对象
《证券法》	第六十九条	发行人、上市公司及其董事、监事、高管和其他直接责任人以及保荐人、承销的证券公司、发行人、上市公司的控股股东、实际控制人	受损失投资者及他人
《公司法》	第 二 百 零 八条	承担资产评估、验资或者验证机构	受损失债权人
《关于审理证券市场因虚假陈述引发的民事赔偿案件的若干规定》		证券信息披露义务人	证券市场上从事证券认购和交易的自然人、法人或者其他组织
《关于受理证券市场因虚假陈述引发的民事侵权纠纷案件有关问题的通知》		证券信息披露义务人	受损失投资人
《关于审理涉及会计师事务所在审计业务活动中民事侵权赔偿案件的若干规定》		会计师事务所	受损失的利害关系人

　　如表 4-13 所示，我国《刑法》中有关会计信息虚假披露的罪名并不多，《刑法》对会计信息质量的保护还存在以下问题：第一，《会计法》中有关刑事责任的规定并没有在《刑法》中得到相应的呼应。《刑法》关于会计信息的规定多是作为其他犯罪的犯罪情节、手段来追究刑事责任的，少有单独对生成和披露虚假会计信息的行为加以规定。第二，相对于虚假会计信息对社会造成的严重经济后果，《刑法》中与虚假会计信息有关的刑事责任过轻，有违罪刑相适应的原则。美国的萨班斯法案中规定，如果上市公司提供不实财务报告，那么签署了宣示财务报告真实性的保证文件的上市公司首席执行官和首席财务官则可能不仅被追回因虚假账务报告而获得的利益，还可能面临 10 年或 20 年的监禁。第三，我国《刑法》在对与会计信息虚假披露有关的罪名的罪与非罪的规定上，多是一些"数额巨大""后果严重""情节严重"等表述，给定罪量刑带来了一定的难度，也使刑事判断和法律执行的主观性较强。由于我国《刑法》对会计信息虚假披露犯罪的规定具有以上缺陷，因此《刑法》对会计信息

的保护还有待得到进一步重视。

表 4-13　我国《刑法》与会计信息直接有关的罪名

法条	罪名	具体内容
《刑法》第一百五十八条	虚报注册资本罪	申请公司登记使用虚假证明文件或者采取其他欺诈手段虚报注册资本，欺骗公司登记主管部门，取得公司登记，虚报注册资本数额巨大、后果严重或者有其他严重情节的，处三年以下有期徒刑或者拘役，并处或者单处虚报注册资本金额百分之一以上百分之五以下罚金
《刑法》第一百六十条	欺诈发行股票、债券罪	在招股说明书、认股书、公司、企业债券募集办法中隐瞒重要事实或者编造重大虚假内容，发行股票或者公司、企业债券，数额巨大、后果严重或者有其他严重情节的，处五年以下有期徒刑或者拘役，并处或者单处非法募集资金金额百分之一以上百分之五以下罚金。单位犯前款罪的，对单位判处罚金，并对其直接负责的主管人员和其他直接责任人员，处五年以下有期徒刑或者拘役
《刑法》第一百六十一条	违规披露、不披露重要信息罪	依法负有信息披露义务的公司、企业向股东和社会公众提供虚假的或者隐瞒重要事实的财务会计报告，或者对依法应当披露的其他重要信息不按照规定披露，严重损害股东或者其他人利益，或者有其他严重情节的，对其直接负责的主管人员和其他直接责任人员，处三年以下有期徒刑或者拘役，并处或者单处二万元以上二十万元以下罚金
《刑法》第一百六十二条之一	隐匿、故意销毁会计凭证、会计账簿、财务会计报告罪	隐匿或者故意销毁依法应当保存的会计凭证、会计账簿、财务会计报告，情节严重的，处五年以下有期徒刑或者拘役，并处或者单处二万元以上二十万元以下罚金。单位犯前款罪的，对单位判处罚金，并对其直接负责的主管人员和其他直接责任人员，依照前款的规定处罚
《刑法》第二百二十九条	提供虚假证明文件罪；出具证明文件重大失实罪	承担资产评估、验资、验证、会计、审计、法律服务等职责的中介组织的人员故意提供虚假证明文件，情节严重的，处五年以下有期徒刑或者拘役，并处罚金。前款规定的人员，索取他人财物或者非法收受他人财物，犯前款罪的，处五年以上十年以下有期徒刑，并处罚金。第一款规定的人员，严重不负责任，出具的证明文件有重大失实，造成严重后果的，处三年以下有期徒刑或者拘役，并处或者单处罚金
《刑法》第二百二十九条	出具证明文件重大失实罪	刑法第二百二十九条第一款规定的人员，严重不负责任，出具的证明文件有重大失实，造成严重后果的，处三年以下有期徒刑或者拘役，并处或者单处罚金

续表

法条	罪名	具体内容
《刑法》第二百五十五条	打击报复会计、统计人员罪	公司、企业、事业单位、机关、团体的领导人，对依法履行职责、抵制违反会计法、统计法行为的会计、统计人员实行打击报复，情节恶劣的，处三年以下有期徒刑或者拘役

4.4.4　法律的部分内容需进一步完善

我国从重新建立会计信息监管法律制度到今天，已经有四十年的历史，在这期间我国顺应时代发展和社会进步对会计信息监管法律制度进行了与时俱进的修改，但是在立法上仍然存在着滞后性。特别是随着 2006 年我国新的《企业会计准则》的发布和 2008 年我国企业内部控制规范的出台，以及最近几年大数据、云计算等计算技术在会计信息生成领域的应用，会计实务正在不断地创新。《会计法》《注册会计师法》和《证券法》作为统领会计信息监管法律的三部最重要的法律，其是否可以跟上时代变革的步伐是实现会计信息监管法律制度制定目标的重要保障。因此，本部分主要就《会计法》《注册会计法》和《证券法》在会计信息监管上存在的问题进行分析，当基础法律的内容适应新形势的发展，其他以其为基础制定的行政法规和部门规章就有了完善的指引和导向。

4.4.4.1　《会计法》在会计信息监管方面的缺陷

我国现行《会计法》于 1985 年颁布以来经历多次修改，最近一次修订是在 2017 年。《会计法》在规范会计行为、保证会计信息质量、维护社会经济秩序和推动社会主义法治进程中发挥了重要的作用。然而，近几年社会发展迅猛，经济、技术等方面对会计的影响迅速加大，使会计工作出现了一些新情况和新问题。虽然 2017 年《会计法》才进行了修订，主要是为了纠正以前的用人单位唯会计从业证论，而不管持有会计从业证的人员是否具备会计工作能力，于是在《会计法》中将涉及"从业资格"的条文修改为"具有专业能力、遵守职业道德"，并且将"吊销会计从业资格证书"修改为"不得从事会计工作"，而财政部也发文从新《会计法》生效之日起取消会计从业资格证书。这说明我国新《会计法》将监管从过去的管"证"扩大到了管"人"。但是即使如此，其修改内容仍十分有限。对于会计工作在新时期出现的新情况和新问题在立法中并未涉及和解决，其部分内容对于新形势已不再适应。

财政部与中南财经政法大学在合作完成的省部共建联合研究课题"《中华

人民共和国会计法》修订相关问题研究"中就现行《会计法》实施中存在的问题及修订方向进行了问卷调查①。问卷调查的结果反映出，被调查者认为《会计法》在其会计工作中的影响并不大，以至于只有 65.27% 的被调查者熟悉《会计法》的整体内容；被调查者还就《会计法》的具体规范内容的总则、会计核算、会计监督、会计机构和会计人员法律责任五个方面做出了评价。根据此次课题组对全国会计人员针对《会计法》的网络问卷调查的结果，以及结合《会计法》在会计信息监管中所发挥的作用，本书认为我国现行《会计法》主要存在以下两个方面的问题：

（1）《会计法》的法律定位不明确，威慑力与约束力不够。我国《会计法》作为其他会计法规、制度的制定依据处于会计法律体系的"金字塔"的顶层，会计工作必须以《会计法》作为指导日常工作的最高准则。我国《会计法》之下的其他会计法规，包括国务院颁布的行政法规、财政部颁布的部门规章及各地方政府发布的与会计有关的规范性文件，这些会计法规主要是依据《会计法》对具体的会计工作进行规范。而我国《会计法》在第二章"会计核算"规定得比较具体，许多学者②认为《会计法》作为处于会计法规塔尖的法律不应该规定得过于具体。同时，《会计法》中对于会计违法行为的处罚力度在当前的社会经济发展的现状下明显偏轻，而且整部法律只有行政责任和刑事责任的规定，缺乏民事责任，没有建立完善的会计法律责任体系，难以真正发挥法律的惩罚功能。

另外，学者张苏彤曾对《会计法》在法院裁判文书中作为法律依据的情况进行了检索，检索结果发现，在截至 2017 年 9 月 20 日的中国裁判文书网上收录的 37591688 个案例中，《会计法》仅在其中的 472 个案例中被作为法律依据，占比 0.00114%，可见其在法院裁判中的影响力几乎为零。另外，他通过百度指数对社会公众的《会计法》的搜索情况进行了统计，发现社会公众对《会计法》的关注度和查阅度明显小于《公司法》等法律。

---

① 该问卷调查是财政部办公厅以财办会〔2016〕16 号"关于开展《会计法》问卷调查活动的通知"，并通过网络问卷方式在全国范围内展开的。整个网络问卷调查从 2016 年 5 月 5 日开始至 6 月 25 日结束。参与问卷调查的被调查者主要是 25 岁到 45 岁的中青年会计人员，基层岗位人员占比达到 60% 以上，从事具体会计核算工作的被调查者占比也达到 60% 以上。

② 黄菊英（2014）、郭红彩（2013）和寇学军（2009）认为《会计法》的内容规范不宜过于具体，应以"原则导向"为主。（黄菊英.《会计法》与相关法律制度的协调问题［J］.财会月刊，2014（9）.郭红彩.台湾地区商业会计法修订历程及启示［J］.财会通讯，2013（10）.寇学军.刍论现行《会计法》若干法律问题的完善［J］.财政监督，2009（9）.）

（2）《会计法》的内容有待完善。现行《会计法》是 1985 年制定的，并于 2017 年进行了最新的修订，但是随着会计理念和技术的进一步发展，会计准则代替会计制度成为会计主体生成和提供会计信息的主要标准。我国在 2006 年公布的现行《企业会计准则》实现了与国际财务报告准则的实质性趋同。之后，在国际准则理事会对国际会计准则的收入等重大项目进行修改时，我国也开始《企业会计准则》的新一轮修改，并努力与国际财务报告准则全面趋同。在国际财务报告准则被世界许多国家作为法律进行适用时，我国《企业会计准则》的地位却一直没有明确。著名会计学家葛家澍教授在 1993 年就看出《会计法》的不足之处在于"只字未提《企业会计准则》"。在《会计法》经历了 1999 年修订和 2017 年修改之后，仍然对会计准则一字不提，这显然是不适宜的，同时也造成了《企业会计准则》在法律适用上的诸多障碍。

另外，随着会计工作方式和手段的改变，会计工作的内容开始由财务会计为主向管理会计转变，而且管理会计作为会计的分支已在我国具备一定的发展基础，但《会计法》对管理会计也未涉及。我国近年来非常重视内部控制的建设，五部委联合发布了《企业内部控制基本规范》《行政事业单位内部控制规范（试行）》，其涵盖了企事业单位在控制环境、控制活动、风险评估、监督等方面的内容，远超《会计法》第四章会计监督。信息技术的进步、人工智能的发展势必对会计信息的生成、审计、披露方式产生重大影响，信息化在会计信息的生成、审计、披露方面的应用是大势所趋。但是信息化也并非百利而无一害，信息的安全问题是信息技术在会计领域广泛运用后必然面临的问题。然而《会计法》对会计信息化的规定还停留在 20 世纪末的应用水平，显然不适应如今"互联网+"时代的要求。

4.4.4.2　《注册会计师法》在会计信息监管方面的缺陷

我国《注册会计师法》自 1993 年颁布、1994 年施行以来，为确立注册会计师行业在市场经济的地位、保护投资者的利益和社会公共利益、促进市场繁荣发展起了重要的作用。但随着我国经济体制改革的深入、资本市场的发展以及注册会计师行业的壮大，原有的法律内容已需要进行修改以适应我国新时期的发展。2014 年我国对《注册会计师法》进行了部分修改，但由于当时是为了贯彻党中央和国务院的行政审批改革的决策部署而进行的，因此修改的内容主要是涉及注册会计师行业的行政审批问题，具体包括删除中外合作会计师事务所的规定、取消对外国会计师事务所在中国内地设立常驻机构的审批以及将会计师事务所的设立审批权下放到省级财政部门。总的说来，2014 年《注册会计法》的修改较少。本书认为我国《注册会计师法》还存在以下问题：

（1）注册会计师行业的行业自律组织定位不明确。我国注册会计师行业监管经历了从最初1980年的财政部门监管，到1984年财政部门和审计部门同时监管，到1995年注册会计师协会受财政部门委托进行监管，再到2002年财政部发布《关于进一步加强注册会计师管理行业管理的意见》（下称19号文）将原委托给注册会计师协会的行政管理权收归自己，注册会计协会的行业自律组织的身份不断地在发生转变。我国《注册会计师法》第四条规定了注册会计师协会是由注册会计师组成的社会团体，同时第五条规定财政部门对注册会计师协会及注册会计师职业进行监督、指导。因此，在《注册会计师法》的条文规定中对注册会计师行业的自律监管并不明确。事实上，我国注册会计师协会由于其维护社会公共利益的特性使其与政府联系较多，而且从一开始就具有浓厚的行政主导色彩。虽然在19号文后注册会计师协会和地方注册会计师协会出台了一系列自律监管制度与办法，并在自律监管方面取得了一些成绩，但是注册会计师协会长期作为财政部的下属部门，其人员编制也同事业单位类似，按照《中国注册会计师协会章程》的规定，注册会计师协会的秘书长和副秘书长均由财政部推荐，而秘书长提出的方案最终报财政部批准。有学者认为，"中国注册会计师协会一直代替财政部门实施政府监管，所谓的双重监管体制实质上只有政府监管，注册会计师协会的自律监管一直不到位"。另外，《中国注册会计师协会章程》规定"地方注册会计师协会为中国注册会计师协会的地方组织"，同时《注册会计师协会章程的说明》又写明"地方注册会计师协会受当地财政厅（局）领导，其章程、职权、组织形式和工作方式等最终都由财政厅（局）批准确定"。由此可见，我国地方注册会计师协会既受中国注册会计师协会领导，又受财政部门领导。这种地方注册会计师协会接受双重领导的模式使地方注册会计师协会自成立以来就没有很好地发挥过监管作用，特别是在会计师事务所脱钩改制前，在各财政（厅）局都有自己办的会计师事务所时，更是在实质上促成了注册会计师行业的无序竞争。

（2）会计师事务所组织形式存在缺陷。我国现行《注册会计师法》第二十二条、第二十三条对会计师事务所的组织形式规定为可以是合伙制，也可以是有限制。2013年我国对具有证券资格的会计师事务所实行了组织形式的改革，由有限责任制转变为普通合伙制，而其他不具有证券资格的会计师事务所仍然可以是有限责任制。根据《中国注册会计师行业发展报告——基于会计师事务所2010~2014年度报备信息的数据分析》的数据，到2014年末，我国会计师事务所共 7316 家，其中组织形式为普通合伙的 3141 家，组织形式为特殊普通合伙的 50 家，组织形式为有限责任的 4125 家。从以上数据可知，在我国有一半以上的会计师事务所为有限责任。《注册会计师法》中规定会计师事务所可以为有限责任公司，有限责任公司的特点就在于出资人的责任有限，这使会计师事务所的出资人将自己的风险通过有限责任这个防火墙隔离于会计师事务所以外。这与注册会计师行业本身所具有的职业风险和承担的社会责任极不相称。本书对 2011~2016 年因违规受到证监会处罚的 12 家会计师事务所的组织形式进行了统计，发现其中有 5 家是有限责任公司。在激烈的市场竞争中，注册会计师在有限责任的"保护"下有可能为了争夺客户、赚取利润不惜降低审计质量，甚至协助客户会计信息造假，给投资者带来损失。而且会计师事务所的出资人往往是事务所的管理层，有限责任带来的责任意识淡化也会影响整个会计师事务所的文化。有限责任公司形式在保护会计师事务所出资人的同时，也使其漠视责任。《注册会计师法》还规定有限责任组织形式的最低注册资本为 30万元，而会计师事务所为客户的审计收入往往很大。以中磊所为万福生科审计为例，中磊所注册资本 500 万元，而仅为万福生科提供审计服务的收入为 138万，万福生科向公众融资额则达到 4.24 亿元。有限的责任、高额的收益以及较低的违法成本，都使会计师事务所在"有限责任"的保护下对违法违规行为跃跃欲试。发达国家的经验证明，在社会没有建立完善的信用体系时，对于注册会计师行业这种典型"人合"行业直接跨越到"资合"的形式是行不通的。因此，《注册会计师法》里关于有限责任的组织形式明显导致"资合"的资本逐利与注册会计师行业的社会责任是不相称的。

4.4.4.3　《证券法》在会计信息监管方面的缺陷

《证券法》是会计信息披露监管法律法规中处于统领地位的法律，证监会所发布的与会计信息监管有关的部门规章和规范性文章都是以《证券法》为依据制定的。《证券法》从 1998 年首次颁布以来已经历过三次修改，最近的一次是在 2014 年 8 月。① 但是由于《证券法》毕竟不是一部专门为会计信息监管而制定的法律，因此它在关于会计信息的规范方面仍然存在不足。

（1）关于公布财务报告时间的合理性。我国《证券法》规定，上市公司和

---

① 在本书稿完成后，2020 年 3 月新修订的《证券法》正式实施，对原有的《证券法》进行了修订，新《证券法》共十四章，基本保持了现行《证券法》的框架结构。由于落实注册制、删除上市条件等相关规定，条文总数由 240 条精简为 226 条，新增信息披露和投资者保护专章。本次修订主要从发行制度、民事赔偿诉讼、提高违法成本等方面，对证券市场基础制度进行了系统完善。

公司债券上市交易的公司半年度和年度财务报告的公布时间分别不得超过会计期间结束的 2 个月和 4 个月。之所以这样规定，应该是考虑到企业从会计核算到编制会计报表，再到出具财务报告需要一定的时间，特别是年度报告，是企业整个年度经营情况的反映和总结，因此从会计年度结束到公告财务报告的时间间隔较长。公告财务报表时间如此之长，可能带来的不良后果是为会计信息造假提供时间，也可能导致影响股份的信息在未公布前外泄。从历年上市公司信息披露的情况看，越是会计信息出现问题的公司越是愿意在法律规定的最后期限公告其财务报告，有很多对股价有影响的重要信息往往在公布财务报告之前就已经在坊间流传，导致股价剧烈波动。另外，在时间就是生命的今天，市场千变万化，投资者能够及时获取会计信息对其做出投资决策具有至关重要的意义，越早公布财务报告越有利于投资者的保护。在信息技术已经发生巨大飞越的信息时代，大数据、云计算将帮助公司更快地进行会计数据的处理和整合，在这样的背景下，现行《证券法》对财务报告公告时间的规定是否还是合理的呢？

（2）关于改革监管方式及追究监管者的责任。从前节对会计信息监管实践中存在的问题分析发现，监管效率较低是比较突出的问题，监管者对会计信息违规的查处时间往往与其发生的时间间隔较长。《证券法》第一百七十九条对证券监管部门在证券市场对信息的监督检查职能作了规定，赋予了监管部门依法检查证券发行、上市和交易的信息公开情况和依法对违法行为进行查处的职责。然而，面对如此责任重大的工作任务，中国证监会的人员构成显然无法承担，中国证监会的员工人数与其所监管的市场相比，显得不堪重负。① 大量的监管任务，要保证其监管效率，在证监会人员有限、经费有限的情况下唯独只能优化其监管方式。

另外，发生在 2013 年 8 月 16 日的光大乌龙指事件②的主要当事人之一、案

---

① 截至 2011 年底，中国证监会共有工作人员 2745 人，其中证监会机关 745 人，派出机构 2000 人。同时期，中国有上市公司 2342 家，当年有近 600 家发行股票或者债券。券商境内机构 109 家、境外机构 135 家，期货公司 161 家，证券咨询服务机构 88 家。另外，还有保荐代表人 2000 多人。所有这些主体都是证监会的监管对象。（参见《中国证券监督管理委员会年报（2011 年）》，资料来源：http：//www.csrc.gov.cn/pub/newsite/zjhjs/zjhnb/201205/t20120516_210088.htm）

② 2013 年 8 月 16 日 11 点 5 分上证指数出现大幅拉升，大盘一分钟内涨幅超 5%，最高涨幅 5.62%，指数最高报 2198.85 点，盘中逼近 2200 点。11 点 44 分上交所称系统运行正常。下午 2 点，光大证券公告称策略投资部门自营业务在使用其独立的套利系统时出现问题。有媒体将此次事件称为"光大证券乌龙指事件"。

发时任光大证券策略投资部总经理的杨某将中国证监会告上了北京市第一中级人民法院，引发了证监会的监管责任的讨论。Daniel 等研究发现，证券监管者由于自身利益的驱动、过度的自信和信息获得的有限性，与市场上的投资者一样也存在认知偏差而会做出一些非理性的决策。Jolls 提出，由于监管者和其他投资者一样时间、精力有限，因此也会同他们一样采取便利却不一定严谨的方式获取和处理信息从而产生认识上的偏差。Hirshileifer 指出，监管者同样会受到非理性心理因素①的影响。显然，监管者作为人也会存在对事物认识上的偏差以致出现判断错误导致监管失误和效率低下。但是，我国法律并没有对监管者发生错误时的责任进行规定，无法对监管者的监管行为产生有效的约束。

---

①　Hirshileifer 认为非理性因素包括过度自信、显著偏差、忽略偏差、排外和寻找替罪羊、情绪影响、重叠效应、意识形态等。

第 5 章

域外会计信息监管法律制度
建设概况及其启示

  会计信息对资源配置的作用使各国政府达成了对会计信息进行监管的共识。不同的国家受各自政治、经济、文化、法律和教育环境的影响，在各自经历了资本市场的监管失灵、虚假信息泛滥等一系列市场重创后，相互间彼此借鉴、吸收和改进，均在会计信息监管上形成了会计信息监管法律制度。相较于世界上其他发达国家，我国的资本市场发展历史较短，但也经历了监管失灵、会计信息造假的痛苦。虽然我国已建立起了会计信息监管法律制度，但是完善其制度构成及内容还有很长的路要走，有针对性地研究和借鉴发达国家的经验，不失为完善我国会计信息监管法律制度的有益途径。

5.1 英美会计信息监管法律制度

5.1.1 美国会计信息监管法律制度概览及特点

  美国作为世界上头号经济强国，其资本市场的规模令人瞩目，对会计信息的监管具有典型的美国特色，具有世界上较为完善的会计信息监管制度和体系。美国对会计信息的监管大致经历了无监管阶段、松懈监管阶段、强化监管阶段和后安然时代的监管阶段。美国会计信息监管制度的发展是随着企业组织形式变化、资本市场的发展而发展的。在 1840 年以前，企业组织形式单一，会计信息完全是为企业自身管理需要，企业外界对会计信息没有太多需求，并没有产生对会计信息监管的基础。当 19 世纪后半期股份制公司在美国出现后，虽然公司外部产生了对会计信息的需求，但这时的美国政府推崇经济的"自由主义"，不主张政府干预，会计界主张独立性。结果公司管理当局滥用会计信息、隐瞒会计信息、会计信息造假，会计职业界也缺少统一、公认的执业标准。1929 年的经济大危机使资本市场彻底陷入混乱，严重的会计舞弊行为使政府下决心对会计信息进行监管。自此美国进入会计信息强化监管时期，2002 年的安然事件更使美国出台了史上最强监管法案——《萨班斯-奥克斯利法案》，直到今天，美国仍然是世界上对会计信息监管最严格的国家之一。

美国现行会计信息监管法律制度体系中影响最大的法律就是 1933 年的《证券法》、1934 年的《证券交易法》和 2002 年的《萨班斯-奥克斯利法案》。1933 年的《证券法》和 1934 年的《证券交易法》对会计信息的强制性披露、审计以及法律责任等进行了法律层面的规定，以期通过提高资本市场的会计信息质量恢复投资者信心。1934 年美国议会根据法律成立了证券交易委员会（SEC），SEC 在美国证券市场具有极高的权威，其主要职能涉及证券市场规范的制定、市场主体的监管，并且对会计职业界会计准则的制定过程进行持续监管，拥有对会计准则制定机构的开放式选择权，并且对会计准则和审计准则的建立和发布拥有最终决定权。1936 年美国会计师协会成立 "会计程序委员会"（CPA）启动会计准则的制订，并于 "财务报告的检查" 中提出 "公认会计准则" 的概念。1938 年发生的 "麦克森·罗宾斯事件" 促使 SEC 于 1941 年发表 "会计系列公告第 21 辑" 对财务报告规则进行修订。1973 年起，SEC 颁布了一系列《会计系列公告》作为会计信息披露规则和其他会计、审计实务的指南。1982 年，SEC 开始颁布《财务报告公告》《会计及审计实施公告》以代替《会计系列公告》。1973 年，SEC 还将公认会计原则的制定权授予财务会计准则委员会（FASB）。美国的会计制度主要以 "公认会计准则"（GAAP）的形式存在，会计程序委员会（CPA）、会计原则委员会（APB）和财务会计准则委员会（FASB）等民间机构都对会计准则的制定发挥了作用，1973~1993 年，美国共发布了 117 个会计准则，主要的企业会计规范包括 CPA 发布的《会计研究公告》、APB 发布的《企业原则委员会意见》、FASB 发布的《财务会计公告》。SEC 还将审计准则的制定权授予作为民间组织的美国注册会计师协会（AICPA）①。为避免政府对会计师行业监管的全面介入，AICPA 建立了一套自律监管机制，1978 年成立了公众监管委员会（POB）对注册会计

---

① AICPA 是 1957 年对美国会计师协会（AIA）的改称，其主要工作是参与制定会计准则和指南，制定审计准则和职业道德规范，组织全国注册会计师考试，组织同业互查和后续教育，对违规者惩戒等，另外还就审计准则、质量控制准则和鉴证准则等发表权威性公告，向 FASB、SEC 和其他管理机构进行有关会计准则的解释等。

师的独立性和审计质量进行监管。为加强对公司会计信息的监管，SEC 还强制要求所有公司的财务报表必须经过注册会计师审计。针对公司会计信息的对外披露，SEC 将信息分为财务信息和非财务信息，并分别制定《财务信息披露内容与格式条例》（S-X 条例）和《非财务信息披露内容与格式条例》（S-K 条例）进行规范。另外，随着信息时代的到来，电子化的信息披露已开始在美国证券市场运用，美国从 1984 年开始进行证券市场信息披露的电子化，1996 年颁布《全国证券市场促进法》明确规定上市公司电子化信息披露制度，同年建立了证券信息披露电子化系统（简称 EDGAR），美国 SEC 制定了包括《条例 S-T》和《EDGAR 手册》等一系统条例、公告、手册，并经常以公告的形式对 EDGAR 系统的制度规范进行修订，且对 1934 年《证券交易法》第 35 条（a）对 EDGAR 的各项建制要求作了若干规定。这一时期，美国采取会计信息行业自律监管的模式。然而安然事件的爆发使社会公众对 AICPA、POB 和会计师事务所审计质量表现出极大的不信任。美国国会众议院于 2002 年出台了《公司与审计的责任、义务和透明度法案》和《萨班斯-奥克斯利法案》，法案对安然事件暴露出的美国会计信息监管问题做了针对性的规定，共 11 章 66 条的法案内容涉及建立独立的"公众公司会计监管委员会"（PCAOB）、加强审计师独立性、加强公司对外财务信息披露义务、加大公司的财务报告责任、加强内部控制、强化 SEC 的监管职能等。其中，PCAOB 是以独立法人的形式存在，同时接受 SEC 的监管，主要代替 AICPA 全面负责监管会计师行业，并监管证券市场各参与主体的会计行为，拥有监管、调查、处罚的权力。SEC 不直接干涉 PCAOB 的具体监管，但对 PCAOB 拥有终极决策权。PCAOB 的设立标志着美国会计信息监管模式从行业自律监管向独立监管转变。

美国现阶段主要的会计信息监管机构包括美国证券交易委员会（SEC）、美国注册会计师协会（AICPA）和公众公司会计监督委员会（PCAOB）。SEC 作为美国会计信息监管的主要机构，具有一定的立法权和司法权，直接对美国国会负责，其成立的目的主要体现了政府对市场的干预。AICPA 是美国注册会计师的全国性职业团体，其具有对注册会计师的规则制定权、业务监管权和一定的违规处罚权，是美国注册会计师行业的自律监管的核心。PCAOB 的成立是美国"后安然时代"监管的产物，其以投资者权益保护和公众利益提升为出发点，对公众公司的审计质量进行监督，进而提高财务报告和证券市场的公正性。

美国会计信息监管法律制度体现出以下特点：①美国会计信息监管权力较为集中。一是立法、行政和司法对会计信息监管的影响，主要是法院对违法当事人的法律责任的追究和国会特殊事务委员会对特殊事项的调查；二是政府机构的间接管理机关，主要是 SEC 的监管。民间监管层包括职业界的自律组织，其中 FASB 制定会计准则、AICPA 对注册会计师进行自律管理，PCAOB 成立且替代了 AICPA 的职能。在这些监管主体中 SEC 占据主要的"最高管理机构"的地位，而民间机构只是具体事务的分析员、具体准则的制定者和执行者。SEC 对职业界拥有监管权以及职业界对政府支持的需求，这种政府机构与职业界的博弈，形成了美国发达的会计信息监管法律制度。②政府推动了美国的会计信息监管法律制度的建立、完善。当越来越多的公司利用自由主义下宽松的环境而实施会计信息造假行为时，政府已不能只作为"守夜人"，一系列的公司危机将政府推上会计信息监管主体的位置。在美国会计信息监管法律制度的发展进程中，重要的法律都是在政府的推动下制定的。③会计信息监管法律制度的内容越来越严格和规范。随着经济环境的日益复杂，SEC 要求上市公司要全面、公允、及时地披露会计信息，并且加大了对会计欺诈行为的处罚。④会计信息监管法律制度的变迁与经济社会的发展紧密相关。"经济越发展，会计越重要"，经济社会的发展从外部推动会计信息监管法律制度发展，其一方面激发市场对会计信息监管的需求，另一方面会计信息监管法律制度必须适应经济社会的发展需求，为其提供制度保障。⑤美国的注册会计师行业监管由最初的行业自律监管转变为独立监管模式。

5.1.2 英国会计信息监管法律制度概览及特点

英国的会计信息监管始于 1844 年《公司法》的制定。18 世纪初南海公司事件促使 1720 年英国议会颁布了《泡沫公司取缔法》，该法案成为英国会计监管的雏形。之后的英国，虽然企业组织形式随着工业革命的完成和经济的发展已发生了很大的变化，但是仍然奉行会计自由主义。1844 年英国制定世界上最早的《公司法》，首次允许设立股份公司，并要求公司向股东公布经审计的报表。虽然《公司法》经历了 1855 年、1856 年、1863 年几次修改，但是会计信息的监管仍显得弱化。直到 1900 年，公众认识到股份有限公司的重要性并产生了强制会计信息披露和统一报告的要求，英国真正意义上的会计信息监管才开始。1900 年后，《公司法》对会计信息的内容逐渐细化和深入，如 1907 年《公司法》中规定英国议会有权直接监督审计行业，1967 年《公司法》规定了公开事项的要求。1948 年《公司法》开始追求社会本位，强调公司"社会责任"，由此对公司的会计报表的生成、披露、审计提出了严格的要求，并强制公司严格执行。《公司法》在英国的会计信息监管法律制度中占有了十分重要的地位。受美国的影响，英国从 20 世纪 30 年代开始会计准则的研究，英格兰及威尔士特许会计师协会（ICAEW）向社会发起"会计原则建议书"，这种行动一直持续到 19 世纪 40 年代末。1970 年，在英国发生了许多并购中的会计问题后，ICAEW 建立了"会计准则筹划委员会"（ASSC），负责会计准则制定的准备工作，1976 年英国成立了由六大行业团体组成的"会计职业团体协商委员会"（CCAB），并改 ASSC 为"会计准则委员会"（ASC），由 ASC 负责制定会计准则和 CCAB 批准发布。1990 年英国成立了新的"会计准则委员会"（ASB），这是一个带有政府色彩的组织，ASB 代替了原来的 ASC 的工作，除继续修订 ASC 原来发布的"标准会计实务公告"外，又发布新的"财务报告准则"。

1986 年以前英国的会计信息监管采用的是行业自律监管模式，《公司法》仅就会计信息的处理作原则性的规定，行业组织以《公司法》为原则指引制定具体的会计准则。1986 年以后，英国开始了政府主导与行业自律相结合的监管模式。1986 年英国《金融服务法》结束了英国证券市场的自律管理状态，证券投资委员会（SIB）被财政部长授予对证券市场的监管权力以及承担相应的监管责任，但 SIB 并不独揽监管权，SIB 制定行业自律性规则，将部分监管权力和责任授予自律性团体来承担。1997 年英国将 SIB 和证券交易所的职能合并，成为一个直接对政府和国会负责的拥有法定权力的监管部门——金融服务局。与证券市场的监管状态相适应，1990 年"财务报告委员会"（FRC）及常设机构财务报告理事会成立，其主席主要由英国贸工部的大臣和英格兰银行总裁联合任命，成员来自于各大利益集团。FRC 下设会计准则委员会（ASB）负责会计准则的制定发布，财务报告审查委员会（FRRP）负责查处公司遵守会计准则的情况。FRC 的成立也使会计职业界的自律监管被改变。同时，1989 年《公司法》规定英国贸工部（DIT）负责制定并调整相关法律和制度，对公司财务报告和特许会计师行业进行监管。在逐步地完善相关法律制度和机构构建后，英国形成了政府监管和行业自律相结合的监管模式。

英国会计信息监管法律制度体现出以下特点：①英国的会计信息监管主体由四个层次构成：议会、政府、独立民间监管机构、自律性监管机构。议会负责财务报告立法。政府层面主要是贸工部和金融服务局对民间自律组织施加影响。作为独立民间监管机构的是财务报告委员会及其下设的两个委员会 ASB 和 FRRP。自律性监管机构则是伦敦股票交易所，它影响着上市公司会计信息披露。②政府不断加强会计信息的监管，但不够彻底。英国 20 世纪 80 年代末 90

年代初发生的 Maxwell 等会计丑闻督促英国加强了财务报告制度改革，由过去的完全自律监管试图向独立监管转变，贸工部还于 1998 年发布《会计职业独立监管框架》征求意见稿，并成立监管机构会计基金会。但是与美国的会计信息监管改革相比，英国并不彻底，因为基金会的资金并不来源于政府，而是来源于会计职业团体，因此基金会的独立性难以保证。③英国的注册会计师行业监管同美国一样由最初的行业自律监管转变为独立监管模式。

5.2　德法会计信息监管法律制度

5.2.1　德国会计信息监管法律制度概览及特点

德国是典型的大陆法系成文法国家，运用法律协调市场关系、解决经济问题是德国的特色，对会计信息的法律监管主要体现在《商法》《股份公司法》《有限责任公司法》《税法》和《公开法》中。与会计信息相关的法律规定早在 19 世纪初制定的《商法》中就已出现。而对会计规范作更具体和完整的表述则是 1937 年制定的《股份公司法》和《股份两合公司法》，当时正处于德意志帝国时期。到了 1965 年，《股份公司法》和《股份两合公司法》合并为《股份公司法》，在此法律中德国的会计规范体系基本建立，规范了簿记要求、会计报表及报表项目的计价，以及会计报表附注等。此时的《商法》虽完成了几次修改，却没有对有关会计的法律规范进行调整，导致《商法》的内容已显得落后和陈旧。《商法》在德国立法者的眼中是以企业必须遵守的"基本法"的地位存在的，而且《商法》的簿记是德国企业纳税的基础，因此必须保证《商法》的完整性和普遍性以及内容的适应性。欧盟成立后颁布了一系列法令，德国根据欧盟法令对《商法》进行了修订，同时对以《股份公司法》为主的会计规范法律作了较多的调整。主要的调整方案是在《商法》中规定适用于所有法律形式的企业会计规范以及与金融保险业有关或资本性公司有关的会计规范，将与特定企业法律形式相关的部分在《股份公司法》《有限责任公司法》《公开法》中规定，大型企业符合《公开法》的条件的，应按《公开法》进行会计信息披露。在德国，《税法》对会计有着举足轻重的作用，《税法》对企业的会计记录提出十分具体的要求，规定公司的报表编制应服从税法的要求，会计记录和会计报表都要服从税收目的，被称为"税收决定原则"，即财务报告主要反映税法的要求，而不是投资者和其他信息使用者的信息要求。在建立了相互协调、补充的会计规范法律体系后，德国对于企业的会计信息采取不分公司上市与否，以按企业法律形式和规模分类为基础的全面公开的模式。企业法律形式按《商法》《民法》《股份公司法》《有限公司法》等法律划分，企业规模按《商法》和《公开法》划分，《商法》适用资本性公司，《公开法》适用非资本性公司，以资产负债表总额、年度销售收入和年度职工平均人数为标准划分。但无论企业类别和规模，所有企业都要对外公开其财务会计报告。同时，德国的会计信息披露又体现出多层次性和成本效率原则。德国会计信息披露的多层次表现为对符合《公开法》的非公司企业只要求《商法》最低披露程度；对符合《公开法》的大型企业要求按《公开法》披露信息；对中小型公司按《商法》的简化形式披露信息；对大型企业集团则要求按《商法》最高标准披露信息。德国会计信息披露的多层次性体现"成本效益原则"。相对于会计信息披露要求严格的大型企业，对中小企业允许简化报表、简略审计、缩小信息公开范围，并可以延长会计报表编制时间，有效地减轻了中小企业的负担。对于实力雄厚的大型企业要求在全国范围内披露会计信息，不得简化会计报表的编制和审计。这本身也是德国政府创造市场公平竞争环境的举措，因为不同规模的企业如果在会计信息披露的要求上同等对待，本身就是不公平的。另外，德国对注册会计师行业的监管在19世纪是一定程度的自律监管，从1931年开始德国发生许多企业倒闭的情况，德国政府开始对股份公司实施强制审计，并建立了审计师协会，对注册会计师行业开始控制，行业监管模式转变为以政府监管为主。1961年德国政府颁布了针对注册会计师行业进行监管的《审计师行业管理法》。德国政府还成立了审计师公会，该公会在政府的监督下开展工作。

德国的会计信息监管主体为颁布与会计相关的法律法规的立法机构、司法机构和政府部门，监管职能主要集中在司法部门，德国的财政法院专门审理有关财务税收的案件，有关会计准则的争执也基本上由财政法院裁决。德国的会计职业界规模、影响力都相对较小，受制于政府部门的监督。

德国会计信息监管法律制度的特点表现在：①会计信息监管规范法典化。这是德国与其他国家区别显著的特点。同时，德国法律间的协调性较强。②德国的会计目标主要是为债权人服务，这源于德国本身资本市场不如美英发达，企业融资主要来自于借债。但是随着资本的国际化发展，面对国际市场以投资人保护为主的理念，德国会计目标也在向为投资人服务转变。③会计信息披露要求全面公开和多层次性。④德国的会计职业界的规模及力量弱小，受制于政府部门的监督。1998 年，德国成立制定会计准则的民间机构——会计准则委员会，但会计准则的制定要受德国司法部的制约，德国司法部可以对制定的准则行使最终否决权，会计准则的发布也是由司法部以法律的形式公布。另外，负责制定德国审计准则的德国法定审计师公会也只是半官方性质。⑤德国的注册会计师行业监管是典型的政府主导监管。

5.2.2　法国会计信息监管法律制度概览及特点

法国作为一个国有经济占国民经济重要地位的欧洲经济大国，推行政府对市场经济的干预和宏观调控，由于法国资本市场并不发达，法国企业的融资更多来源于借款而不是股票市场。法国会计信息监管法律制度与我国更为相似。

法国的会计信息监管法律制度经过多年的发展已形成较为完善的体系，根据法律效力的高低可以分为欧盟区法律条例、法律、法令、法院的判例和其他法理。1958 年法国《宪法》赋予国际协议最高的法律效力，欧盟的成立使欧盟区法律条例成为法国会计信息监管法律制度的重要组成部分。目前在法国最具影响的欧盟区法律条例是 2002 年 7 月颁布的第 1606 号欧盟法规，规定所有上市公司都按国际会计准则编制集团报表。在法国国内法律方面，涉及会计信息监管的主要是《会计法》①《企业经营困难法》②《集团合并报表编制法》③《私人企业法》④，另外《商法》中就企业设置账目等日常会计行为进行了规定，《税法》规定了许多关于财务会计和报告的实务，《金融安全法》就如何保证审计师独立性进行了规定。法国的会计法令主要是由国务院及各部门颁布，其内容多是对会计法律的解释，其中最有影响的是 1999 年颁布的《会计总方案》，它是由法国会计规章委员会起草，财政部部长、司法部部长、预算部部长共同签署的有关会计的法令，包含的内容非常多，如会计名词术语的定义和解释、会计科目的规定、会计计量原则、会计业务处理等，且力求术语与《商法》术

---

①　该法是法国于 1983 年颁布的法国国内第一部会计法律。根据该法律，法国所有的企业要进行会计记录并编制包括资产负债表、利润表和报表附注的会计年报，同时明确在企业中强制执行《会计总方案》。

②　该法于 1984 年由法国议会颁布，其中涉及会计信息的内容主要是规定申请进入保护程序的公司应提供预期的利润表和融资方案、可变现的资产、需偿还的债务等会计信息。

③　该法于 1985 年由法国议会颁布，其中涉及的会计信息的内容主要是对合并报表的编制范围、方法及涵盖的信息进行了规定，并要求所有企业要出具合并报表。

④　该法于 1994 年由法国议会颁布，其中涉及会计的内容主要是规范了私人企业的会计行为。

语保持一致。《会计总方案》是法国对会计工作规范管理的主要指南，在法国有着重大的作用和影响。另外，法院关于资产负债表和股利虚假发放等涉及会计的判例，虽然由于法国是大陆法系国家不具有强制性，却有很高的参考价值，它为法律法令的空白所造成的问题提供了解决方法，并可成为法律法令修订的参考。在法国，与会计信息监管有关的还包括其他法理，主要是法国的会计职业团体发表的意见，虽然不具有强制执行力，但却是行业内公认的执业指南，如法国注册会计师协会发布的执业道德规范。另外，会计职业团体也发表对会计法律法令制定、修改的意见，并产生重大影响。

法国对会计信息的监管是由政府设立专门的监管机构（包括证券交易管理委员会、国家会计委员会和会计监管委员会等）实施。证券交易管理委员会是于1967年成立的一个由法国财政部长任命其成员并接受财政部长监督的政府的公共机构，主要负责对全国性和地方性的证券交易所的监管及对公开招股公司的会计报表的审查。国家会计委员会是附属于法国财政部的独立管理会计事务的机构，主要负责对会计问题发布规则和建议，但其建议要经财政部的批准，本身不具有制定和实施法规的权力。会计监管委员会于1998年成立，目的在于将国家会计委员会发布的规则和提出的建议转换成相应的规定，其拥有真正的强制性权力。

法国会计信息监管法律制度体现出以下特点：①法国属于政府主导型监管，政府在法律制度的建立中起主导作用。法国属于政府在市场资源配置中起主导作用的中央集权国家，因此，在会计信息监管法律制度的建立上，虽然会计职业团体发挥了重要的作用，但是政府在其中发挥主导作用。例如，法国最重要的会计法令《会计总方案》就是财政部下属的会计准则制定委员会完成的，并且政府推动《会计总方案》的多次修改。②政府通过法律体现对经济活动的干预。会计信息作为经济活动的重要资源和沟通桥梁，法国对会计的原则、具体会计处理方法、公司会计报表格式、会计科目等都以法律、法令的形式加以规定，这种规定不仅体现在会计的专门法律法令中，还体现在《商法》《金融安全法》《劳动法》中。③会计职业界在会计信息监管的作用举足轻重。在法国，会计职业界发表的意见虽然没有强制力，但是其意见却对法国会计信息监管法律的制定起到重要的作用。例如，法国《会计总方案》在1999年的修改就是由会计规章委员会这个会计职业团体完成的，此后对此方案的修订都大量参考了会计职业团体的意见。

5.3　域外会计信息监管法律制度建设的启示

域外各国受各自的历史、政治、经济和文化等方面的影响，会计信息监管法律制度呈现出各自的特点。随着世界范围内的交流日益增多，各国市场交易往来增多，各国之间的法律制度相互学习、借鉴已成为各国共识。通过对域外各国的会计信息监管法律制度的概览，结合各国会计信息监管法律制度的优点，我们可以从中得到以下启示：

5.3.1　明确会计信息监管机构职责，监管权力集中

从域外各国对监管权的设置看，各国都十分重视会计信息监管权力的集中行使。以美国为例，会计信息的监管权主要集中在证券交易委员会（SEC），SEC 对会计信息的监管具有绝对权威性。SEC 虽然将会计准则的制定权转授给了会计职业界，但其始终掌握着对职业界制定的会计准则否定权，并且掌握对美国会计准则制定机构开放式选择权；在安然事件后，虽然成立了一个独立的监管机构——公众公司会计监察委员会（PCAOB）对注册会计师行业进行全面监管，美国进行独立监管时期，但是 PCAOB 的预算须 SEC 同意，PCAOB 的委员会章程可以被 SEC 修改，PCAOB 受 SEC 的监管。防止 SEC 的权力过大，SEC 受到美国国会和司法部门的制约。监管权力的集中强化了会计信息监管法律制度的权威性和监管权力的权威性，防止监管权力分散带来的执行力弱化等问题，使会计信息监管法律制度能更有效地制定和实施。

5.3.2　注重法律的协调，法律建设体现社会进步

从域外各国的会计信息监管法律制度的建设来看，各国都建立了从法律到准则的一系列会计信息监管制度，而且法律与法律间、法律与准则间都保持相互协调一致。例如，德国作为法典化国家，非常注重法律的建设，德国将《商法》作为其企业必须遵行的基本法，企业会计活动也遵行《商法》规定的原则，其他有关会计的法律都必须与《商法》保持协调一致；美国 SEC 拥有对会计信息监管的权威，在 SEC 的统一监管下，美国有关会计信息的一系列法律、条例、准则都必须通过 SEC 的同意才能发布，使各法律条文间能最大限度地保

持协调；法国对于由民间组织制定、政府部门签字发布的约束会计行业具体行为的《会计总方案》要求必须与《商法》术语保持一致。法律间的协调保持法律的系统性和相互衔接，有效防止了由于法律间冲突导致的监管者和被监管者在法律运用时的迷惘。法律的不协调引发监管者在适用法律时无从选择法律标准，可能导致执法的随意性，从而影响法律的权威和执行效果。另外，各国在法律的建设中都反映出了社会的发展。美国是信息技术非常发达的国家，因此在会计信息监管法律制度的建设上最早对电子化信息披露问题进行规范；德国、法国等国家的法律面对欧盟的成立和国家间合作增强的形势，纷纷加强了国际化趋势，向国际会计准则靠拢，加强会计准则的国际趋同，以更加积极地投入国际合作与竞争中。

5.3.3 会计责任主体明确，注重健全法律责任制度

域外各国在会计信息监管法律中都对会计信息责任进行了严格的规定。从会计主体责任看，各国都在法律制度中对公司和公司高管、会计人员的会计责任进行了规定。从法律责任来看，各国都规定了行政责任、刑事责任和民事责任。各发达国家十分注重对民事赔偿责任的规范。例如，美国《证券法》第11条就规定，发行人、董事、合伙人、注册会计师、评估师、工程师以及承销人因会计信息违规而对投资人承担民事责任；德国《商法典》第323条第一款规定："进行审计的会计师及其助手以及会计公司的法定代表人对因故意或过失而违反其职责的行为承担法律责任，但是只有被审计单位及被审计单位的联属企业才能要求损害赔偿。"另外，从会计信息民事赔偿案件的审理上，各国的司法支持力度较大，赔偿的法律措施也比较到位。同时，各国对违法行为的打击力度较大。例如，美国对会计信息的法律责任就有严格的规定。① 英国虽然不如美国一样在会计信息监管法律中做类似详细的处罚规定，但是英国作为判例法国家对发生的会计信息违法案例的处罚却非常严厉。2012年，英国FRC对德勤在为英国汽车制造商MG罗孚（MG Rover）提供咨询服务期间的会计欺诈行为开出1400万英镑的创纪录罚款。各国通过对会计信息责任主体的明确，健全法律责任制度，加大对会计信息违法行为的处罚，对会计信息主体及其他参与主

---

① 例如，在SOX法案中规定公司首席执行官和财务总监必须对报送给SEC的财务报告的合法性和公允性表达进行保证。违反此项规定，将处以50万美元以下的罚款或判处入狱5年；故意破坏和捏造文件以阻止、妨碍或影响联邦调查的行为将视为严重犯罪，处以罚款并判处20年入狱；延长证券欺诈犯罪的诉讼时效。

体的行为产生了较大的威慑力，使会计信息监管法律制度的权威性和执行效果
得到保证。

5.3.4　加强对注册会计师行业的监管，强化注册会计师的独立性

从世界上第一个注册会计师产生开始，注册会计师就肩负着对会计信息的
真实性进行鉴证审计的职责，它被称为不吃皇粮的"经济警察"，对会计信息
进行着真伪的检验。每一次大的会计舞弊案件的背后，都有着注册会计师的身
影。因此，每一个市场经济国家都非常注重对注册会计师行业的监管，强化注
册会计师的独立。例如，安然事件使世界五大会计师事务所之一的安达信破产，
美国的证券市场和注册会计师行业危机重重。之后美国在半年内即通过了萨班
斯法案，法案成立了公众公司会计监察委员会（PCAOB）以加强对注册会计师
行业的监管。法案规定全美所有会计师事务所必须向 PCAOB 办理注册登记，并
每年向 PCAOB 送检年报，PCAOB 还制定要求会计师事务所必须遵守的有关审
计、鉴证、质量控制以及职业道德的准则，并且有权对会计师事务所及其人员
进行处罚。SEC 为了加强注册会计师的独立性，除了在萨班斯法案中专章规定
外，还发布了《强化审计师的独立性》的文件，规定限制注册会计师的非审计
服务以及要求审计人员实行定期轮换、利益冲突回避以强化注册会计师的独立
性。以英国为例，英国对注册会计师行业监管的严厉程度比美国有过之而无不
及。英国采取联合惩戒和独立惩戒措施对注册会计师行业进行监管，并且实施
得最普遍的监管方法是实地调查，对重点事务所实行全面监控。另外，对个人
以及事务所合伙人的经济处罚比对事务所的处罚更重。发达资本主义国家通过
加强对注册会计师行业的监管，发挥民间组织对市场的作用，既可以减轻政府
监管市场的压力，又可以使注册会计师的专业能力得到充分的运用，保证资本
市场的健康发展。

第 6 章

完善我国会计信息监管法律制度的思考

虽然我国已建立起了会计信息监管法律制度体系，并且形成了自己的监管模式，但是从前章的论述可以看出，我国会计信息监管法律制度仍存在诸多不足，而这不是单靠制定几部法律、修订几项规章就能有效弥补的，不加分析而大规模盲目立法不但无助于会计信息市场科学合理的法律制度的建立，更有可能导致法律资源的浪费。分析我国会计信息监管法律制度存在的缺陷，并以合理的方式加以弥补，是构建一个科学合理的会计信息监管法律制度从而有效促进我国资本市场发展的明智选择。在完善会计信息监管法律制度的策略选择上，既要合理借鉴西方发达国家会计信息监管法律制度建设的先进经验，又应立足于我国国情，同时还要适合社会环境的发展，以利于我国经济发展、会计信息资源有效利用的方式完善我国会计信息监管法律制度。

6.1　合理分配会计信息监管权，改进监管方式

对会计信息实施监管，由谁来行使监管权是监管法律制度中需要明确的一个内容，而我国的会计信息监管法律的规定中本就存在会计信息监管主体多元化的问题，在学术界和实务界对此问题也一度模糊。王海民[①]和徐经长[②]都认为会计信息监管权力应分别由政府机构和非政府机构行使。潘立新主张我国会计信息监管应由政府部门主导，不存在真正意义上的行业自律。而我国 2017 年修订的《会计法》第三十三条仍然沿用其一贯的表述："财政、审计、税务、人民银行、证券

[①]　王海民认为，"对市场主体的会计监管主要通过法律委托会计中介机构承担，政府部门的主要职责是对会计中介机构的再监督"。

[②]　徐经长将我国会计信息监管主体分为政府机构和非政府机构两类，前者包括财政部、证监会等，后者包括会计师事务所和注册会计师。

监管、保险监管等部门应当按照有关法律、行政法规规定的职责，对有关单位的会计资料实施监督检查。"由于《会计法》并没有明确定义"会计信息监管主体"，再加上学者们观点的影响，因此普遍接受的是我国的会计信息监管主体包括财政、审计、税务、人民银行、证券监管、保险监管等部门。本书在第四章已分析过会计信息监管主体的多元化导致企事业单位特别是国有企业、上市公司经常承受重复监管的负担。因此，合理认定会计信息监管权及其行使主体有利于重复监管问题的解决。

6.1.1　会计信息监管权的目标定位：公平价值下侧重于投资者利益保护

前章已阐述，基于会计信息监管法律制度的价值选择，会计信息监管法律制度的最终目标是通过会计信息监管法律对会计信息供给者的行为进行规范，消除会计信息不对称带来的会计信息供求双方的不公平，保障会计信息使用者享有公平的会计信息知情权，从而保障市场公平。如果会计信息使用者间的利益是一致的，相互间可以公平分享信息，然而会计信息使用者之间的利益完全一致在现实中是不存在的，会计信息使用者之间总是存在着一定的利益冲突，从而导致在获取会计信息上的不公平，因此会计信息监管应围绕着保障公平而进行。所以政府会计监管权目标应定位于协调政府、企业、投资者间的利益冲突，使三者利益之和能够达到最大化，最终实现社会公平。

如何协调会计信息不同使用者间的利益冲突呢？公平的意义并不等于对利益各方无差别地对待，不同群体的利益保护程度在不同社会发展时期存在轻重之分。由于各国在政治体制、经济发展水平、法律制度、群体力量以及惯例等方面的差异，各国的会计监管权的目标各有侧重，总的可以划分为三种类型①：投资者利

---

①　三种类型包括：①投资者利益需求型。该模式以美、英等国家为代表。美、英两国资本市场发达，股份公司是其经济的基础，股东权力分散，会计信息监管注重对投资者的保护，强调会计信息的公开化披露，对公司会计实务影响最大的法律是《证券法》《证券交易法》或《公司法》。②公司利益需求型。该模式以日本为代表。日本市场经济发达，股份公司在经济中发挥重要作用，银行与公司间交叉持股，因此政府和银行对公司的扶持目的明显，对上市公司会计实务影响最大的法律是《民法》和《商法》，会计的确认、计量和报告都以维护上市公司自身的利益为基本目标，会计监管权的目标强调促进上市公司的发展和壮大。③政府利益需求型。该模式以法国、改革前的中国为代表。这些国家一般实行有计划的市场经济，公有化比重较高，政府在资源配置上力量很强，证券市场不发达，上市公司影响力较弱，政府直接管理会计事务，对会计事务影响最大的法律是《税法》及其他会计行政法规，会计的确认、计量和报告都以维护政府的税收和宏观经济计划需要为基本目标，会计信息的主要使用者是国家，公开化披露程度低。

益需求型、公司利益需求型、政府利益需求型。监管权行使常表现出对利益的分配或调整，受到更多监管保护的一部分人可能获得更多的利益，得到较少保护的另一部分人则可能获得的利益相对较少。因此，监管的受益者和监管的受损者则可能对监管持有截然相反的态度。监管者面临的一大难题就是如何平衡受监管影响的群体的利益，尽可能地实现帕累托最优。所以，现实中的会计信息监管权的目标是在利益协调中实现公平。

斯蒂格勒和匹兹曼[①]认为，政府作为监管者是理性的，监管者的"理性"促使其选择监管者效用最大化，而政府的基本资源是权力，实现监管者效用最大化的途径就是政府运用权力为利益集团服务来寻求利益集团对政府的政治支持。奥尔森[②]认为，利益个体成员的欲望影响利益集团的行为。在集团中个体数量越多，个人成员的收益占集团收益的份额越小，联合越困难，对个体成员的欲望无法进行激励；而利益集团个体数量越少，个体成员越易于联合，个体成员行动的欲望就越强烈。因此，相比大集团，小集团有更强烈的欲望对监管施加影响，以从监管中获利。如果将政府、上市公司和投资者作为会计信息监管涉及的三方利益集团的话，显然投资者人数最多，上市公司次之，政府的规模相对最小。根据经济学理论，监管更易倾向于保护小利益集团，因此政府监管权更易于保护规模小的政府和上市公司的利益，而以损害人数众多的投资者特别是中小投资者的利益为代价。投资者特别是中小投资者因人数众多从而导致"搭便车"的心理、组织的困难以及人均收益的抵减，再加上面对政府和上市公司在对监管者施加影响力上的强势，投资者会选择"以脚投票"而不是积极参与对监管者的影响，从而在政府、上市公司、投资者三方的利益竞争中更处于劣势。然而，在资本市场中投资者占有非常重要的位置，没有投资者的参与，资本市场就不可能正常地运行，能否给予投资者一个稳定的、合理的预期，是决定投资者行为取向的重要制约因素。在资本市场中，投资者常常由于信息不对称而遭遇投资风险，无法获取合理的投资预期，其结果是阻碍投资者对市场的理性参与，市场因此呈现萧条或是泡沫盛行的状态。因此，保护投资者的利益，既可弥补投资者在市场中处于天然劣势地位的利益缺失，又可以使上市公司的利益实现帕累托最优。在会计信息的监管方面，对投资者特别是对大多

---

① 斯蒂格勒在其经典论文《经济规制理论》中提出这一观点，1976 年匹兹曼发表《走向更一般的规制理论》一文完善了斯蒂格勒的理论，后人将其合称为斯蒂格勒—匹兹曼模型。

② 奥尔森在其著作《集体行为的逻辑》中提出集体行动的实现其实非常不容易。当集体人数较少时，集体行动比较容易产生；但随着集体人数增加，产生集体行动就越来越困难。

数中小投资而言，强制性信息供给则是其利益得到公平保护的基本保障。从公平角度出发，政府、上市公司与投资者相比掌握更多资源，为保持市场的均衡，监管者也应给予处于劣势的投资者更多的保护。

6.1.2　会计信息监管权的合理分配：与市场相适应的权力协调分配

那究竟怎样认定分配会计信息监管权呢？法律分别规定了审计、税务和人民银行对相关单位会计进行检查的权力①。但依其行为的目标、对象和内容，审计、税务、人民银行及保险部门对会计资料的监督检查并不是我们这里所论述的会计信息监管。审计、税务、人民银行及保险部门对会计资料的检查是实现各自部门目标的手段。正如本书第二章所述，一般意义上的会计信息监管是为了维护会计信息市场的有序运行，以协调会计信息市场供求双方以及其他利益相关者的利益，从而达到保护社会公共利益的目的，依照法律规定，由政府相关部门或其授权的会计职业组织，通过制定会计规则、审计规则和实施处罚等措施，对微观经济主体的会计信息的生成、披露以及审计全过程所进行的一系列规范与管理活动。根据对会计信息监管的界定，我们可以这样理解，审计、税务、人民银行及保险部门对会计信息的检查只能称之为"监督"，而只有财政部和证监会才是我国法律授权实施会计信息监管活动的会计信息监管部门。

在我国，《中华人民共和国会计法》《企业财务报告条例》以及《注册会计师法》中都明确了国务院财政部门作为会计工作和注册会计师行业主管部门的地位②。另外，《注册会计师法》还规定了财政部对会计师事务所及其分支机构的设立审批权以及对违规会计师事务所和注册会计师的行政处罚权。由此可见，我国法律授予财政部门的会计信息监管权涉及会计信息的生成及会计鉴证，财政部门是我国会计信息的真正监管主体之一。《中华人民共和国证券法》明确

---

① 参见《审计法》第三十二条、《税收征收管理法》第三十二条、《商业银行法》第六十二条。

② 《中华人民共和国会计法》第七条规定："国务院财政部门主管全国的会计工作。"第八条规定："国家实行统一的会计制度。国家统一的会计制度由国务院财政部门根据本法制定并公布。"第三十一条规定："财政部门有权对会计师事务所出具审计报告的程序和内容进行监督。"第三十二条规定："财政部有权对各单位的会计工作进行监督。"《企业财务报告条例》规定，县级以上人民政府财政部门有权对违反条例的单位和会计人员进行通报、罚款、行政处分或者纪律处分、吊销会计从业资格证书等处罚。《中华人民共和国注册会计师法》第五条规定："国务院财政部门和省、自治区、直辖市人民政府财政部门，依法对注册会计师、会计师事务所和注册会计师协会进行监督、指导。"第七条、第十一条、第十二条、第十三条规定了财政部门在注册会计师考试、执业资格的获得和撤销复议方面的权力。

规定证监会为我国证券市场的监管机关①，可见，《证券法》对国务院证券监督管理机构在公司财务报告的披露、审计鉴证服务等的监管上都有较明确的法律授权。而我国 1998 年证监会成立开始，就是作为国务院证券监督管理机构存在的，所以证监会也是我国法律授权的会计信息监管主体之一。

正如本书第四章所述，财政部和证监会同时作为会计信息监管主体，由于其各自的部门职能以及监管目标的差异，两个部门在行使会计信息监管权时会出现矛盾，只有科学合理地分配两个部门的会计信息监管权，才有助于部门间矛盾的解决。科学合理的监管权分配应达到：①各部门行使监管权的目标要尽可能一致，在同一目标指导下进行的监管，才能使各部门在监管权的行使中形成合力。②监管权在各部门分配要协调。权力的分配是部门间分工协作的必然，这种权力的分配应该是一种有序化的部门间的相互协调、平衡与相互制约，监管权的分配与部门间的协作缺少任何一方都会使监管效率受到影响。③会计信息监管权的分配应遵循适度监管的原则。会计信息本身具有商品属性，其供给受市场规律的影响，这一特性决定了会计信息的供给与消费并不全部依赖于政府监管，另外政府本身也可以存在"失灵"，因此政府对会计信息的监管权应在适度的范围内进行。而政府部门的监管权更是应该有所为、有所不为，因为政府部门基于自身职能的要求，所辖事务远不止会计信息的监管，而且会计活动本身具有专业性较强的特征，这也令监管部门在监管时出现监管不力的情形。④监管部门的权责要明确，包括财政部和证监会各自的职责范围要明确，使其在监管中各司其职。同时，注意对监管部门监管责任的追究，以促使监管部门各尽其责地实施监管。

在财政部和证监会的现有会计信息监管权的分配框架下，其矛盾可能随着我国经济体制改革和证券市场的发展越来越突出，如何解决财政部和证监会的会计信息监管权的根本问题，学者们提出了几种选择：财政部集中监管、证监会集中监管、设立独立机构对会计信息进行监管、由财政部和证监会协调监管。究竟如何分配监管权？本书认为，首先考察会计信息的作用及其监管的目的。关于会计信息的作用，理论界主要有"利益相关者理论""受托责任理论"和

---

① 《中华人民共和国证券法》第七条规定："国务院证券监督管理机构依法对全国证券市场实行集中统一监督管理。"第七十一条规定"国务院证券监督管理机构对上市公司年度报告、中期报告、临时报告以及公告的情况进行监督"；第一百七十九条规定了国务院证券监督管理机构对证券市场实施监管中所负有的职责，包括对证券服务机构的监管、信息公开的监督检查、对违反证券市场监管法律、法规的行为的查处等。

"决策有用论"。"利益相关者理论"认为会计信息不仅服务于股东，还服务于企业相关的利益相关者（包括投资者、债权人、政府及有关部门、社会公众等）。"受托责任理论"认为会计信息主要是为企业的受托人——经营管理者向委托人——股东证明其受托责任的履行情况。"决策有用理论"认为会计信息服务于用户交易决策，便于使用者使用。从三种对会计信息的认识理论可以看到，会计信息的终极作用在于会计信息使用者的使用。而会计信息监管的目标就在于消除会计信息的不对称、保障会计信息市场的公平、维护会计信息使用者的利益，具体体现为对会计信息质量（包括会计信息内容质量和财务报告披露质量）的监管。从长远来看，随着资本市场的发展壮大，资本市场的投资者将是会计信息的最大使用者，以保护投资者利益为监管目标是目前世界上大多数资本市场发达国家的选择，而且在我国国有公司占据上市公司一定比例的情况下，国家也作为投资者身份存在，从这个角度讲，保护投资者利益也是对国家利益的保护。从会计信息监管以保护投资者利益出发的角度，由证监会主导会计信息监管权应是顺应资本市场发展的。采用证监会集中监管会计信息的模式，就要求将会计准则和会计披露规则都纳于证监会的集中统一监管下，学习目前世界上通行的方式，转让会计准则和相关规则的制定权，政府实施间接调控。证监会集中监管会计信息有利于资本市场的发展，也可以避免会计准则与会计披露规则之间由于监管机关不致导致的规则冲突。然而，结合今天中国的实际，财政部对会计准则的制定权已经形成既定观念，很难迅速扭转；我国目前证券市场交易的公司数量相对于所有企业数量而言还在少数；而且对于会计准则的转授对象也是一个值得考量的问题。因此，目前采用证监会集中监管的模式尚不成熟。

　　本书认为，在现阶段采用财政部和证监会协调监管的模式，当证券市场在我国经济发展中占有更重要地位时再考虑由证券监管部门统一监管会计信息。在保持财政部监管会计信息内容质量、证监会监管会计报告质量的原有监管权的划分下，为避免出现部门间的矛盾，首先，尽量统一两个部门的会计信息监管目标。从我国《证券法》的规定可以看出，证监会的监管目标是保护投资者权益。财政部所制定的会计规范基本上未能体现对投资者利益的保护。明确财政部监管地位的《会计法》在 2017 年修订时延续了 1999 年《会计法》的做法，只是规定"为了规范会计行为，保证会计资料真实、完整，加强经济管理和财务管理，提高经济效益，维护社会主义市场经济秩序"，只在《企业财务会计报告条例》规定"企业应当依照企业章程规定，向投资者提供财务报告"，但并没有对投资者利益如何保护进行规定。《会计法》和《证券法》对保护对象的表述差异正体现了财政部和证监在会计信息监管时的目标差异，有必要将《会计法》和《证券法》相协调，将保护对象统一具有现实意义。其次，当各方不能独立承担监管权时，根据"囚徒困境"规则，各方间相互合作更能实现各方利益。财政部和证监会的协同合作是提高监管效率的基本保障。在财政部和证监会明确各自的监管范围前提下，共享信息数据、相互协调、协调配合，建立良好的沟通、协调机制。在统一监管目标的前提下，财政部发挥好对会计工作的监督管理职能，对会计从业人员加强监督管理；证监会发挥对市场的监管职能，特别是发挥行政监管部门的合规性审查以及对市场违法行为的处罚职能。而对于会计信息规则的制定，可以学习美国的做法，转授给更具有专业水准和对会计工作更了解的会计职业组织，财政部和证监会对于会计信息规则的制定实行派员参与，并对该会计职业组织实施共同监管。

总之，对于理想的会计信息监管主体和监管权的分配要经过"多次博弈"才能实现，并且要与本国的经济和市场发展水平相适应，世界各国今天的监管模式也是历经上百年磨合的结果，我国会计信息监管主体的确立和监管权的分配也必将是伴随我国经济的发展在各部门的博弈中日趋优化。

6.1.3 会计信息监管权的科学行使：效率价值下的监管优化

在信息技术迅猛发展的今天，大数据、云计算、区块链等技术对会计正在发生革命性的影响，通过互联网，会计信息的传递由过去的单向式变为互通式，信息的共享得以逐步实现，会计流程的业财一体化发展，使财务数据与业务数据逐渐融合。会计的变革将带来对会计信息生成、审计和披露的影响，提升会计信息的质量和数量，同时也对监管机构的监管提出新的要求。

6.1.3.1 监管理念的革新——引入"合作监管"理念①

合作监管就是为了实现公共管理的目标，由政府、非政府等多方主体相互合作、分享监管权力、共同管理监管事项、实现监管目的的活动。传统的政府监管是由法律授予国家机关制定、执行监管规则和处罚违反监管规则行为的权力。这种监管的监管主体主要是经法律授权的国家机关，国家机关因其在信息获取上的先天权力而具有监管优势。但是传统监管的程序繁杂，监管部门远离

---

① 该部分引自本书作者已发表在《政法论丛》2017年第6期的论文《"互联网+"时代的会计监管制度的思考》。

市场、各自为政，这些因素都影响监管的实际效果。市场的发展对监管能力和监管效果的要求日益提高，传统监管在当今市场中已显得心有余而力不足。计算技术的进步与海量的大数据使数据成本大大降低，信息的获取不再封闭和困难，大数据和计算技术的结合使信息的扁平化成为必然结果，信息扁平化带来社会扁平化。传统的政府监管部门各自为政、独占信息资源的监管方式应顺应时代的变化而改变。在信息技术和大数据的支持下，政府监管机构间应加强协同、共享信息，同时让更多有能力掌握数据的社会团体和平台有条件加入监管的队伍，形成政府机构、非政府机构等多元主体共享信息、分配监管权力、共担监管责任的新的监管理念——合作监管。在合作监管中，合作各方应明确各自的权限，在各自的权限范围内协同合作完成监管，形成监管合力。在合作监管中，政府监管部门要保持其监管核心的地位，主要负责规则的制定、对重大事件的干预、对违法行为的处罚，以发挥国家政府部门的行政管理职能；同时，政府监管部门又应大胆放权，让非政府机构依托其在产业、区位、技术以及市场距离方面的优势，成为监管中的交往中心、交易中心、价格发现中心和信息中心，具体从事大量日常性的监管事务，并按政府监管机构的要求提供被监管对象的信息，形成"平台具体监管，政府综合监控"的模式，充分发挥多方主体的力量，形成政府监管部门为核心、多方参与的合作监管体系。

6.1.3.2　监管方式的革新——实施"精准监管+动态监控"①

实现"精准监管+动态监管"的前提是实现信息的及时性。大数据和云计算运用于会计为信息的及时提供和共享带来可能。监管机构应建立大数据监管平台。监管平台可以通过大数据技术对被监管对象的会计信息（数据）进行收集、挖掘、分析，据此生成财务指标表，再结合会计信息造假的案例，从财务分析常用指标集中选取较为敏感的指标作为数据检测的对象。同时，还可以结合企业的行业、地区划分，将被监管对象同全国企业的各指标进行横向和纵向的比较，确定检测的结果，从而精准找出问题企业。另外，依托信息技术非现场监管成为可能。与传统现场监管相比，非现场监管的监管人员不必亲临监管对象的现场，而是通过大数据监管平台获取监管对象的数据，通过对数据进行挖掘、分析发现企业活动的异常；大数据监管平台还可以批量、实时监控被监管对象自身与关联方、第三方之间的信用情况，并定位到每一家企业及其关联

---

① 该部分引自本书作者已发表在《政法论丛》2017 年第 6 期的论文《"互联网+"时代的会计监管制度的思考》。

方，提前锁定监管风险。会计监管的中心工作应是从企业经营各个环节的大数据中进行数据收集、挖掘、处理，通过分析这些数据来发现风险。非现场监管使对监管对象的实时、持续、全过程的动态监管成为可能。目前，重庆市地税局正在实践通过大数据税务平台对纳税人的精准监管；国家审计署也已初步实现对重点行业及部门的实时、非现场监管；人民银行运用非现场监管手段开展反洗钱监测也取得了一定的效果。"精准监管+动态监控"可以改变传统监管方式下的"事后规制"的弊端。虽然现有的传统管理模式都一再强调事前、事中监管，但是实际上仍然是事后监管，当被监管主体已经出了问题、对市场秩序已造成破坏的情况下才开始进行责任的追究，损失已难以挽回。"精准监管+动态监控"的监管方式通过对大量数据的及时获得和处理，对信息的收集与梳理，对关键节点进行控制，真正实现事前和事中的监管，及时发现违法行为并消灭于行为初期，保护社会利益。但是在实施监管方式的革新中，仍然要从制度上对精准监管和动态监控进行规范，对其程序、证据效力等以制度形式进行确定，并就监管对象提供的数据明确监管需求。

6.2　构建会计信息监管法律间的协调

　　会计信息监管法律制度是用法律的方式对会计信息的生成、审计、披露行为进行监督管理，以保证会计信息的质量和数量以及保护会计信息利益者的相关权益，会计信息监管法律规范间的相互协调是实现会计信息监管法律制度效果的有效保障。然而，从前面第4章的分析可以看到，我国会计信息监管法律制度间存在着一定程度的不协调，从而影响了会计信息监管法律制度效力的发挥。

　　如何有效处理好会计信息法律规范间的不协调问题？先来剖析一下会计信息监管法律制度不协调产生的原因。①从法理的角度分析。首先，哈耶克认为，人类在认知和能力上都表现出自身的有限性，由于人的认知和能力有限，人对新事物采取的行为总是相对滞后的，这反映在立法上就表现出制定的法律总是有不同程度的缺陷。其次，日本学者加藤一郎认为，法律的制定对于所规范行为的专注性越高其内容越明确，越边缘其内容越模糊。《会计法》《注册会计师法》相对于《刑法》等属于较专业的会计信息的法律规范，其专注于对会计信息的加工、鉴证的规范，而《刑法》对于会计信息只是内容中有所涉及，但并不是其主要内容，因此在有关概念上可能存在与《会计法》等法律的表述差异。最后，季卫东教授提出法律意识形态多元化已成为共识，法律意识形态的多元化使人们即使是对同一法律事实，也可能"仁者见仁，智者见智"。②从立法实践来看。首先，各部门法有自己的学科体系和学科语境，因此在对同一法律事实的表述上带有本学科的学科特征和语言特色。其次，各部门法的立法目的以及所代表的部门利益也会使各部门法间存在差异。

目前，会计信息监管法律规范间的不协调问题既使会计监管法律制度得不到有效的实施，也使会计信息监管法律制度的权威得不到保障，因此有必要探讨会计信息监管法律规范间不协调的问题。

6.2.1   以科学合理的立法目的为指导

遍观中国现行会计信息监管法律，没有一部法律没有立法目的的设定。作为会计信息监管法律制度最重要的基础法律《会计法》，其第一条就明确了其立法目的在于规范会计行为，保证会计资料真实、完整，维护社会主义市场经济秩序。《注册会计师法》开章明义地明确其管理注册会计师、维护社会公共利益和投资者合法权益的立法目的。《证券法》则定位为规范证券发行和交易、保护投资者利益。而《企业财务会计报告条例》《企业会计准则》《股票发行与交易条例》等相关会计信息监管法规都有其明确的立法目的。立法目的不仅为立法者指引方向，还使代表不同利益的立法者有一个共同的目标，并为解读法律文字提供指南。我国会计信息监管法律规范间存在的不协调，与法律间的会计立法目的不一致有一定的关系，特别是一些法律的法律保护曾经更注重政府利益的保护，而另一些则更注重投资者利益的保护。随着我国经济的发展，我国的会计信息监管法律制度应该根据现实的要求进行立法目的的协调统一，使整个制度体系都在同一个目标体系下构建。

6.2.2   协调会计界与法律界的差异

由于会计信息的生成、披露和审计活动有其自身的专业程序和特点，而且会计职业经过数千年的发展已形成职业习惯和惯例，因此，在建立会计法律概念体系时要从会计专业的角度进行构建，从会计信息在会计主体中的生成，到注册会计师对会计信息的审计，再到会计信息在公开市场上的披露，都要以会计的职业习惯、惯例和理论为基础，如果建立会计法律脱离会计本身，则本身就具有先天的缺陷。但同时基于法治国家和法治理念的要求，依据会计职业理论和习惯、惯例建立的会计行为规范最终要获得法律的确认才能产生法律的效力。因此，会计界要加强与法律界的沟通，法律界和会计界合作，将在会计理论和习惯、惯例影响下形成的会计行为规范进行法律的修正，将其提炼为具有法律效力的会计法律概念。其中，对"真实"的认识差异，是会计界和法律界长期关注和存在争议的典型会计法律概念，对"真实"的认识也影响了对会计执业准则（会计准则和审计准则）法律效力的认识。

"真实"作为重要的会计概念渗透于会计确认、计量的各个方面，最终表现为会计信息的特征。我国《会计法》要求"保证会计资料的真实、完整"，《企业会计准则——基本准则》要求"企业保证会计信息真实可靠、内容完整"。曹欲晓、唐国平和郑海英、张敬峰和蔡文春分别从会计真实性的历史演进、"真实性"的概念对比以及法学逻辑等方面进行分析，认为会计真实具有相对性，遵守会计制度符合"合法性真实"的标准。[①] 以西蒙的"程序性标准与实质性标准"有限理性理论为基础，谢德仁认为会计信息真实性应奠基在"程序理性为主、结果理性为辅、两者相互促进"的基础上。吴水澎、黄彤认为会计信息真实性的"判别标准"只能是"遵循原则的程序理性"，并认为其可作为"会计界与法律界协调的起点"。蒋尧明以法律界的"客观真实说"和"法律真实说"的辨析为基础，认为会计真实性在更大程度上应体现为程序真实，即会计信息的生产和报告应符合会计法律、法规和规章规定的会计程序的要求，是遵循程序理性的结果，而"会计标准是衡量会计信息真实性的直接依据"。以上会计界学者是对于会计真实的观点虽经过了不同的证成过程，但是结论却基本认为会计"真实"是"程序真实"或"程序理性的结果"。

我国的法律在对会计信息的真实性规定时，更趋向于结果真实。《中华人民共和国会计法》第九条、《中华人民共和国公司法》第一百六十四条和第一百七十条、《中华人民共和国证券法》第六十三条都强调与客观事实相符的结果

① 曹欲晓认为，会计真实性包含主观真实性和客观真实性两个方面，提出"会计真实性的进化表现为相对真实性向绝对真实性的无限逼近"。唐国平、郑海英通过对多个"真实性"概念的比较后提出，"严格而准确地按会计准则与会计制度规范处理会计业务"是会计真实的最低标准，"绝对真实"是终极目标。张敬峰、蔡文春"以辩证唯物主义认识论为指导，从法学逻辑出发"获得了相同的结论，认为"会计真实的理想目标是客观真实，现实标准是法律真实"。

真实。① 特别是当注册会计师以遵循了独立审计准则作为抗辩理由为自己所作的不符合实际情况的审计报告来摆脱责任时,其程序上的正义性总是受到挑战。

但是,由于会计工作的特点,会计信息系统本身是一个由人设计而成的系统,会计信息是会计主体对客观经济活动的一种主观认识,其本身受到人本身在认识、使用的方法等因素的影响,不可能完整、绝对地反映事物的本身;会计信息是会计人员对会计主体已发生的经济活动的反映,其本身就是对历史的反映,而对事物的认识是不断发展的,对过去的经济活动的认识和反映也可能因人的认识发展而产生改变;会计信息是会计主体对客观事实的主观认识,对会计信息结果真实与否的评价也是主观的,受人的认知能力限制。因此,会计信息的真实性本身具有相对性、动态性以及评价的主观性,由此,会计信息程序真实是现实的选择。

一味地遵循"程序真实"会导致企业管理者与会计人员利用规则规避法律责任,从而使会计信息越来越偏离反映企业经济事实的目标。而且,会计程序规则的制定是一个多方博弈的结果,并不一定就能保证会计目标的完全实现,随着经济业务的日益复杂,规则制定的经济后果日趋明显,完全忽略结果真实的目标而过分强调程序理性,会使会计规则变得越来越具体、详尽,这容易造成规则应用中的复杂性和不确定性。所以,在强调程序理性具有相对优越性的同时,不能轻视结果理性在保证程序理性中的重要作用。

可见,在实践中单纯地强调会计界或法律界一方的立场都是不可取的,会计界与法律界应结合会计的目标实现,增强沟通,建立同一目标下的语境,增强会计界与法律界的协调,促使会计法律更加具有法律的权威。

6.2.3　构建协调途径

会计信息监管法律制度的协调不仅是法律规范间的内容表述的协调,也不仅是法律界和会计界间的协调,还应包括立法、法院以及财政部等机关的协调,以建立立法、司法、会计职业管理分层次的协调机制。

首先,从立法上解决协调问题。《会计法》《注册会计师法》等专业性很强

---

① 《中华人民共和国会计法》第九条强调会计核算的对象是"实际发生的经济业务事项";《中华人民共和国公司法》第一百六十四条和第一百七十条的规定则指出财务报告必须依照法律、行政法规和国务院财政部门的规定,根据真实、完整的会计资料进行编制,其强调的是要以客观事实为基础;《中华人民共和国证券法》第六十三条的规定强调的仍然是上市公司所披露的会计信息应与客观事实相符。

的与会计有关的法律从法律的位阶上同《刑法》《民法》等是一样的，但是由于《刑法》和《民法》在整个社会生活中更具基础性地位，而《会计法》和《注册会计师法》相较而言较边缘化，所以在立法上，《会计法》和《注册会计师法》的立法质量显然不如《刑法》和《民法》。而且，由于我国资本市场的迅速发展，为了适应市场需求，我国的会计信息监管法律短时间内大量立法，也使立法质量受到影响。法律规范间出现较多的冲突和不协调正是法律质量有待提高的证据。因此，应从立法着手，从根基上提高会计信息监管法律的协调性。严格立法程序，减少法律中代表过多部门利益的情形；提高立法人员素质，特别是会计立法，要将法律专家和会计专家组织在一起对立法进行讨论。

其次，从司法上解决协调问题。法律解释是协调会计信息监管法律规范的重要方式，当法律间出现冲突或是表述不清楚时，法律解释可以发挥重要的作用。美国学者帕森认为，法律之所以富有生命力，是在于对其的理解、解释和运用。法律所固有的概况性以及开放性、社会性等特征，使法律制度不可能对所有的社会现象进行包含，法律需要法律解释来使其适应社会的发展。同样，法律制度的实施离不开法律解释。而我国现行会计信息监管法律制度的不协调，很多时候在于对法律制度的解释不够。例如，对于红光事件法院裁决不予受理的理由，最高人民法院副院长李国光就谈到，"人民法院受理和审理各类民事侵权纠纷案件，积极出台相应司法解释，对建立和完善证券市场上侵权民事责任制度具的迫切和重要的意义"。具体在法律解释过程中，要按照会计信息监管法律规范本身的立法目的，合理运用法律解释的方法，从反映法律本义的立场去解释，从而解决法律间存在的冲突和缩小法律间的差异。在我国主要有三种法律解释——立法解释、司法解释和行政解释，但是有学者认为立法机关集立法权和解释权于一身不太合理，而行政解释又有扩大行政权的嫌疑，因此应扩大司法解释的运用，限制立法和司法解释。通过司法解释解决我国会计信息监管法律规范的不协调不失为一个选择。

最后，发挥财政部作为全国会计工作主管机关的作用，通过建立和完善会计准则和审计准则等会计执业准则体系，推进会计界与法律界的互通与合作，成为重要的协调主体。同时，财政部加强与证监会的信息共享和监管合作。另外，重视会计准则的基础地位，因为会计准则是会计信息监管法律其他法律规则的语言基础，为其他法律规则提供会计行为的方法认定。有必要在法律中对会计准则的地位加以法律的确定，使其更具有法律的效力，并同时以更科学的制定程序和手段提高会计准则的质量。

6.3　完善现行会计信息法律责任机制

对于违法者而言，其进行的是一种风险与收益的决策，显然，如果潜在违法者认为期望收益大于零的话，便可能会实施违法行为，如果期望收益巨大的话，便会不顾一切地实施违法行为。① 因此，如果增加违法成本，可以在一定程度上威慑和惩罚违法行为。法律责任就是违法者的主要违法成本。因此，要有效地惩罚和预防犯罪，法律责任设定显得极其重要。本书认为，会计信息法律责任的设定主要应该解决两个问题：谁来承担会计信息法律责任以及承担什么会计信息法律责任。

6.3.1　会计信息法律责任主体的认定

所谓会计信息法律责任主体，是指哪些人对会计信息的真实性和完整性承担法律责任。各国的法律都对会计信息的法律责任主体进行了规定。② 我国《会计法》将单位负责人作为会计信息的主要法律责任承担主体，同时又规定对《会计法》的单位和直接负责的主管人员和其他责任人员为承担会计信息法律责任的主体，③ 这使得根据《会计法》确定会计信息法律责任主体产生了一定的障碍。同时，《证券法》将发行人、上市公司或者其他信息披露义务人作为承担会计信息法律责任的主体，并规定处罚对象为直接负责的主管人员和其他直接责任人员。④《公司法》⑤ 和《刑法》将会计信息法律责任的主体规定为直接负责的主管人员和其他直接责任人员。⑥ 以上法律对会计信息法律主体的规定不同，必然带来执法中的问题，也会给违法者留下"可钻的空子"。

---

① 马惊鸿在其《我国会计法规监管效果的影响因素分析》一文中对会计法规监管进行了博弈解释，认为对公司的处罚是一个重要的影响因素，如果对公司的处罚相对于其造假收益很轻，那么即使监管部门和社会监督等工作做得再好，公司也一样会放弃会计诚信原则。

② 美国 1933 年《证券法》第 11 节规定了注册报告书的法律责任主体；日本在《商法》中规定了持续信息披露的法律责任主体。

③ 参见《会计法》第四条、第四十二条。

④ 参见《证券法》第一百九十二条。

⑤ 参见《公司法》第二百零三条。

⑥ 参见《刑法》第一百六十至一百六十二条。

　　会计信息法律责任来源于经营者对所有者的受托责任和股东的知情权。现代公司实现了经营权与所有权的分离，经营者与所有者之间形成委托代理关系，经营者作为受托人在会计上称作"受托责任"。受托人承担合理、尽职地管理所有者资源的责任，保证企业资产的安全、完整和保值、增值，实现企业价值最大化。同时，经营者要如实地向所有者提供会计信息，以表明受托责任的履行情况。而会计信息的作用之一就在于把受托责任的完成情况承现出来。同时，会计信息的另一重要作用在于满足所有者的知情权。知情权是保障所有者对公司业务监督纠正得以有效行使的必要前提和手段，是全面保护所有者权益的重要的一环。知情权是所有者的一项根本权利，其重要内容就是所有者能够取得与所投资对象相关的可靠消息，以做出科学合理的决策，而会计信息正是所有者所需要获取的，也是所有权的内在要求，提供真实、完整的会计信息是经营者对所有者的法定义务。

　　这里需要提到法律责任和法律义务，台湾学者曾世雄对责任和义务的关系进行过相当精辟的论述：人类在生活正态面下发生的私法法律关系，乃权利、法益或义务关系；人类在生活反态面下发生的私法法律关系，乃权利或责任关系。正态面下的权利（或法益）乃原权力（或原法益）；反态面下的权利，乃救济权。正态面下的义务，一转变为反态面，即为责任。因此责任和义务是相互转化的。如果义务主体履行了义务，权利主体的合法利益完全实现，则法律关系正常消灭。而如果义务主体不履行其义务，该为的行为不为，不该为的行为又为了，侵害了权利主体的合法利益，则义务又转化为了责任。会计法律责任主体的诚信义务是具体确定相关主体会计信息法律责任的基础。会计法律责任主体的诚信义务的设立在于保护委托代理关系下所有者的利益，因为在委托代理关系所有者与经营者之间存在一种信息不对称的不对等关系，所有者处于信息劣势，经营者处于信息优势。波斯纳认为："诚信原则是解决信息成本不公平问题的法律方法。"① 诚信义务包括注意（勤勉）义务和忠实义务两方面，而对于相关主体是否应承担会计信息责任则主要是看是否尽了注意义务。

　　分析会计信息从生成到披露的过程可以发现，影响会计信息质量的主体主要有两类：第一类为会计主体及其内部人；第二类为审计主体及其内部人。下面从

---

　　① 波斯纳. 法律的经济分析［M］. 北京：中国大百科全书出版社，1997：144.

分析这两类人的诚信义务出发，探讨其是否可以成为会计信息法律责任主体。①

6.3.1.1　会计主体及其内部人

会计主体及其内部人是会计信息的生成者和控制者，同时也是会计信息的第一受益者，其对会计信息质量的影响也是最大的。会计主体及内部人主要包括：

（1）企业或公司。对于企业或公司是否应成为会计信息法律责任主体，笔者认为企业或公司对投资者负有诚信义务，应对虚假的会计信息承担责任，这一点在我国《会计法》和《证券法》中都有所规定，《会计法》中明确单位是承担行政责任的主体，《证券法》中也明确单位（发行人、上市公司）为承担行政责任的主体。原因在于会计信息的利益相关者是依据会计主体发布的会计信息进行决策的，对会计信息存在依赖，这种依赖产生了诚信义务，会计主体违反该义务就应就此对投资人产生的损失进行赔偿。

（2）控股股东。控股股东一般是指拥有的股份的投票权比例足以控制公司经营事务的个人或机构。由于公司（特别是上市公司）的决策机关——董事会的多数成员实际上都代表控股股东，而经理也通常会代表控股股东，因此控股股东可以通过董事和经理对公司行使经营管理权利进而对会计信息施加重大的影响。由于控股股东往往通过董事、经理实现对公司的控制，因此西方国家对控股股东均课以诚信义务，要求其不得在行使自身权利时损害公司和少数股东的利益。② 在美国，若控股股东违反诚信义务造成少数股东的损失，少数股东可以直接向法院对控股股东提起诉讼。控股股东的诚信义务主要基于其对公司经营行动的控制，控股股东作为公司经营管理的实际控制者，很可能是虚假会计信息的实际操控者，并成为受益者，因此就会计信息而言，控股股东应对公司的虚假会计信息承担法律责任。在我国《证券法》中要求控股股东在不能证明其无过错的情况下对上市公司虚假财务报告的行为承担责任，《最高人民法院关于审理证券市场因虚假陈述引发的民事赔偿案件的若干规定》（2003）将控股股东列为此类案件的被告，但是我国《公司法》并没有就控股股东的诚信义

---

① 为了更全面地讨论会计信息法律主体的问题，本书在这里主要就会计信息作用的发挥最典型的企业形态——上市公司进行分析。

② 1919 年 Brandies 法官在 Southern Pacific Co. v. Bogert 中做出的判例："大股东掌握着控制公司经营的实力，而当大股东行使其控制权时，不论其所用的方法律是什么，都应产生诚信义务。1975 年 Massachusetts 最高法院在 Donabue v. Rodd Electrotype Co. of Newingland Inc. 中确立控股股东对中小股东负有诚信义务。德国《股份公司法》第 309 条、第 317 条对控股股东的赔偿责任进行了规定，德国最高法院于 1988 年承认了控股股东对少数股东的诚信义务 。——转引自李明辉. 上市公司财务报告法律责任之研究 [D]. 厦门大学博士学位论文，2003.

务作出规定。

（3）董事。Fama 和 Jensen 认为，无论是大型或小型的决策控制制度，在组织决策控制体系的顶端都是董事会。在所有权和经营权相分离的情况下，为保护股东的利益，也是为了最小化因所有权和经营权分离所发生的成本，股东将公司的经营权委托给董事会。基于对董事的信任，股东将公司的经营权交给由董事组成的董事会，当董事不能善意地履行职责时，就应当承担责任。而且，董事不仅对现有股东负有诚信义务，对潜在投资者、债权人以及公司其他利益相关者都应负有诚信义务。就会计信息而言，财务人员编制的财务报告需经过董事会的审核才能披露给股东或其他利益相关者。董事基于诚信义务应对财务报告的审核持谨慎的态度，以保证会计信息的真实、完整。如果因董事的故意或重大过失导致虚假会计信息的产生，并给利益相关者造成了损失，即使注册会计师对财务报告进行了审计，也不能免除董事的责任。关于董事对会计信息的法律责任在英美法系和大陆法系国家的法律中都做出了相应的规定。[1] 我国《公司法》[2]、《证券法》[3]、证监会发布的《公开发行证券的公司财务报告的一般规定》第六条及《公开发行证券的公司信息披露内容与格式准则第 2 号——年度报告的内容与格式》第十五条对董事的会计信息法律责任直接或间接地进行了规定。

（4）监事。监事会是大陆法系的公司治理结构中专门设立的监督董事和经理的机关。我国《公司法》依循大陆法系，监事会是公司必须设立的监督机关，其作用是代表股东监督董事会和经理，防止其从事损害公司和股东的行为，保证公司向股东提供的会计信息真实、完整。监事会中的监事由股东大会基于信任选举产生，并代表股东的利益，因此对公司和股东负有诚信义务。德国、日本等大陆法系国家均对监事的诚信义务作了规定。[4] 另外，监事对除股东以外的其他利益相关者也应负诚信义务，特别是上市公司，因其特殊的经济地位，

---

① 英国《公司法》（1989）第 7 条第一款规定了公司的每一位董事从财务报告被批准之时起，就被认定为批准行为的当事人。日本商法第二编《公司法》第 266 条规定董事行使其职务属恶意或重大过失时，该董事对第三人亦负连带赔偿责任。德国《有限责任公司法》第 41 条规定管理董事有义务使公司依照规定进行会计工作。

② 参见《公司法》第二百一十二条。

③ 参见《证券法》第六十三条。

④ 德国股份公司法第 116 条、第 93 条规定监事在执行义务时，应尽通常及认真的业务执行人之注意，违背注意义务，应当作为连带债务人对公司负赔偿由此而发生的损害的义务。日本商法第 277 条规定，监事怠于执行其任务的，该监事对公司负连带损害赔偿责任。

公司的行为可能直接或间接地导致股东以外的其他利益相关者遭受损害。监事会作为公司内部保障会计信息质量的重要力量，与之权利相对应的就是其应承担会计信息法律责任，此责任包括对公司、股东、利益相关者等的法律责任。

（5）经理。经理是在所有权与经营权相分离的情况下，董事会作为公司的常设机关，往往将公司的日常性经营事务交与专门的经理人员去完成。这里的经理是指公司的高级管理人员。根据我国《公司法》第一百一十九条的规定，股份有限公司设经理，由董事会聘任或解聘，经理对董事会负责。根据法律规定，经理受董事会委托具体负责公司的日常经营管理活动，当然也包括负责会计信息的生成和披露。经理是公司会计信息的最直接控制者，会计部门受经理的领导并直接接受经理的指令编制财务报告，因此会计信息的生成和披露很大程度来源于经理的意志，董事只负责对财务报告进行规定的审核。美国在萨班斯法案中加大了经理对财务报告的责任，要求 CEO 或 CFO 在提交公司定期报告时对财务报告做出保证。我国《证券法》第六十三条要求公司高管对虚假会计信息承担民事责任，《会计法》中规定单位负责人保证会计信息的真实、完整。

（6）会计人员。会计人员是在企业（公司）里具体从事会计核算和编制财务报告的人，其受聘于企业的经营者，根据经营者的指令和会计职业道德的要求从事会计工作。作为会计人员，从其遵守会计职业道德[①]的角度出发，应遵循诚信义务。我国《会计法》第四十三条规定，会计人员可以因伪造、变造会计凭证、会计账簿及编制虚假会计报告而被追究行政责任或刑事责任。我国《公司法》第二百一十二条规定，对于公司对外披露的虚假会计报告，可以追究直接责任人员行政责任和刑事责任。我国《证券法》第一百七十七条规定，证券发行上市时披露的信息是虚假的，可以追究直接责任人员行政责任和刑事责任。我国《刑法》第一百六十一条规定，对于虚假会计报告损害股东或他人利益的，可以追究直接责任人员刑事责任。这里的直接责任人员就是指具体从事会计核算和编制财务报告的会计人员。本书认为，这里会计人员的会计信息法律责任的承担主要是基于违反了会计职业道德，而违反会计道德的行为使会计信息的外部使用者遭受了不同程度的损失。我国法律对会计人员的民事法律责任并没有进行具体的规定。会计人员作为受聘于经营者的工作人员，很多时

---

① 我国 1996 年发布的《会计基础工作规范》中规定会计人员的职业道德主要包括六个方面：爱岗敬业、熟悉法规、依法办事、客观公正、搞好服务、保守秘密。CIMA's code 规定会计人员的基本职业道德包括：诚实正直、客观、尽职尽责、保守秘密、遵守法律。

候是依照经营者的意思办事，会计信息作假行为大部分来自于经营者的授命，因此对于会计信息造假的行为会计人员只需承担行政责任和刑事责任是合理的。由于会计人员与企业（公司）之间是雇佣关系，受雇者执行职务行为所致他人的损害，由雇佣人承担赔偿责任，会计人员本人并不承担民事法律责任。

6.3.1.2 审计主体及其内部人

审计主体主要是指注册会计师事务所，审计主体内部人是指会计师事务所从事审计业务的注册会计师。

（1）会计师事务所。我国《注册会计师法》第三条规定，会计师事务所是依法设立并承办注册会计师业务的机构。注册会计师执行业务，应当加入会计师事务所。从该条文的规定可以明确，从与被审计主体的关系上看，由会计师事务所统一接受被审计单位（客户）的委托并收取业务收入，服务合同的双方当事人分别为会计师事务所与被审计单位，注册会计师是在会计师事务所与被审计单位签订服务合同后被指派为客户从事相应的审计服务，并代表会计师事务所完成审计服务任务。作为审计服务的承接方，审计服务合同的当事人——会计师事务所要对属于其管理范围内的审计人员和审计报告负责。会计师事务所在最终形成的审计报告上加盖公章也是对其委派的审计人员的审计行为和审计结果的监察和保证。因此，会计师事务所作为审计主体对审计行为和结果承担法律责任。对于会计师事务所作为承担会计信息法律责任的主体，在我国的《公司法》《证券法》《注册会计师法》以及最高人民法院发布的司法解释中都进行了相关的规定，① 是学界和实务界都共同认可的。

（2）注册会计师。注册会计师是直接从事审计业务并对会计信息质量产生证明性影响的个体。注册会计师作为承担会计信息法律责任主体的原因主要有两点：首先，注册会计师作为一种专家，其执业活动具有特殊性，就世界范围而言，各国都要求注册会计师执业遵循各国的审计准则规定的程序，并在执业活动中保持应有的"执业判断力"和"职业谨慎态度"，如违反相关法律规定，则可以由主管注册会计师的部门对其处以行政处罚，对于主观故意违反规定构成犯罪的，依法追究刑事责任。其次，对于出具的审计报告，除了会计师事务所需要盖章以外，各国法律也要求需有注册会计师签名盖章方可生效。这表明

---

① 《注册会计师法》第三十九条、第四十二条分别规定了会计师事务所的行政责任、民事责任；《公司法》第二百零八条规定了中介机构的民事责任；在法释〔2007〕12 号和 2003 年"1.9 规定"中都对会计师事务所的民事责任进行了规定。

注册会计师对审计行为与审计结果同样具有保证的作用，如若审计报告的生成规程违规，或是造成利益相关者受损害，注册会计师应承担相应的法律责任。在我国的现行法律中实际上也认可注册会计师作为承担会计信息法律责任的主体。除了在《注册会计师法》《刑法》中对注册会计师的行政责任和刑事责任进行了规定，另外在法释〔2007〕12 号和 2003 年"1.9 规定"中对注册会计师的民事责任进行了规定。2010 年发布的《关于推动大中型会计师事务所采用特殊普通合伙组织形式的暂行规定》要求大中型会计师事务所由有限责任公司制转变为特殊普通合伙制，从法律责任的角度看扩大了注册会计师潜在的法律责任，强化了注册会计师承担会计信息法律责任的趋势。

6.3.2　行政责任、刑事责任和民事责任的功能比较

赵震江、付子堂认为，法律责任是指"对违反法律上的义务关系或侵犯法定权利的违法行为所作的否定性评价和谴责，是依法强制违法者承担法定的不利后果，做出一定行为或禁止其做出一定行为，从而补救受到侵害的合法权益，恢复被破坏的社会关系和社会秩序的手段。"凯尔森则认为，法律责任是由一个人的不法行为引起的制裁。① 依照学者们对法律责任的概念的认识，会计信息法律责任就是违反了会计信息相关法律规范上的义务关系，做出了侵犯会计信息相关法律规定的法定权利的违法行为，依法强制违法者承担法定的不利后果，以补救受到侵害的合法权益的手段。法律责任因违法行为所触犯法律的性质不同分为行政责任、刑事责任作和民事责任。我国《会计法》《公司法》《证券法》《刑法》等法律规范规定了与会计信息相关的行政责任、刑事责任和民事责任。

法律责任一般具有惩罚功能、补偿功能和预防功能。建立会计信息法律责任制度的目标：一是对会计信息违法者进行处罚，二是对虚假会计信息造成损害的受害人以救济和补偿，三是增加现在会计信息监管系统的监管效率，预防会计信息违法行为的发生。为实现该目标，行政责任、刑事责任和民事责任需要在具体会计信息监管制度中进行功能上的分工和协调，并且三种法律责任缺一不可。

---

① Hans Kelsen. Pure Theory of Law ［M］. Translated by Max Knight. University of California Press ，1967：119-120. 转引自凯尔森. 法与国家的一般理论［M］. 沈宗灵译. 北京：中国大百科全书出版社，1996：65.

6.3.2.1　行政责任的功能与现实不足

行政责任是行为人违反了行政法律法规及规章所规定的义务，损害了国家、社会和人民的利益，由违法人承担的在行政上的法律后果。行政责任的承担方式包括行政处分和行政处罚两种。行政处分是国家行政机关依照行政隶属关系对有违法失职行为的国家机关公务人员的一种处罚措施。行政处罚是国家行政机关对构成行政违法行为的违法主体实施的行政法上的制裁。我国的会计信息监管法律中涉及的行政责任的行政处罚主要由财政部、证监会及其他监管部门实施。

就会计信息而言，由会计信息监管部门对违反会计信息生成和披露以及审计规则的行为予以惩罚，以保护会计信息使用者的利益和维护会计信息市场的秩序。会计信息监管部门对会计信息违法行为进行行政处罚是必要的且有一定的惩罚和威慑作用，但是如果过度依靠行政责任，则可能导致难以有效约束、惩罚会计信息违法行为，难以有效保护会计信息使用者的利益。因为现实中行政处罚本身的威慑力不够：一是违法成本比较低。从前章的分析中可以看到，我国目前在会计信息监管中最常用的行政处罚是警告和罚款。警告作为一种行政处罚本就对被处罚单位和个人产生不了太大的触动，而我国目前低额的罚款金额难以对违法人造成足够的威慑，也无法补偿受损害人的损失。二是行政处罚的时效短。《行政诉讼法》第二十九条规定，对违法行为实施处罚的时效为2年。三是行政机关在进行违法行为的查处时往往因其监管力量有限导致效率不高。四是行政机关作为主要的行政处罚主体容易产生寻租。

6.3.2.2　刑事责任的功能与现实不足

刑事责任是因违反刑事法律而应承担的不利后果。刑事责任是最严厉的法律责任，只有造成严重损害的会计信息违法行为才会承担刑事责任。[①] 刑事责任的功能在于通过惩罚犯罪人，以达到预防犯罪、维护社会安宁的目的。目前我国《刑法》关于会计信息犯罪的刑事责任并不足以震慑会计造假的行为，其刑期一般较短，即使处以罚金，往往金额不大，相比其造成的会计信息使用者

---

　　① 这里所谓的"严重损害"，根据2001年5月《最高人民检察院、公安部关于经济犯罪案件追诉标准的规定》的司法解释：公司向股东和社会公众提供虚假的或者隐瞒重要事实的财务会计报告，涉嫌下列情形之一的，应予追诉：造成股东或者其他人直接经济损失数额在五十万元以上的；致使股票被取消上市资格或者交易被迫停牌的。

的损失其处罚显得力度较轻。① 另外，如前章所述，《刑法》中与会计信息犯罪相关条款的规定与其他会计信息监管法律间存在不协调，也使这些年对会计信息犯罪的刑事责任处罚较少。

6.3.2.3　民事责任的功能与现实不足

民事责任是民事法律关系中义务主体违反法律规定的或者合同约定的民事义务，侵害民事权利主体的民事权利，依民法之规定而产生的一种法律后果。民事责任包括侵权责任和违约责任两种。民事责任的典型功能主要是补偿，使损失可以减少或是恢复原状，以恢复违法行为所导致的当事人之间的失衡的利益关系，消除违法行为的不良后果。民事责任多为财产责任，补偿功能是民事责任的基本功能，这种功能无论是在大陆法系国家的损害赔偿制度，还是在英美法国家的赔偿金制度中都有非常鲜明的体现，我国学界也认为"全面补偿原则"是行为人承担民事责任所应遵循的原则。损害赔偿是体现民事责任补偿功能的主要方式。

同时，民事责任也同样具有惩罚和预防的功能。对于会计信息的违法行为，民事责任中的损害赔偿较之刑事责任与行政责任，对违法者的震慑作用可能更大。在证券市场发达的美国，对证券违法者最具震慑力的不是刑事诉讼或是行政处罚，而是由小股东提起的以集团诉讼为特征的民事诉讼。因为证券违法者一旦败诉，必须承担巨额的赔款。民事责任中的损害赔偿不仅可以使受损者的损失得到补偿，使违法者因违法行为获取的非法利益被剥夺，同时还会承担巨大的经济负担，这样大的违法成本，使潜在违法者对违法行为望而却步。

另外，民事责任运用于会计信息违法行为还可以有效调动会计信息使用者参与对会计信息的生成和披露的监管，弥补行政机关在行使监管权上的不足。何美欢认为，在公司及证券领域，个人诉讼的特别优胜之处是其威慑作用。由于证券机构的力量有限，不可能发现所有的虚假陈述和其他不当行为，私人民事诉讼成为证监会审查的有益补充。从我国的实践来看，许多会计信息造假都不是由行政机关最先发现的，而是由投资者或者是社会媒体发现的，随着资本市场的不断发展，仅依靠行政监管机关来发现会计信息造假并加以处罚已不再是有效率的做法，可以发挥民事责任的功能来督使会计信息生产者提供真实、完整的会计信息。

---

① 例如，《刑法》规定对虚假陈述行为人"处三年以下有期徒刑或者拘役，并处或者单处二万元以上二十万元以下罚金"。

但是，遗憾的是，在我国的会计信息监管法律制度中存在"重行政轻刑民"的现象，即使规定了民事责任的承担，但在司法实践中也并没有很有效地利用民事责任对会计信息违法行为进行处罚，而更多地还是依靠行政机关做出的行政处罚。鉴于此，完善我国的会计信息监管法律制度的法律责任，必须对民事责任制度进行完善，因此，下文主要就会计信息民事法律责任的完善进行阐述。

6.3.3 建立三责并存下民事赔偿责任优先机制

现代法律责任由行政法律责任、刑事法律责任和民事法律责任构成。行政责任和刑事责任的主要功能在于惩罚和预防犯罪，以维护社会秩序；民事责任的功能在于消除违法行为的不良后果，使当事人因违法行为而失衡的利益恢复原状，从而使受害人的利益得到救济。基于不同的违法性判断，上述三种法律责任的构成要件不同，责任形式有别，通常情况下对于会计信息违法行为三种法律责任应当各自独立，并行不悖。但是会计信息违法行为常常会涉及财产责任的承担，表现为民事赔偿责任与行政处罚中的财产罚（罚款、没收）及刑罚上的财产刑（罚金、没收财产），因此三者又有并存之处。当一个违法行为满足两个及以上不同性质的财产责任的构成要件，而责任人的财产不足以全部承担时，就有必要确立责任承担的先后顺序。因此，法律责任的设定就涉及违法行为应承担何种法律责任，以及当发生责任竞合时应以哪种责任为主才能有效惩罚和威慑违法行为。

在资本市场发达的美国，由股民提起的带来巨额赔偿的民事责任往往比刑事责任或行政责任更让资本市场上的违法者们恐惧。我国法律中关于会计信息违法者承担的主要责任是行政责任和刑事责任，对于民事责任的规定非常薄弱，并未建立起完善的民事赔偿责任机制。根据发达国家的经验以及会计信息违法行为的后果来看，民事赔偿责任相较于行政法律责任和刑事法律责任对于处理会计信息违法行为更有优势。因此，有必要在三责并存的基础上实施民事赔偿责任优先机制。所谓民事赔偿责任优先，就是当同一违法行为同时存在几种以财产为标的法律责任时，民事赔偿责任优先于其他法律责任得以实现。

6.3.3.1 民事赔偿责任优先其他责任的法理基础

（1）体现私权的公平保护。民事责任是对私权实现和救济的保障，行政责任和刑事责任是对公权实现的保障。会计信息的监管要以保护会计信息使用者的私权为目的。由于会计信息违法可能涉及违法者获取巨额的非法收入，同时会计信息使用者会遭受巨大的损失，所以行政责任和刑事责任中的财产责任金额都较大。而行政责任和刑事责任中的罚款和罚金都要上缴给国库，因此如果不实行民事赔偿责任优先，则可能导致重视了国家利益而忽视了会计信息使用者的利益，从而损害私权。另外，会计信息违法者之所以生产和披露虚假信息，是期望虚假会计信息能使会计信息使用者产生错误决策而从中获利，其多数会计信息违法所得来自于会计信息使用者，特别是投资者。行政处罚和刑事处罚中的财产责任的罚款、罚金都是来自于会计信息违法者自身，其根本来源即来自于会计信息使用者（特别是投资者），而罚款和罚金是上交国库，等同于将会计信息使用者（特别是投资者）的财产转归国家所有，这显然不符合公平的法治理念。因此，民事赔偿责任优先则可给予受损害的会计信息使用人以充分的救济和补偿。

（2）会计信息使用者利益保护的重要机制。保护会计信息使用者利益是会计信息监管法律的核心目标。在会计信息市场上由于会计信息不对称，会计信息使用者处于弱势地位，其权益和利益容易受到损害。作为具有救济和补偿功能的民事责任制度，其基本的价值目标就是给予会计信息违法行为的受害者以合理的补偿，民事赔偿责任优先正是为了实现这一目标。

（3）提升会计信息监管效率的有效途径。在对会计信息进行监管的法律机制中，行政机关所代表的公权力是实现会计信息有效监管的非常重要的机制构成。然而，会计信息的生成、披露具有一定的专业性，且会计主体的规模巨大，而行政机关受人力、物力的限制不可能对会计信息进行全面的监管，其监管效果虽然有效，但是却有限。民事责任制度是可以发动会计信息使用者对自己权益的关心，对会计信息的相关行为进行持续的关注，及时发现其中的违法行为。这种源自市场的监督力量是提升会计信息监管效率的重要保障，而民事赔偿责任优先更是激发会计信息使用者参与监管的主动性、提升会计信息监管效率的有效途径。

6.3.3.2　民事赔偿责任优先的立法基础及实施障碍

在我国已颁布的法律中，许多法律都对民事赔偿责任优先进行了确立。《刑法》第三十六条[①]在法律层面最先明确了民事赔偿责任优于同一犯罪行为所被

---

① 参见《刑法》第三十六条："由于犯罪行为而使被害人遭受经济损失的，对犯罪分子除依法给予刑事处罚外，并应根据情况判处赔偿经济损失。承担民事赔偿责任的犯罪分子，同时被判处罚金，其财产不足以全部支付的，或者被判处没收财产的，应当先承担对被害人的民事赔偿责任。"

处以的罚金和没收财产等财产刑。根据《刑法》的规定，刑事案件中对犯罪人财产的处理应当优先满足被害人民事赔偿的要求。《公司法》第二百一十四条①和《证券法》第二百三十二条②明确了责任人民事赔偿责任和行政责任中的财产责任产生竞合时适用民事赔偿优先执行的原则。《侵权责任法》第四条③明确了行政责任、刑事责任与民事侵权责任相竞合时，侵权责任优先。

然而，在我国实施民事赔偿责任优先机制却存在障碍。首先，民事赔偿优先缺乏程序保障。虽然民事赔偿责任优先在《刑法》《公司法》《证券法》《侵权责任法》中都有所体现，但是各法中却并没有明确民事赔偿责任优先的实施要件和程序，缺乏程序保护的民事赔偿责任优先往往只停留于立法上而无法真正适用。其次，缺乏必要的制度来保障民事赔偿的资金来源。如前所述，由于行政责任和刑事责任的罚款或罚金的执行效率优先于民事赔偿，因此民事赔偿基本无法实现。

6.3.3.3 我国民事赔偿责任优先的实现路径

（1）从立法上给予程序上的保障。相应的程序规范是实体法实施的保障。民事责任、行政责任、刑事责任的实现基于三大诉讼法的规定，为保证民事赔偿责任优先，最根本的是三大诉讼法之间的协调和明确，而具体的规定则可以着手于对民事赔偿责任优先具体程度的规定，包括其申请程序、审查程序和执行程序。

（2）建立相应的资金保障制度。可以考虑建立行政罚款和刑事罚金暂缓入库的规则，以保护行政责任或刑事责任因高效先行执行时，在违法者的可赔付资金上为民事赔偿责任留下可执行的金额。另外，当行政处罚或刑事诉讼已审理完毕，而民事诉讼尚未提起，为保证执行的效率，行政处罚和刑事处罚必先执行上缴国库，为维护民事权利人的利益，国内学者提出建立行政罚款、刑事罚金的财政回拨制度。当发生民事赔偿责任，而又因行政处罚或刑事罚金的执行导致无资金可以实现时，可以向国家国库申请实现其债权。

---

① 参见《公司法》第二百一十四条："公司违反本法规定，应当承担民事赔偿责任和缴纳罚款、罚金的，其财产不足以支付时，先承担民事赔偿责任。"

② 参见《证券法》第二百三十二条："违反本法规定，应当承担民事赔偿责任和缴纳罚款、罚金，其财产不足以同时支付时，先承担民事赔偿责任。"

③ 参见《侵权责任法》第四条："侵权人因同一行为应当承担行政责任或者刑事责任的，不影响依法承担侵权责任。因同一行为应当承担侵权责任和行政责任、刑事责任，侵权人的财产不足以支付的，先承担侵权责任。"

6.4　结合新形势完善部分会计信息监管法律的内容

6.4.1　突出《会计法》的定位，完善《会计法》的内容

自 1978 年改革开放起，我国经济法的发展已有四十余年的历程。1985 年颁布的《会计法》是我国经济法律建设中最早建设的法律之一。虽然《会计法》的历史较长，但是由于主要规范独立于法律界的专业领域——会计，所以长期被认为是一部边缘化、冷僻的法律。然而，随着我国市场经济的发展，会计成为一种通用商业活动语言，"经济越发展，会计越重要"已经成为共识，会计通过对会计主体经济活动的确认和计量所形成的会计信息成为社会经济生活中管理行为和决策活动的基础，而对会计行为的规范化，对于会计信息的生产和披露无疑是具有决定性意义的，为企业的经营、投资人的决策、政府的税收、证券的监管扫清障碍，减少相关利益者之间的冲突。《会计法》及其所统领的准则和制度这一以规范会计信息生产和披露为主要目的的法律部门，则成为我国经济法律制度框架中一个重要的组成部分。针对前面章节对我国《会计法》中存在问题的分析以及国外立法的经验，本书对《会计法》的完善提出如下建议：

6.4.1.1　突出《会计法》的会计工作"基本法"定位，扩大《会计法》的影响

到目前为止，我国已经建立了结构较为完整的会计规范体系，会计规范体系具有自身应有的结构和逻辑关系，为会计信息生产的监管提供了强有力的制度支持。其中，《会计法》由全国人大审议通过并颁布，属于法律层面的规范，理所应当是统领我国会计规范体系的"基本法"。同时，《会计法》也是制定其他各种会计规范的法律依据，是所有会计规范的"上位法"。

虽然从《会计法》在经济法律体系中所处的地位上看，其具有基础性，但其文本内容和其与其他会计法律规则之间的关系却并没有很好地体现其定位。就我国目前来看，《会计法》和这些会计行政法规、部门规章之间还存在着许多协调性问题，《会计法》在立法技术上存在着把一些本应放入法规规章中的过于细节的内容在《会计法》中规定，如关于会计凭证、会计账簿的规定，过

多着墨于会计核算的细节规定使《会计法》颇遭诟病；而同时，对于一些会计工作的基本原则以及会计信息质量的要求却规定不明确，只以"真实、完整"这样较宽泛的语言来表述，这些对会计工作具有指导意义的规定却是反映在会计行政法规和部门规章中。《会计法》与其他会计法规规章之间的这种内容规定上的不协调，使《会计法》的功能由会计行政法规和部门规章去完成，其在整个体系中的基础法和统领法地位不够突出。因此，应该摆正《会计法》与其他会计法规的关系，将《会计法》中琐碎的具体操作层面的内容交给下位法去规定，而《会计法》仅对涉及原则、普适性的问题进行规定，突出《会计法》的统领地位。

《会计法》从颁布之日起至今，在三十多年的实践中，对社会经济发展和其他经济法律制度的影响总体上呈现出逐渐扩大的趋势。在 20 世纪 80 年代，《会计法》及相关会计制度的影响在于对微观会计主体的会计秩序的建立，为国家税收征收和计划调控奠定了基础。90 年代，国家开始发展证券市场，《会计法》和《证券法》共同对证券市场发挥作用，对于市场上严重的虚假会计信息披露进行整治。证券市场上的上市公司对《会计法》等会计法律规范漠视导致广大投资者利益受损，使证券市场的资源配置作用无法有效发挥。进入被称为"信息时代"的 21 世纪，公司各种利益主体在进行权益瓜分时都离不开公司的财务报告，公司形式下所有者与经营者的委托代理关系使约束经营者的基本途径——忠实义务和注意义务等概念无法脱离会计信息系统和内部控制来构造。虽然我国《公司法》中没有太多的会计规范，但是《会计法》的颁布及随后的修订为公司的运作打下了重要的基础。而随着资本市场规模的扩大化，会计法律的作用必然越来越重要。回顾我国会计法律三十多年的实践，可以看出会计法是与宏观调控法、市场规制法相对应的基础法律环节，早在 1985 年就有学者提出"会计法属于经济法体系中的基本法"①。一部法律的影响力除了这部法律的法律地位明确外，还在于其威慑力。我国《会计法》对于法律责任只规定了行政责任和刑事责任，没有规定民事责任，而且在会计违法行为的动机认定上，对于行为人的违法动机、违法后果、责任人的认定等都没有进行细化的规定，因此导致实际司法判案中很难援引《会计法》的规定。因此，《会计法》必须构建完整的法律责任体系，并且明确法律责任的认定标准，以增加《会计法》在实务中的运用。除此以外，相关部门还应加强对《会计法》的宣传教育，使

之成为社会关注度高的法律。

6.4.1.2　适应新形势的要求完善《会计法》的内容

会计信息的生产主要基于会计对微观经济主体的经济业务数据的加工处理，因此会计工作为企业和会计信息使用者提供决策所需要的信息支持，是整个经济管理工作的基础。因此，《会计法》应该成为一部"符合改革要求、体现时代精神、反映实践成果、适应未来改革发展需要"的基础性法律，《会计法》的内容应适应我国社会、政治、经济、环境发展变化的需要，能够解决会计实践中出现和面临的新问题，以及体现会计学科发展的新成果。①

（1）《会计法》与会计准则。在我国，会计准则是以财政部的名义发布的，具有部门规章的性质，其内容主要是为会计信息生成和列报提供具体的方法、详细的格式和规范的程序，从其规定的内容看，会计准则具有极强的技术性特征。因此，其技术性规范的特点导致人们对其法律属性的忽视。刘燕认为，会计准则从严格意义上来说，是指由会计职业界或者由独立的、民间或非民间的会计准则制定机构所颁布的、冠以"会计准则"名称的会计行为标准，但随着会计职业团体对会计准则的制定过程影响的削弱，政府或代表社会公共利益的团体影响的增强，特别是国际会计准则委员会的会计准则制定活动进行了根本性的改革后，"会计准则"一词不再严格地与会计职业团体的活动联系在一起，而是泛指会计行为的依据和标准。随着市场经济的发展，统一规范的规则成为所有市场主体的共同要求，由于会计信息在市场中的重要资源配置作用，对生产会计信息的会计工作的规范化要求日益提高。我国从 2006 年起结合会计准则国际趋同的趋势发布了一系列的会计基本准则、会计具体准则和准则指南，形成了较独立的会计准则体系。会计准则作为一种引导会计实务的指引以及衡量偏差的尺度，其法律地位和法律效力得到逐步重视。

关于会计准则的法律效力问题一直以来受学者们所关注。从历史发展较长的资本主义发达国家的会计准则来看，不同法系的国家在会计准则法律效力的确立上各具特色。在大陆法系的会计规范体系中，事实上都独立存在着类似于会计准则的文件，这些法规性质的会计规范由政府部门制定，在一般法律中明

---

① 唐国平，刘金祥，万文翔. 我国《会计法》的发展历程与修订启示［J］. 财务与会计，2017（21）：20-35.

确规定了有义务遵循它们的相关法律责任人必须严格遵守。① 在英美法律国家，虽然会计准则由民间机构制定，并不散见于《商法》《证券法》等一般法律中，但是其法律效力因得到政府部门的授权或法律、法庭的认可而得到实现。② 而我国会计准则的权威性受到影响的主要原因之一是其遵循义务没有很好地在《会计法》《证券法》和《税法》等一般法律中被确认。

作为我国会计准则的上位法、会计工作的基础法的《会计法》通篇没有提及会计准则，只在第八条规定"国家实行统一的会计制度"，虽然很多学者认为此"会计制度"包含了会计准则，但是在企业会计准则已日益代替企业会计制度的今天，《会计法》的如此表述显然不利于会计准则的法律地位的明确。因此，建议在《会计法》中以法律的名义明确会计准则在会计工作中的法律地位，使会计准则能上升为规范会计信息生成的技术性法律，提高会计准则的法律效力。

（2）《会计法》与内部控制。企业生产、经营的根本目标是价值创造，而价值创造的结果要通过会计信息来如实体现。创造价值的过程通过会计核算进行记录，会计核算的过程最终通过资产负债表、利润现金流量表、损益表三张报表来反映企业筹资活动、经营活动和投资活动。会计核算过程要真实地反映企业活动，要依靠完善的内部控制系统来保证会计核算过程的合法合规，内部控制系统作用的发挥为合理保障会计信息的高质量创造企业内部环境条件。美国内部控制实施与监管③，从最初的内部控制自愿实施到萨班斯法案对内部控制的监管达到空前的严格程度，体现出在会计信息造假越演越盛的资本市场发展长河中，为提升会计信息质量，建立内部控制已成为不可忽视的一个环节。

---

① 例如，日本由大藏省制定的《企业会计原则》，其权威性和强制性得到了《商法》《税法》和《证券法》的有力支持。日本1974年修正的《商法》第32条第2项规定"在解释关于编制企业账簿的规定时，应考虑具公正性的会计惯例"。日本《证券交易法》第193条规定："根据此法律规定所提出的资产负债表、损益表及其他有关财务计算文件，必须按照所认可的一般公正、适当的内容和大藏省所规定的用语、样式及编制方式来编制。"这里所要求的会计惯例和规范一般认为就是企业会计原则。

② 例如，SEC在1973年发布的150号会计文告中明确对FASB所制定的财务会计准则解释具有的权威性加以认可，并指出，由财务会计准则委员会制定发布的会计准则属于一般公认会计原则，其会计处理方法是为《证券法》所认可的会计方法。《萨班斯—奥克斯利法案》第401节规定，向SEC报送的财务报告必须遵循或符合公认会计原则。该法案的第108节还规定，SEC可以按照证券法的规定，把准则制定机构制定的会计准则作为公认会计原则。

③ 美国内部控制的发展历史按不同阶段的特征，可分为：内部控制自愿实施、监管缺位，主要在20世纪30年代以前；内部控制实施加强、监管起步，主要是20世纪30年代至80年代；内部控制实施标准出台、监管依然弱，主要是20世纪末；内部控制强披露，主要是21世纪以来。

美国萨班斯法案中对加强公司内部控制的规定，极大地提升了内部控制在公司治理中的重要性，并从法律上对其认可，对于推动企业内部控制实施有很强的示范作用和引导效应。

我国 2008 年由财政部等五部委联合发布了《企业内部控制基本规范》及配套指引以及《行政事业单位内部控制规范（试行）》，但从其发布部门和程序上看，其法律效力较弱。基于国外经验和内部控制对会计信息质量的重要影响，提升内部控制规范的法律效力是非常必要的。借鉴美国的做法，在法律中强调内部控制是提升内部控制的法律效力的途径之一。

我国《会计法》第四章为"会计监督"，明确要求"各单位应当建立、健全本单位内部会计监督制度"，并把这一规定作为单位负责人必须承担的会计法律责任。但是内部会计监督制度只是内部控制制度的一个方面，并不是全部。近年来，财政部会同有关部门颁布了《企业内部控制基本规范》《行政事业单位内部控制规范（试行）》等，对单位层面内部控制、业务层面内部控制进行了详细的规范，并且其包含的内容已大大超出了《会计法》第四章"会计监督"列示的条款。在内部控制日益得到重视的今天，《会计法》应丰富其"会计监督"的内容，涵盖内部控制的相关内容，为内部控制规范的制定提供更为明确的法律依据和提升内部控制规范的法律效力。

（3）《会计法》与会计信息化。基于信息技术的发展，大数据、云计算正对会计产生革命性的影响，会计正向信息化的方向纵深发展。在会计信息化的背景下，传统的会计理念、方法与原始凭证的形态、记账方法、错账更正方法等手工操作将产生质的变化，会计信息化对于提升会计信息生产的质量、效率都有明显的作用。实现会计信息化尽管能够极大地促进会计信息生产的发展，但同时也会带来手工操作不会产生的弊端。例如，会计信息化能够极快进行账簿更正且不留任何痕迹，为会计舞弊提供了温床；信息技术应用下网络的开放性、数据的可复制和易修改等特征使会计数据的安全备受质疑。为推动企业会计信息化，规范信息化环境下的会计工作，财政部于 2013 年颁布了《企业会计信息化工作规范》，又于 2015 年颁布了《企业会计准则通用分类标准编报规则》用以规范采用可扩展商业报告语言（XBRL）编报财务报告行为，这都表明我国政府已意识到信息技术对会计工作的重要性及重大影响。

《会计法》作为会计工作的基础法律必须对会计信息化对会计工作带来的机遇和挑战进行回应。然而，现行《会计法》仅在第三章第十三条中对计算机在会计中的运用作了规定，且条文简单①。《会计法》中对会计信息化的要求已无法规范信息化时代计算机在会计中的运用。针对会计信息化对会计信息可能带来的安全风险，建议在《会计法》中增加对会计信息系统的安全认证、检测、风险评估等安全保护条款；增加会计信息系统的内部控制措施；增加关于会计信息岗位人员的设置以及对信息化后会计数据的交接内容；另外，在"法律责任"部分参考、协调《证券法》和《网络安全法》中关于利用网络信息技术进行违法行为的处罚的相关规定，增加对会计信息软件提供商、服务器运营商、会计信息化重要岗位人员的会计信息安全责任。

现行《会计法》除了内容需要结合新形势进行修改以外，还应该就政府会计、管理会计的内容进行增补，因为这两部分主要不涉及本书所述的会计信息，故在此不作赘述。而关于法律责任的完善，前面已述及。

6.4.2　修订现行《注册会计师法》，提升注册会计师的独立性

注册会计师审计和政府审计、单位内部审计并称我国审计体系的"三驾马车"，在国家经济监督体系中发挥着不可或缺的重要作用，这是由注册会计师审计的职业特性②所决定的。其职业地位的独立性是注册会计师审计保证会计信息质量、发挥其社会审计重要作用的关键。审计师独立性的缺失成为我国过去十几年资本市场中重大审计失败的原因。作为注册会计师行业的基石，审计师独立性成为监管机构和学术界都非常重视的借以维系注册会计师公众认可度的重要因素。实践中，法律制度的构建或者完善，被视为提升审计师独立性的重要路径。

6.4.2.1　注册会计师审计独立性的应然性

财产所有权和经营权分离使审计活动的产生成为可能。当两权分离，委托人和代理人之间信息存在不对称，如果代理人能尽职尽责，并向委托人真实反馈受托任务的执行情况，则审计没有存在的必要。但实际上，代理人会因其相对于委托人的信息优势而产生"道德风险"和"逆向选择"，以损害委托人的利益为自己谋取利益。委托人为了降低因信息不对称而给自己带来的损害，采取了各种举措，其中"对外提供财务报告"即是为了解决委托人与代理人之间

---

①　现行《会计法》仅在第三章第十三条指出，使用电子计算机进行会计核算的，其软件及其生成的会计凭证、会计账簿、财务会计报告和其他会计资料也必须符合国家统一的会计制度的规定。

②　王宏认为，注册会计师审计具有职业地位上的独立性、职业能力上的专业性、职业行为上的规范性、职业范围上的广泛性、职业腐朽的社会性以及职业资源的国际性六个职业特征。

的信息不对称，让代理人定期向委托人提供详细反映企业经营状况，包括资金情况、财产情况等。"对外提供财务报告"理论上说可以解决或者缓解两权分离所产生的"委托—代理问题"，但是财务报告是由代理人编制后向委托人提供的，而财务报告不仅是用来解决或者缓解信息不对称的客观依据，外部信息使用者还将财务报告中所包含的信息作为决策的依据，财务报告一经代理人对外披露，便成为公众可以获取的公开文件，是影响信息使用人的重要信息。因此，代理人可能会为了维护企业的形象，或是粉饰自己的业绩等而提供对自己有利的财务报告信息。为了使代理人对外披露的财务报告是可靠的、完整的、合法的，委托人产生了希望有一个与企业利益无关的独立第三方来对代理人公布的财务报告进行审计的需求，以保证财务报告的真实、可靠、完整、合法，注册会计师作为一个具有专业知识背景的独立于企业的第三方便承担起审计的职责。注册会计师审计对公司财务报表中的信息是否遵循可适用的财务报告框架，公允表达该公司的财务状况、财务业绩和现金流量发表意见。注册会计师根据其所遵循的职业规范对被审企业进行审查并按审查情况给出审计意见。如果被审计的财务报告遵循了财务报告的编制准则，并且公允地表达了企业的经营状况，在内容中不存在重大的错误，则注册会计师会出具无保留意见。注册会计师的无保留意见给企业外部的信息使用者提供了一个对财务信息质量的保证。正因为注册会计师审计意见给信息使用者提供了一个有保证的合理预期，因此要求注册会计师必须具备独立性，能够不偏不倚、客观地做出审计意见。正是注册会计师的独立性及其客观中立的职业态度，才使注册会计师职业能够长久地存在下去并成为资本市场中的"看门人"。但如果注册会计师丧失独立性，不能客观、公正地对财务报告做出意见表达，则给整个资本市场带来的影响将是灾难性的，不仅造成投资者损失，还会使市场陷入信任丧失的深渊。因此，各国注册会计师职业界都对注册会计师的独立性做了要求，如美国注册会计师协会的《职业道德守则》倡导注册会计师在执业中要保持客观，免于利益冲突①。国际会计师联合会的《职业会计师职业道德守则》对注册会计师的执

---

① 美国注册会计师协会的《职业道德守则》规定："在执行任何职业服务时，协会成员都必须保持客观，免于利益冲突，不能有意误传事实或使其判断屈从于他人……成员应该接受以服务于公众利益、以赢得公众信任为荣的方式履行义务，以事实来向职业表明自己对职业的承诺。"

业要求是做到"实质上的独立性"①和"形式上的独立性",并要求注册会计师按照联合会的独立性概念框架识别审计服务中所面临的独立性威胁,并运用防范消除或降低威胁至职业道德可接受的水平。

6.4.2.2 修订《注册会计师法》,提升注册会计师的独立性

(1)明确注册会计师行业协会的定位,改进注册会计师行业的自律监管。中国注册会计师协会作为我国注册会计师审计的行业组织,其作用的发挥对注册会计师的独立性保障有着重要意义。首先,注册会计师协会应理顺与财政部门之间的关系。注册会计师协会受财政部门监管,财政部门应是对协会行为依据法律法规的规定进行指导,对其违规行为进行处罚,而不应是将财权、人事权和事务权全部都抓在手中。注册会计师协会的领导机构组织和人员任命应由协会会员自行选举产生,协会经费应由协会会员自行筹集和管理,将财政权和财政部门分离。厘清财政部门与注册会计师协会的关系,财政部门与注册会计师协会之间应是监管与被监管关系,而不是领导与被领导关系。其次,划清财政部门和中国注册会计师协会的监管界限。财政部门是行政监管主体,而注册会计师协会是注册会计师行业的自律监管主体。财政部门作为行政监管主体应是主要将职责集中于有关注册会计师部门规章的制定、组织注册会计师的考试与注册、制定独立审计准则、对会计师事务和注册会计师的执业活动进行监督检查和行政处罚。注册会计师协会的职责应是保障注册会计师依法执业并维护其合法权益、制定注册会计师行业道德规范并监督实施、组织注册会计师的培训和职业道德教育、组织同业互查、调解注册会计师执业中的纠纷、对违反会员章程和职业道德的行为进行惩戒等。最后,明确中国注册会计师协会和地方注协的关系。为了避免重复劳动和浪费资源,提高中国注册会计师协会和地方注册会计师协会的合作协调能力,地方注册会计师协会应明确受中国注册会计师协会的监督指导,通过本地会员大会选举领导成员,脱离地方财政部门的过多管理。为了实现以上的加强注册会计师协会自律管理的措施,建议《注册会计师法》修改时应明确写明"注册会计师协会是注册会计师行业的自律性组织",使注册会计师协会真正实现将其工作内容集中到对注册会计师行业的自律、服务、沟通、协调的职能中。

(2)推进会计师事务所组织形式的优化与创新。注册会计师归属于会计师事

---

① 实质上的独立性,又称精神独立性、事实独立性,是指会计师在执行审计工作或鉴证业务时,不应受个人、外界因素的制约和干扰,保持客观的、公正的、无私的精神、立场和态度。实质上的独立性是无形的,并且难以测量。

务所，对外代表会计师事务所承接审计业务，注册会计师的独立性和事务所的独立性相互影响，会计师事务所保持自己的独立性是决定注册会计师审计独立性的内在因素。我国近年来对会计信息的监管越来越严格，会计信息监管法律制度的建设也取得了很大的成绩，但是证券市场上的会计信息造假案件仍然屡禁不止，其中注册会计师在会计信息的造假中起了"帮凶"的作用。会计师事务所的组织形式在一定程度上影响了注册会计师审计的独立性。

本书在第 4 章已阐述，我国现行《注册会计师法》对会计师事务所的组织形式规定了两种类型：有限责任和普通合伙。根据我国《注册会计师法》的规定，有限责任制会计师事务所和普通合伙制会计师事务所在注册资本和责任承担上都有着较大的区别。① 有限责任制的优点在于其要求的注册资本低，有至少 5 名的注册会计师，有利于集合大批注册会计师，成立规模较大的会计师事务所。但是出资人的有限责任会降低注册会计师的风险意识和责任意识，产生道德风险，审计的质量有可能降低。普通合伙企业由于合伙人对会计师事务所的债务承担连带责任，因此对于注册会计师的执业活动具有较强的威慑力，合伙人头上高悬的"无限责任"也使合伙人间相互监督，督促注册会计师在执业中秉承谨慎的态度，但是普通合伙下的连带责任机制也会造成无过错合伙人承担有过错合伙人连带责任的不公平情况。根据《中国注册会计师行业发展报告——基于会计师事务所2010-2014 年度报备信息的数据分析》的数据，我国会计师事务所一半采用了有限责任形式，这也说明会计师事务所在选择组织类型时更看重有限责任。

我国《合伙企业法》第五十五条明文规定"以专业知识和专门技能为客户提供有偿服务的专业服务机构，可以设立为特殊的普通合伙企业"。另外，财政部为推动我国大中型会计师所转换更利于做大做强的组织形式，于 2010 年颁布了《财政部国家工商总局关于推动大中型会计师事务所采用特殊普通合伙组织形式的暂行规定》，其中规定对会计师事务所采用普通合伙组织形式进行了规定②。特殊普通合伙组织形式相较于有限责任和普通合伙而言，更适应于注册

① 根据《注册会计师法》规定，有限责任制会计师事务所的注册资本最低不少于 30 万元，而且是承担有限责任的法人；普通合伙制会计师事务所是由注册会计师合伙设立，按出资比例或协议的约定以各自的财产承担责任，合伙人对会计师事务所的债务承担连带责任。

② 《财政部国家工商总局关于推动大中型会计师事务所采用特殊普通合伙组织形式的暂行规定》规定："采用特殊普通合伙组织形式的会计师事务所，一个合伙人或者数个合伙人在执业活动中因故意或者重大过失造成合伙企业债务的，应当承担无限责任或者无限连带责任，其他合伙人以其在合伙企业中的财产份额为限承担责任。合伙人在执业活动中非因故意或者重大过失造成的合伙企业债务以及合伙企业的其他债务，由全体合伙人承担无限连带责任。"

会计师行业的特征，明确了在审计执业过程中有重大过错的合伙人的无限责任，使没有重大过错的合伙人免于承担过重责任，保证了由于合伙人重大过错导致执业行为给投资者带来损失时投资人的利益。特殊普通合伙组织形式下的注册会计师的责任承担方式有利于注册会计师在执业中的勤勉尽职。可见，特殊普通合伙组织形式是优化注册会计师责任、保护投资者利益、维护市场秩序的合理途径，因此《注册会计法》有必要与《合伙企业法》和财政部的规定相协调，明确会计师事务所的特殊普通合伙组织形式。

（3）明确注册会计师的法律责任。Lee 等通过构建动态博弈模型，发现多代理人道德风险问题实质是审计师独立性的问题，施加给审计师潜在法律责任，是合理保证审计师不与管理层合谋的可信机制。事实上，审计师的法律责任在中国及其他国家均呈现出加重的趋势。武恒光通过实证检验得出结论，法律环境会影响审计师的行为，法律环境越好的区域，审计师法律责任的增加更加有助于审计师独立性的提高。现行《注册会计师法》对注册会计师、会计师事务所的行政责任和刑事责任、民事责任均有涉及，但是存在两个方面的问题：一是与其他法律法规间存在不协调之处，如对民事法律责任主体的规定。二是主任会计师的责任不明。主任会计师对会计师事务所的经营事务有参与的权利，会计师事务所执业质量的高低与主任会计师的工作紧密相关，但是对于主任会计师对会计师事务所提供的服务出现违法及损害后果时是否应该承担法律责任，现行《注册会计师法》并没有规定。财政部要求主任会计师应在有限责任会计师事务所出具的审计报告上签名盖章，显然财政部希望主任会计师在会计师事务所的审计失误上能承担起责任，但是事实上这一条规定很容易被规避，主任会计师采用授权若干副主任会计师的方式即可化解这一规定带给主任会计师的风险。如果主任会计师不承担其作为会计师事务所主要管理者的职责和与此对应的法律责任，那么主任会计师的法律风险显然较小，极可能强制属下注册会计师签署不合规报告以为会计师事务所获取利益。《注册会计师法》的修改，一是要协调相关法律，做好法律间的衔接，避免法律与法律之间的规定冲突；二是要明确主任会计师的法律责任，特别是在实行有限责任制的会计师事务所，更是应该突出主任会计师的责任；三是要明晰会计师事务所内部的法律责任，合伙人、注册会计师、其他从业人员各担其责。

6.4.3　完善《证券法》的会计信息披露制度，强化对监管者的再监管

6.4.3.1　完善《证券法》的会计信息披露制度

大力发展证券市场和完善证券市场是推动我国经济走向新高的必然举措，《证券法》要为体现市场化、法治化、国际化的资本市场提供坚强的法治保障，以降低市场风险，提高上市公司质量，切实维护投资者合法权益。信息披露制度不仅是证券市场存在和发展的基石，也是推动公开、公平、公正原则实现的基础及保障投资者权益的重要途径。从前面的论述中知道，信息披露是一个连续的过程，从发行前的披露到上市后的持续信息公开披露，要求披露的信息真实、完整、准确、及时，会计信息则是其中非常重要的一部分。现有的证券市场的信息监管主要以监管者为主导的信息披露，虽然为提升会计信息披露质量监管者做了许多努力，但是信息披露质量仍然堪忧，这说明监管者在监管的思路和方式上有待进一步厘清。我国将于 2020 年开始正式实施股票发行注册制，作为一种股票发行审核制度，在理论层面意味着法律对拟发行的股票不设置实质性条件，发行人只要根据法律规定将同发行相关的信息向证券监管部门予以申报注册，便可以公开发行。在注册制下，监管部门只需要对股票发行的信息作形式上的审核，发行人将严格按照法律规定的信息披露要求将相关的全部信息提供到监管部门，并对其提供的全部信息的真实、准确、完整性负责。相比核准制，注册制更注重事后审查和处罚为主的监管模式。为了适应证券市场的制度改革需要，《证券法》就将信息披露制度作为修改的重中之重。首先对信息披露监管体系的完善，改核准制下的重事前审查为重事中与事后审查，对于证券市场的监管权进行合理分配，遵循"放管服"的理念，给证券交易所更多的在监管中的独立性，同时强化中介机构的监管责任及加重中介机构的违法成本。其次是完善和强化对信息披露的要求，特别是对于信息披露人的范围、信息披露的具体内容、披露的要求和原则等关键性问题要明确，增强披露的信息的可读性，以及信息披露的及时性，对于影响投资者决策的重大事项的披露要做出特别的界定，以更好地让投资者获取真实、可靠、有用的信息。最后是加大处罚力度，加重违法成本。证券市场的信息造假事件一直以来是一颗破坏市场公平并除之不去的"毒瘤"，众多公司的会计信息造假给投资者造成了巨额损失，然而长期以来公司由于造假而受到的处罚很轻，最高 60 万元，对违法个

人的处罚更轻，这都使违法者在法律的处罚面前有恃无恐。在注册制下，当把监管从事前转向事中和事后，就需要对于违法行为的处罚加重，其中特别是对发行人以及中介机构的违法违规行为的处罚，以及对信息披露过程中的各种违规行为的处罚，让违法成本的提高来扼制住违法行为的发生。

6.4.3.2 强化对监管者的再监管

再监管就是指对监管机构行使监管权力监管市场的行为进行监督和制约。对权力的监督和制约一直是基本的法理精神的体现，而经济法"纠正市场失灵、匡正政府失效之法"的本质本身就明确了对包括监管主体在内的国家干预主体的监督与管理是经济法的应有之义。对于会计信息而言，我国资本市场的主要监管机构之一就是中国证监会，其对证监会的监管目前主要体现在《证券法》的相关规定里。尽管《证券法》规定了对证监会的监管，但事实是并没有起到很好的监管作用，致使证监会对市场的监管屡遭诟病。

我国《证券法》对证监会的监管规定主要列示在《证券法》第十章"证券监督管理机构"及第十一章"法律责任"中。其中，《证券法》第一百七十八条明确了其监管职责，第一百八十一条规定了其执法程序，第一百八十四条规定其监管工作制度及结果应当公开，第一百八十七条规定其机构人员的任职限制，等等。除了在立法上明确了对证监会的监督，证监会还要接受上级主管机关的行政监督、司法监督和社会监督。尽管如此，对证监会的监管效果仍不尽如人意。究其原因主要在于：①立法内容稍显单薄。综观《证券法》第十章，对监管者的监督和制约只有 10 条，而且规定得非常原则化、分散化，仅仅是一些有关证监会的基本职责规定，导致对证监会的监管依据不足。而且，除了《证券法》有相关的监管规定，其他法律皆没有涉及。②投资者救济途径不畅。虽然我国《证券法》第一条就规定本法是以保护投资者利益为目的，且要求监管信息公开，但就监管失灵导致投资者损失后的救济途径并没有任何涉及。因此，当类似"乌龙指"事件频发，当事股民获赔的金额完全不足以弥补其损失。③监管者的法律责任较轻。现行《证券法》关于法律责任一共有 45 条条文规定，但是涉及证监会法律责任的只有 2 条，其余均是关于被监管者的法律责任。第二百七十二条规定的是依法给予行政处分，第二百七十三条只笼统地规定了依法追究法律责任。显然，这样的监管失效成本完全不足以促使监管者在行使监管权力时尽职尽责。

针对《证券法》在对监管者的监管上的立法缺陷，建议对《证券法》做以下修改：①对监管者的监督制约规定尽可能明确、有针对性。对于监管机构工作人员的任职资格、离职兼任限制及监管能力要做出明确规定。②拓宽投资者的监督与救济途径。明确监管信息公开的同时，尽可能实现监管过程公开，保障投资者对监管的知情权，以实现对监管者的有效监督。同时，拓宽投资者的救济途径，明确规定投资者可以就因监管者的过失导致的投资者利益受损提起公益诉讼。③加重对监管者监管过失的法律责任。对于监管者监管过失，不能仅局限于行政处分，而应借鉴法国的公务员经济赔偿责任制度，追究因监管者过错导致监管失误时引发的经济赔偿责任。

第 7 章

结　语

　　会计信息是一种具有经济后果的有价值的稀缺资源。随着商品经济的发展，特别是市场经济体系形成后，会计信息的价值得到了充分的体现，而经济全球化的发展更促使会计信息的价值在全球资本市场的运行中进一步得以展示其作用和影响。哈耶克认为，社会资源的任何配置都是特定决策的结果，而任何决策的做出都基于获取的信息。因此，让市场在全社会范围内起决定性的资源配置作用，就要求经济资源性信息能够在市场中进行有效的传递，会计信息则是经济资源性信息的重要组成部分，会计信息在生产、披露过程中都必须保持真实、完整、准确、及时。会计信息已成为可以进行交易的商品，会计信息的高质量是当前市场化经济发展的基础资源。

　　然而，会计信息的质量并不如人们所期待的那样优良，相反，会计信息商品在市场中所表现出来的生产垄断、供给不足、外部性，以及在会计信息的传递中所固有的信息不对称现象，使会计信息的质量问题堪忧，大量的会计信息造假事件在国内和国外、过去和现在都在不断地发生，虚假的会计信息对社会经济秩序和经济的发展构成了巨大的威胁，它不仅损害资本市场上投资者的利益，也使国家的宏观政策出现偏差，更打击了市场参与者的信心。虽然信誉机制等市场机制可以部分缓解会计信息造假现象，但并不能完全解决由市场失灵所导致的会计信息的造假问题。会计信息监管作为克服市场失灵的较优选择，具有公正性、权威性以及节约社会成本和维护公共利益的优点。与社会化、市场化相伴随的就是法治化。在法治化时代，会计信息监管法治化成为必然，会计信息监管法律成为依法监管的依据和保障。

　　本书立足于对我国会计信息监管法律的研究，对会计信息、会计信息监管、会计信息法律制度的基础理论进行了讨论，并对我国会计信息监管法律的构成进行了梳理。通过对监管机构对我国企业的会计信息的监督检查结果的分析，检视我国会计信息监管法律制度的运行效果，分析我国会计信息监管法律制度在运行中存在的问题，发现我国在会计信息监管法律制度上存在着多头监管、法律间不协调、法律责任不健全、法律内容不完善等问题。此外，基于对国外发达国家的会计信息监管法律制度进行考察，提出对我国会计信息监管法律进行完善的建议。

由于会计信息的生产、审计、披露是一个非常复杂的过程，而会计工作本身是在微观主体中的专业化的技术工作，因此对其进行规范、监管的法律规章制度显得非常烦琐，而且大部分法规的法律层级不高，其规定的内容也是非常详细。因此，本书并未就那些效力层级低的与会计信息相关的规章制度进行讨论，而主要就法律、行政法规和重要的部门规章的内容进行探讨。

另外，随着信息技术的日新月异，信息技术在会计中应用已经成为不可阻挡的趋势，互联网、云计算、区块链等技术对会计和审计的冲击是始料未及的，将对会计信息的生成、审计、披露带来划时代的变革，相应地，相关的监管法律也必将随会计工作的改革而引发新的监管内容和监管要求。但由于信息技术带来的会计的变革尚处于初试牛刀阶段，同时无论技术如何改变会计工作，我们对会计信息的要求是不会发生改变，会计对法律制度的遵从也不会发生改变。因此，本书在对会计信息监管法律制度进行讨论时并未过多涉及信息技术带来的影响。

从会计信息监管的发展历史来看，随着社会的进步、市场的发展，不断有新的问题涌现出来，又有新的制度因此产生。未来的路还很漫长，本书作者因学术水平的限制，只对当前的制度进行了力所能及的探讨，更多需要深入研究的问题还有待以后的努力探寻。

参 考 文 献

［1］ A . E. Kahm. The Economics of Regulation: Principles and Institutions ［M］. John Wily and sons, 1970.

［2］ Alan Stone. Regulation and Its Alternatives ［M］. Congressional Quarterly Press, 1982.

［3］ Alfred Wagenhofer. Towards a Theory of Accounting Regulation: A Discussion of the Politics of Disclosure Regulation Along the Economic Cycle ［J］. Journal of Accounting and Economics, 2011 （6）: 68-83.

［4］ Arthur Levitt. Take on the Street: How to Fight Your Financial Future ［M］. House US, 2002.

［5］ A. C. Littleton. Structure of Accounting Theory ［M］. American Accounting Association, 1953.

［6］ Biddle G. , Hilary G. Accounting Quality and Firm-Level Capital Investment ［J］. The Accounting Review, 2006 （5）: 963-982.

［7］ Daniel K. , Hirshleifer D. , Teoh S. H. Investor Psychology in Capital Markets: Evidence and Policy Implications ［J］. Journal of Monetary Economics, 2002, 49 （1）: 139-209.

［8］ Dimitrios Katsikas. Global Regulation and Institutional Change in European Governance ［J］. West European Politics, 2011 （4）: 819-937.

［9］ D. Baranek. The Impact of Sarbanes-Oxley on the FASB and Accounting Regulation ［J］. Academy of Accounting and Financial Studies Journal, 2018 （1） .

［10］ Fama, E. F. , M. C. Jensen. Separation of Ownership and Control ［J］. Journal of Law and Eonomics, 1983, 26 （2）: 301-325.

［11］ Fama. Efficient Capital Markets: A Review of Theory & Empirical Work ［J］. Journal of Finance, 1970 （5）: 383-417.

［12］ FASB, SFAC, No. 8, 2010: 3.

［13］ Feng Liu. Envionmental Justice Analysis: Theories, Methods, and Practice ［M］. Lewis Publishers, 2001.

［14］ George A. Akerlof. The Market for Lemons: Quality Uncertainty and The Market Mechanism ［J］. Quarterly Journal of Economics, 1970 (3): 84.

［15］ G. J. Previts, B. D. Merino. A History of Accounting in American ［M］. New York: John Wiley and Sons Inc, 1979.

［16］ Harry I. Wolk, Michacl G. Teamey : Accounting Theory-Conceptual and Institutional Random Approach ［M］. South-Western CollegePublishing, 1997.

［17］ Harry I. Wolk, Michacl G. Teamey. Discouting Deferred Tax Liabilities: Review and Analysis ［J］. Journal of Business & Accouting, 2014 (7): 76-89.

［18］ Hirshleifer D. Psychological Bias as a Driver of Financial Regulation ［J］. European Financial Management, 2008, 14 (5): 856-874.

［19］ Howard M. Firedman, Securities Regulation In Cyberspace, Aspen Publishers, 2009 supplement, at 15-12—15-42.

［20］ IASC. Framework for the Preparation and Presentation of Financial Statements, 1989.

［21］ James A. Ohlson. Earnings Book Values and Dividends in Equity Valuation ［J］. Contemporary Accounting Research, 1995 (2): 56-70.

［22］ James M. Buchanan . An Economic Theory of Clubs ［J］. Economic, 1965 (2): 1-14.

［23］ James W. Patella. The Foundaton of Financial Accounting ［M］. Baton Rouge: Louisiana State University Press, 1965.

［24］ Jolls C. Behavioral Law and Economics. NBER Working Paper, 2006.

［25］ La Porta R. , F. Lopez-de-Silance, A. Sheifer, R. W. Vishny. Law and Finance ［J］. Journal of Political Economy 1998 (5): 106.

［26］ LaPorta R, Lopez-de-Silanes F, Shleifer A, Vishny R. Law and Finance ［J］. Journal of Political Economy, 1998 (106): 1113-1155.

［27］ Laughlin. The Research Administrator's Role in Creating a Supportive Environment for Interdisciplinary Research ［J］. Management Research Review, 2007 (4): 1-17.

［28］ Lee. Accounting Infrastructure and Economic Development ［J］. Journal of Accounting and Public Policy, 1987 (6) .

［29］Merritt B. Fox. Civil Liability and Mandatory Disclosure ［J］. Columbia Law Review, 2009 (2): 237-308.

［30］Modigliani F., Miller M. The Cost of Capital, Corporation Finance and the Theory of Investment ［J］. American Economic Review, 1958 (3): 261-297.

［31］Patrick Fridenson. The Bilateral Relationship between Accounting History and Business History: A French Perspective ［J］. Accounting, Business & Financial History, 2007.

［32］Peter Taylor, Stuart Turley. The Regulation of Accounting ［M］. Basil Blackwell Inc, 1986.

［33］P. A. Samuelson. The Pure Theory of Public Expenditure ［J］. Review of Economics and Statistics, 1954 (36): 387-390.

［34］Ross L. Watts. Conservatism in Accounting Part 1: Explanations and Applications ［J］. Accounting Horizons, 2003 (4): 207-221.

［35］SEC. Study Pursuant to Section 108 (d) of the Sabanes-Oxley Act of 2002 on the Adoption by the United States Financial Reporting System of a Principles-Baesd Accounting System ［R］. 2003.

［36］Stuart Mcleay. Accounting Regulation in Europe ［M］. Maermlina Press, 1999.

［37］Thomas Hobbes. The Safety of the People is the Supreme Law ［M］. Decive, ed. S. P. lanprecht, New York, 1949.

［38］Thomas W. Dunfee, Irvin N. Gleim. Criminal Liability of Accountants: Sources and Policies ［J］. American Business Law Journal, 1971 (9): 1-20.

［39］Trueblood. Trueblood Report-Objective of Financial Reports, 1973.

［40］Wang X. Capital Allocation and Accounting Information Properties. Emory University Working Paper, 2003.

［41］Watts, R. L., Zimmemlan J. L. The Market for Independence and Independent Auditors ［J］. Working Paper, University of Rochester, 1980 (10): 62-67.

［42］Zeff S. A. The Rise of Economic Consequences ［J］. The Journal of Accountancy, 1978 (12): 56-73.

［43］［法］孟德斯鸠. 论法的精神 ［M］. 上海：上海商务印书馆，1963.

［44］［美］梅利曼. 大陆法系 ［M］. 重庆：西南政法大学编译，1983.

［45］［美］乔治·斯蒂格勒. 公共选择理论——政治的经济学 ［M］. 方

福前译．北京：中国人民大学出版社，2000.

[46]［美］约翰·罗尔斯．正义论［M］．何怀宏，何包钢，廖申白译．北京：中国社会科学出版社，1999.

[47]［日］金泽良雄．当代经济法［M］．沈阳：辽宁人民出版社，1988.

[48]［日］植草益．微观规制经济学［M］．朱绍文等译．北京：中国发展出版社，1992.

[49]［英］约翰·凯恩斯．就业、利息和货币通论［M］．上海：商务印书馆，2008.

[50]［加］斯科特．财务会计理论［M］．陈汉文等译．北京：机械工业出版社，2000.

[51]［美］Peter Newman．新帕尔格雷夫法经济学大辞典（第3卷）［M］．许明月，张舫等译．北京：法律出版社，2003.

[52]［美］罗斯·L. 瓦茨，杰罗尔德·L，齐默尔曼等．实证会计理论［M］．陈少华，黄世忠，陈光，陈箭深等译．沈阳：东北大学出版社，1999.

[53]［日］丹宗昭信，厚谷襄儿．现代经济法入门［M］．谢次昌译．北京：群众出版社，1985.

[54]［日］佃中和夫，T. Wurtenberger．现代法治国家［M］．东京：日本晃洋书房，1994.

[55]［日］金泽良雄．经济法概论［M］．满达人译．兰州：甘肃人民出版社，1985.

[56]［美］阿尔钦，德姆塞茨．生产、信息费用与经济组织［M］．上海：上海人民出版社，1972.

[57]［美］奥尔森．集体行动的逻辑［M］．陈郁译．上海：上海三联书店，上海人民出版社，1995.

[58]［美］保罗·萨缪尔森，威廉·诺德豪斯．经济学［M］．北京：人民邮电出版社，2004.

[59] 毕秀玲．政府会计监管论［D］．厦门大学，2002.

[60] 毕秀玲．政府会计监管论［M］．厦门：厦门大学出版社，2004.

[61] 布坎南．自由、市场和国家［M］．北京：北京经济学院出版社，1988.

[62] 财政部等．企业内部控制基本规范［M］．北京：中国财政经济出版社，2009.

[63] 财政部会计准则委员会．会计信息质量特征［M］．大连：大连出版

社，2006.

[64] 蔡春，鲜文铎．会计师事务所行业专长与审计质量相关性的检验——来自中国上市公司审计市场的经验数据 [J]．会计研究，2007（6）：41-47.

[65] 蔡吉甫．会计信息质量与公司投资效率——基于 2006 年会计准则趋同前后深沪两市经验数据的比较研究 [J]．管理评论，2013（4）：166-176.

[66] 蔡建明．关于政府会计监管的再思考 [J]．中央财经大学报，2006（10）：86-90.

[67] 曹昊，罗孟旎．会计准则的法律效力研究 [J]．西安财经学院学报，2014（4）：105-111.

[68] 曹欲晓．论会计真实性 [J]．会计研究，2001（4）：46-51.

[69] 陈波．基于国家经济信息安全的注册会计师行业监管制度研究 [J]．财政监督，2011（6）：17-20.

[70] 陈芳．中德会计模式及改革进程比较 [J]．中国市场，2014（30）：8-9.

[71] 陈富永，张瑛瑜．刍论政府会计监管 [J]．财会月刊，2006（8）：29-30.

[72] 陈光华．社会利益在法益二元结构中的地位与经济法理论"二调"难题成因 [J]．现代财经，2010（4）：33-38.

[73] 陈国辉，李长群．论会计市场失灵与政府监管 [J]．会计研究，2000（8）：24-28.

[74] 陈国进，赵向琴，林辉．上市公司违法违规处罚和投资者利益保护效果 [J]．财经研究，2005（8）：48-57.

[75] 陈汉文等．证券市场与会计监管 [M]．北京：中国财政经济出版社，2001.

[76] 陈虹，吕忠梅．经济法原理新说之一：国家干预 [J]．法学论坛，2003（9）：54-60.

[77] 陈洁．证券民事赔偿责任优先原则的实现机制 [J]．证券市场导报，2017（6）：55-62.

[78] 陈洁．证券民事赔偿制度的法律经济分析 [M]．北京：中国法制出版社，2004.

[79] 陈婉玲．法律监管抑或权力监管——经济法"市场监管法"定性分析 [J]．现代法学，2014（3）：187-193.

[80] 迟旭升．构建我国会计信息质量特征体系的思考 [J]．财经问题研

究，2003（11）：72-74.

［81］崔保国．信息社会的理论与模式［M］．北京：高等教育出版社，1999.

［82］崔佳．我国会计信息监管模式的研究［D］．首都经济贸易大学，2009.

［83］丹尼尔·F. 史普博．市场与管制［M］．余晖等译．上海：上海人民出版社，1999.

［84］丁红燕．审计失败及其后果——基于证监会 2006-2010 年处罚公告的分析［J］．中国海洋大学学报（社会科学版），2013（1）：62-67.

［85］丁平准．会计管理新词典［M］．北京：经济管理出版社，1990.

［86］丁友刚，王永超．美国内部控制实施与监管的经验与启示［J］．财务与会计，2012（2）：67-68.

［87］范健，蒋大兴．公司经理权法律问题比较研究——兼及我国公司立法之检讨［J］．南京大学学报（哲学人文社会科学），1998（3）：136-149.

［88］傅宏宇．美国会计舞弊事件的影响［J］．北京理工大学学报（社会科学版），2004（2）：19-24.

［89］盖地．我国海峡两岸会计法比较［J］．会计研究，2000（7）：56-59.

［90］高锐．法德会计监管模式对完善我国会计监管的借鉴［J］．北京市财贸管理干部学院学报，2005（3）：47-50.

［91］葛家澍，杜兴强．会计理论［M］．上海：复旦大学出版社，2005.

［92］葛家澍，唐予华．关于会计定义的探讨［J］．会计研究，1983（4）：51-54.

［93］葛家澍．关于会计准则和会计制度的关系等问题［J］．会计研究，1995（1）：18-28.

［94］葛家澍．进一步完善《会计法》，让它在促进社会主义和谐社会的建设中发出更大的光辉［J］．会计研究，2005（5）．

［95］龚谊．我国资本市场会计监管问题研究［D］．中南大学，2002.

［96］郭道扬．会计史研究（第二卷）［M］．北京：中国财政经济出版社，2004.

［97］韩桂君．公平：经济法的终极关怀——质疑"效率优先，兼顾公平"［J］．河南师范大学学报（哲学社会科学版），2008（3）：120-123.

［98］韩慧．法律制度的效率价值追求［J］．山东师范大学学报，2000（1）：12-14.

［99］何美欢．公众公司及其股权证券［M］．北京：北京大学出版社，1999.

［100］何伟．论会计监管权的正当性与法律定位［D］．西南财经大学，2007.

［101］胡光志，胡显莉．"互联网+"时代的会计监管制度的思考［J］．政法论丛，2017（12）：118-125.

［102］胡光志，靳文辉．国家干预经济中政府失灵的人性解读及控制［J］．现代法学，2009（3）：61-68.

［103］胡显莉．云计算下会计信息的法律保护——基于财产权的视角［J］．法学论坛，2017（1）：99-106.

［104］黄国雄．试论新常态下商业发展模式［J］．浙江工商大学学报，2015，（6）：82-85.

［105］黄世忠，杜兴强，张胜芳．市场、政府与会计监管［J］．会计研究，2002（12）：3-12.

［106］黄世忠，张胜芳，叶丰滞．会计舞弊之反思——世界通信公司治理、会计舞弊和审计失败剖析［M］．大连：东北财经大学出版社，2004.

［107］黄世忠．会计遭假泛滥制度缺陷使然——对部分上市公司会计造假现象的思考［N］．上海证券报，2001-9-27.

［108］季卫东．宪政新论［M］．北京：北京大学出版社，2002.

［109］蒋尧明，罗新华．有效需求主体的缺失与会计信息失真［J］．会计研究，2003（8）：3-7.

［110］蒋尧明，王庆芳．论会计信息的商品属性［J］．财经研究，2002（3）：68-73.

［111］蒋尧明．会计信息真实性：基于"法律真实说"的理性思考［J］．财经理论与实践，2005（5）：18-23.

［112］蒋尧明．会计信息质量保证体系研究［M］．南昌：江西人民出版社，2004.

［113］蒋尧明．上市公司会计信息虚假陈述民事责任研究［M］．北京：中国财政经济出版社，2005.

［114］康智慧．会计信息的法律性质研究［D］．中国政法大学，2009.

［115］孔祥俊．民商法热点、难点及前沿问题［M］．北京：人民法院出版社，1996.

［116］雷光勇．经济后果、会计管制与会计寻租［J］．会计研究，2001（9）：50-53．

［117］黎建飞．论立法目的［J］．中国社会科学院研究生院学报，1992（1）：54-61．

［118］李东方．证券法律制度研究［D］．西南政法大学，2000．

［119］李国兴主编．最高人民法院关于审理证券市场虚假陈述案件司法解释的理解与适用［M］．北京：人民法院出版社，2003．

［120］李晶麒．经济法——国家干预经济的法律形式［M］．成都：四川人民出版社，1995．

［121］李明辉．论财务会计信息在公司治理中的作用［J］．审计研究，2008（6）：74-81．

［122］李明辉．上市公司财务报告法律责任之研究［D］．厦门大学，2003．

［123］李明辉．虚假财务报告法律责任产生之理论分析［J］．河北大学学报（哲学社会科学版），2005（1）：52-57．

［124］李若山，金彧昉．当前美国会计信息法律责任的变化［J］．会计研究，2001（11）：59-60．

［125］李若山．我国会计问题的若干法律思考［J］．会计研究，1999（6）：16-25．

［126］李树锋，王胜忠．ST深华源何时才能PT？财政部态度严厉监管部门行动迟缓［N］．中国工商时报，2001-06．

［127］李澍．论经济法的社会本位原则［J］．成功（教育），2013（8）：339-340．

［128］李武立．会计信息市场论［J］．现代会计，2000（1）：34-36．

［129］李晓辉．信息权利推理研究［D］．吉林大学，2004．

［130］李扬，王国刚．资本市场导论［M］．北京：经济管理出版社，1998．

［131］李兆熙．公共行政管理和公共企业管理——对市场经济中各国政企关系的研究［J］．管理世界，1993（3）：54-56．

［132］林斌，石水平，黄婷晖．论会计的如实反映［J］．当代财经，2005（1）：109-113．

［133］林钟高，吴利娟．公司治理与会计信息质量的相关性研究［J］．会计研究，2004（8）：65-71．

［134］刘春和，黄晓波，杨洋．会计信息披露及监管问题研究［M］．沈阳：

东北大学出版社，2006.

[135] 刘峰. 制度安排与会计信息质量——红光实业的案例分析 [J]. 会计研究，2001（7）：7-15.

[136] 刘军宁. 共和·民主·宪政 [M]. 上海：上海三联书店，1998.

[137] 刘俊海. 股东诸权利如何行使与保护 [M]. 北京：人民法院出版社，1995.

[138] 刘康. 论我国企业内部控制制度的法律完善 [D]. 中国政法大学，2011.

[139] 刘利珍. 法的效率价值与人的发展关系 [J]. 内蒙古财经学院学报，2010（8）：99-101.

[140] 刘明辉，徐正刚. 会计监管：法学视角的分析 [J]. 财经科学，2006（8）：117-124.

[141] 刘彦辉. 民事责任与刑事责任功能之比较 [J]. 求是学刊，2010（2）：85-91.

[142] 刘燕. 从"会计法"到"法律与会计"的嬗变——我国会计法与会计法学三十年发展 [J]. 政治与法律，2010（2）：131-138.

[143] 刘燕. 会计法 [M]. 北京：北京大学出版社，2001.

[144] 刘燕. 会计民事责任研究：公众利益与职业利益的平衡 [M]. 北京：北京大学出版社，2004.

[145] 刘燕. 完美的缺陷——荷兰会计法制改革的流变对我们的启示 [J]. 会计研究，2000（8）：17-23.

[146] 卢现祥. 寻租经济学导论 [M]. 北京：中国财政经济出版社，2000.

[147] 陆建桥. 我国企业会计准则国际趋同历程、最新进展与启示 [J]. 北京工商大学学报（社会科学版）.2013（1）：5-11.

[148] 陆小华. 信息财产权——民法视角中的新财富保护模式 [M]. 北京：法律出版社，2009.

[149] 鹿霞. 萨班斯法案背景下对我国上市公司会计监管问题的研究 [D].青岛理工大学，2010.

[150] 路晓燕，魏明海. 萨班斯法案的实施环境与 CEO 会计责任的追究——以南方保健公司前 CEO 法庭审理为例 [J]. 会计研究，2005（11）：86-90.

［151］吕晓梅．会计信息披露管制研究［D］．江西财经大学，2004.

［152］马克思．资本论（第1卷）［M］．北京：人民出版社，1975.

［153］马立民，宗洁，岳殿民．我国会计法律制度变迁研究——纪念《会计法》颁行三十周年［J］．财务与会计，2015（3）：68-70.

［154］马立民．企业会计信息质量责任法律制度体系研究［M］．北京：法律出版社，2016.

［155］梅世强．会计信息公共产品属性及其市场均衡［J］．财务与会计，2008（4）：26.

［156］梅世强．会计信息市场规制研究［D］．天津大学，2006.

［157］牟鸿禹．信息系统论观点下的会计信息本质［J］．知识经济，2010（2）：81.

［158］潘东高．会计信息市场辨析［J］．经济师，2004（1）：24-25.

［159］潘立新．中国开放性会计监管初探［M］．北京：北京大学出版社，2006.

［160］潘琰，辛清泉．解读企业信息需求——给予机构投资者的信息需求探索［J］．会计研究，2004（12）：41-50.

［161］戚少丽．会计师事务所审计质量控制问题与完善途径——基于中国证监会处罚公告的思考［J］．会计之友，2012（28）：115-118.

［162］漆多俊．经济法基础理论［M］．武汉：武汉大学出版社，2000.

［163］仇俊林，范晓阳．企业会计信息失真问题研究［M］．北京：人民出版社，2006.

［164］邱宜干．我国上市公司会计信息披露问题研究［D］．江西财经大学，2002.

［165］曲晓辉，李明辉．论会计准则的法律地位［J］．会计研究，2004（5）：20-24.

［166］任永平．德国会计信息披露规范及其对我国的启示［J］．会计研究，2003（10）：53-58.

［167］斯蒂格利茨．经济学（上册）［M］．高鸿业等校译．北京：中国人民大学出版社，1997.

［168］斯蒂格利茨．政府为什么干预经济［M］．北京：中国物资出版社，1998.

［169］宋印龙．法治理念下我国上市公司会计信息监管机制优化［D］．甘

肃政法学院，2017．

［170］宋玉虹．会计信息市场的政府规制研究［D］．上海社会科学院，2009．

［171］孙芳城，孔庆林，李孝林，杨兴龙．会计理论比较研究［M］．上海：立信会计出版社，2017．

［172］孙放．我国会计信息话语权的法律完善路径再思考——以权力的配置为中心［J］．审计与经济研究，2009（4）：65-70．

［173］孙建海．中国上市公司信息披露的治理与路径探讨［D］．山东大学，2014．

［174］孙晓梅，田文静．我国注册会计师审计失败与独立性缺失分析——基于证监会处罚报告的思考［J］．经济问题探索，2009（7）：58-64．

［175］孙勇，熊建设．提高注册会计师审计独立性的办法［J］．中国国情国力，2009（11）：55-56．

［176］孙铮．论证券市场管理中的会计规范［M］．上海：上海财经大学出版社，1996．

［177］汤立斌．上市公司会计信息披露法律责任的设定问题［J］．会计研究，2002（8）：28-32．

［178］唐国平，郑海英．会计·企业·市场经济：会计信息失真的广角透视与思考［J］．会计研究，2001（7）：42-45．

［179］田莉杰．会计信息质量与企业内部控制［J］．企业经济，2010（9）：151-153

［180］万光侠．效率与公平——法律价值的人学分析［M］．北京：人民出版社，2000．

［181］王宝庆．会计本质面面观［J］．会计之友，2012（2）：123-124．

［182］王昌锐，贺钦，邵敏，万文翔，李静，唐国平．我国《会计法》实施现状及其修订思考——基于问卷的调查分析［J］．会计研究，2017（9）：3-11．

［183］王光远，吴联生．中国会计理论研究：回顾与展望［J］．会计研究，2000（10）：8-12．

［184］王海民．对政府会计监管问题的几点建议［J］．会计研究，2001（12）：29-31．

［185］王宏．大力提升注册会计师审计在国家经济监督体系中的重要地位［J］．财务与会计，2015（9）：6-8．

［186］王俊莹．我国上市公司会计信息披露监管问题的对策研究［D］．山西财经大学，2015．

［187］王伟红，王乐锦．美国会计管制的变迁：特征及启示［J］．中南财经政法大学学报，2011（1）：97-101．

［188］吴俊英．会计信息产权与政府管制研究［M］．北京：经济管理出版社，2009．

［189］吴联生．上市公司会计信息披露制度：理论与证据［D］．厦门大学，2001．

［190］吴崎右，李思平．中国证券市场十二年发展历程与前瞻［J］．南方金融，2002（10）：32-34．

［191］吴水澎，黄彤．论会计信息真实性的内涵及判别标准——兼论会计界与法律界的视角差异［J］．当代财经，2004（12）：111-114．

［192］吴水澍，秦勉．论会计信息资源的配置机制——对会计信息公共物品论的反思［J］．会计研究，2004（5）：3-7．

［193］吴晓求，汪勇祥，应展宇．市场主导与银行主导：金融体系变迁的金融契约理论考察［J］．财贸经济，2005（6）：3-9．

［194］吴作章．我国会计政府监管研究［M］．大连：东北财经大学出版社，2007．

［195］武恒光．法律环境、法律责任与审计师独立性——来自中国会计师事务所转制的证据［J］财经论丛，2015（2）：67-75．

［196］席彦群．会计信息与政府管制［J］．经济管理·新管理，2002（12）：84．

［197］谢德仁．会计信息的真实性与会计规则制定权合约安排［J］．经济研究，2000（5）：47-51．

［198］谢盛纹．注册会计师审计独立性之应然与实然［J］．北京工商大学学报（社会科学版），2008（7）：38-43．

［199］胥玢．会计信息产品属性的经济学分析［J］．财会通讯，2010（4）：78-80．

［200］徐涤宇．历史地、体系地认识物权法［J］．法学，2002（4）．

［201］徐经长．证券市场会计监管研究［M］．北京：中国人民大学出版社，2002．

［202］许家林，张华林．我国《会计法》的法理视角思考［J］．会计研

究，2005（4）：10-15.

[203] 许金叶．财务会计与管理会计的边界讨论［J］．财务与会计，2015（4）：9-10.

[204] 薛祖云．会计信息市场与市场管制——关于会计信息管制的经济学思考［D］．厦门大学，1999.

[205] 薛祖云．会计信息市场政府监管研究［M］．北京：中国财政经济出版社，2005.

[206] 亚里士多德．政治学［M］．上海：商务印书馆，1983.

[207] 阎达五等．1982年会计学论文选［M］．北京：中国财政经济出版社，1983.

[208] 阎金锷，李姝．会计信息披露、股票价格变动及资本市场效率之关系研究［J］．财会月刊，2000（2）：2-4.

[209] 杨纪琬．会计专题［M］．大连：东北财经大学出版社，1987.

[210] 杨建顺．"法治行政"在日本［A］//杭州大学法学院．法治研究［M］．杭州：杭州大学出版社，1998.

[211] 杨翼飞．会计信息质量特征研究［D］．厦门大学，2006.

[212] 杨照华．会计法治与市场经济［J］．会计研究，2000（7）：6-13.

[213] 杨紫烜．经济法［M］．北京：北京大学出版社，高等教育出版社，1997.

[214] 叶陈毅，徐强国．中美会计法规体系比较与借鉴［J］．经济问题，2005（12）：73-75.

[215] 于定明，朱锦余．注册会计师法律制度研究［M］．北京：法律出版社，2009.

[216] 余绪缨等．1982年会计学论文选［M］．北京：中国财政经济出版社，1983.

[217] 约翰·穆勒．论自由［M］．南宁：广西师范大学出版社，2011.

[218] 曾明月．政企关系质量对企业财务报告和政府会计监管的影响研究［D］．东华大学，2011.

[219] 曾世雄．损害赔偿法原理［M］．北京：中国政法大学出版社，2001.

[220] 张栋．论我国注册会计师法律责任：立法与执法层面的分析［J］．财会月刊，2011（7）：75-77.

[221] 张栋．我国注册会计师审计监管制度发展回顾及思考［J］．财会月

刊，2011（5）：72-75.

［222］张宏生，谷春德．西方法律思想史［M］．北京：北京大学出版社，1990.

［223］张华林．会计法制建设法理基础研究［M］．北京：法律出版社，2009.

［224］张捷．会计信息基本概念探析［J］．财经问题研究，2000（4）：52-54.

［225］张敬峰，蔡文春．会计真实的法学视角——兼论会计真实与法律真实、客观真实的关系［J］．山东经济，2004（1）：116-118.

［226］张俊民．会计监管［M］．上海：立信会计出版社，2000.

［227］张守文，于雷．市场经济与新经济法［M］．北京：北京大学出版社，1993.

［228］张文显．法哲学范畴研究［M］．北京：中国政法大学出版社，2001.

［229］张志铭．关于中国法律解释体制的思考［J］．中国社会科学，1997（2）：100-114.

［230］张智辉．理性地对待犯罪［M］．北京：法律出版社，2003.

［231］赵万一．民法的伦理分析［M］．北京：法律出版社，2003.

［232］赵艳洁．万福生科案中注册会计师法律责任问题研究［D］．湖南大学，2014.

［233］赵震江，付子堂．现代法理学［M］．北京：北京大学出版社，1999.

［234］马克思．资本论（第3卷）［M］．中共中央马克思恩格斯列宁斯大林著作编译局译．北京：人民出版社，2004.

［235］周枏．罗马法原论［M］．上海：商务印书馆，1996.

［236］周旺生．论法律的秩序价值［J］．法学家，2003（5）：33-40.

［237］周晓苏，贾婧．法国会计法规的特色与借鉴［J］．会计之友，2012（9）：8-11.

［238］周义程．公共产品民主型供给模式的理论建构［M］．北京：中国社会科学出版社，2009.

［239］朱宝丽．合作监管的兴趣和法律挑战［J］．政法论丛，2015（4）：137-144.

［240］朱景文．中国特色社会主义法律体系：结构、特色和趋势［J］．中国社会科学，2011（5）：20-39.

［241］朱兰等．朱兰质量手册［M］．北京：中国人民大学出版社，2003.

［242］朱灵通，方宝璋．论会计信息的物品属性和商品属性［J］．当代财经，2010（6）：123-129.

［243］朱星文．论会计准则法律效力的法理分析及其提升的途径［J］．会计研究，2006（3）：18-24.

［244］朱星文．中国会计法制建设三十年回眸及展望［J］．当代财经，2008（11）：5-11.

［245］庄丹．企业财务会计的管制问题［J］．财会月刊，1999（3）：13-14.

［246］卓泽渊．法的价值论［M］．北京：法律出版社，1999.

［247］卓泽渊．法理学［M］．北京：法律出版社，1998.

［248］卓泽渊．论法治国家［J］．现代法学，2002（5）：12-23.

［249］左卫民．价值与结构［M］．北京：法律出版社，2003.

后　记

　　本书是在我的博士论文的基础上修改完成的。博士论文历经数年的学习、研究和数月的写作，如今在本书即将付梓之际，我的心情却并未因书稿的完成而感到释然。回首自己的求学时光，博士学业的完成过程经历了一次次对学习信念的考验，但是终于还是坚持了下来。每到论文写作中遇到困境，都深愧自己学有不精；每发现新的观点和材料，又让我深感学无止境。论文在无数次的修改后终于定稿，仿佛完成了人生中一件重要的大事，这不仅是对我数年博士学习成果的总结，也是对自己这些年学习经历的一个交代。虽然常常与紧张和压力同行，但是如今回想起来，那些深夜挑灯夜读的日子都充满着动力和幸福。

　　博士学习生涯是我人生中最重要、最有收获的时光。考博复习时，我的生活经历了一次巨变，考博成为那时的我唯一的心灵寄托，我把考上博士作为自己开启新生活的起点。终于，承蒙我的恩师胡光志教授不弃，把未入学术门槛的我纳入门下，并在之后的博士学习期间给予我无私的帮助和细心的指导。胡老师做学术的严谨态度，让我学会对知识的敬畏；对待学生的细致关怀和殷殷教导，让我感动于心；在我遇到挫折想要放弃时给予我的鼓励和支持，是我努力前行、振作向上的动力。胡老师用他正直的人格、博大的胸怀和渊博的学识感染着我、激励着我。在博士学习期间，师母马丽老师也给予我母亲般的温暖。如果要问我的博士学习收获了什么，我想，除了收获了知识，我还收获了感动和包容，懂得了感恩。

　　感谢在我读博期间为我传道授业解惑和给予我帮助的重庆大学法学院的可敬的老师们。感谢靳文辉教授、杨署东教授、张晓蓓教授为我的论文提出宝贵的修改意见；感谢曾文革教授、宋宗宇教授、张舫教授等在课堂上的谆谆教诲；感谢陈济新老师总是对我提出的问题给予耐心的解答。在此，我对他们给予我的教诲和帮助表示真诚的感谢。

　　感谢我的博士同学宋昭澜、李延思、陈云霞、杜辉，在我需要帮助的时候总是热情地伸出双手，让我备感温暖。

我要深深地感谢我的家人，特别要感谢我的母亲。自从父亲在我年少时去世后，母亲在生活和学习上给予了我无微不至的关怀和莫大的支持，在我人生的任何时刻，母亲都用她无私的母爱陪伴我、照顾我。都说"父爱如山"，我想说"母爱如海"，母亲用她包容的慈母心伴我成长。正是因为有家人的关爱，我才有更大的动力坚持我的学习和研究。

最后，感谢我的工作单位重庆理工大学会计学院的领导阎建明书记、何雪锋副院长、程平副院长以及所有同事对我的研究学习与工作生活提供了很大的支持。感谢重庆理工大学期刊社彭熙主编对我的论文写作的帮助。感谢重庆理工大学为我的书稿出版提供了经费的支持，使本书得以顺利出版。本书的出版同时也献给重庆理工大学八十周年校庆！

由于本人的学术和研究水平等的局限，加之我国正处于法制建设的关键时期，国家法律制度也在不断地改革和完善，因此本书存在一些对制度变革研究的不足，期望得到专家和读者的批评指正，这也将成为我未来继续研究的方向。

胡显莉

二〇二〇年七月